ADMIS FONCTION PUBLIQUE

4e édition

Concours Sous-officier de gendarmerie

Externe, interne, 3e voie, catégorie B

Annales et sujets inédits corrigés

Pierre Couturier
Professeur certifié d'anglais

Thibaut Klinger
Normalien agrégé d'histoire, professeur d'histoire-géographie et de géopolitique

Bernadette Lavaud
Professeur de français, formatrice spécialisée dans les écrits professionnels et en expression écrite et orale, intervenant dans plusieurs délégations du CNFPT

François Lavedan
Cadre au ministère de l'Intérieur et membre de plusieurs jurys de concours administratifs

Cathy Lognoné
Professeur certifié d'espagnol

Olivier Sorel
Enseignant chercheur en psychologie, formateur ISPAC

Vuibert

ISSN : 2114-9305
ISBN : 978-2-311-20310-3

Conception couverture : Atelier Didier Thimonier
Conception intérieure : Bleu T
Composition : Michelle Bourgeois

Sommaire

Partie 4 Langues étrangères

■ Anglais

■ Espagnol

Partie 5 Compréhension de textes

Partie 6 Entretien avec le jury

■ Questions personnelles et professionnelles

Culture générale

Introduction

Le concours de gendarme

A. Les conditions d'inscription

Les candidat(e)s peuvent s'inscrire sur le site Internet de la Gendarmerie nationale www.lagendarmerierecrute.fr. L'heure de validation de l'inscription fait foi sur Internet. Le courriel de validation étant envoyé aux candidats 12 heures après l'enregistrement de l'inscription, les candidats doivent tenir compte de ce délai.

Pour pouvoir déposer un dossier de candidature au concours de gendarme, les conditions sont les suivantes :

- être de nationalité française ;
- être âgé de 18 ans révolus et de 35 au plus au 1er janvier de l'année du concours ;
- jouir de ses droits civiques et être de bonne moralité (une enquête de moralité sera effectuée) ;
- les candidats au concours externe de gendarme devront être titulaire du baccalauréat ou de pouvoir en justifier l'obtention par tout moyen à l'issue des résultats d'admissibilité ou d'un diplôme ou titre enregistré et classé au moins au niveau IV ;
- savoir nager (votre aptitude sera vérifiée en école) ;
- être en règle par rapport aux dispositions du service national : avoir satisfait aux obligations du service national ou à la journée d'appel de préparation à la défense (JAPD), ou bien en avoir été légalement exempté ou dispensé ou encore à la Journée Défence Citoyenne (JDC) ;
- ne pas voir bénéficié d'un congé de reconversion entraînant la cessation définitive de l'état militaire (candidat militaire ou ex-militaire).

B. La constitution du dossier de candidature

Le dossier de candidature peut être soit téléchargé sur le site Internet du recrutement de la gendarmerie http://www.lagendarmerierecrute.fr. Sur ce site, les candidats peuvent voir la liste des recrutements ouverts, déposer un dossier, en suivre la gestion, etc. En cas d'impossibilité technique, un dépôt classique est toujours possible. En effet, il peut être retiré auprès d'une brigade de gendarmerie ou d'un centre d'information et de recrutement. Le dossier d'inscription rempli doit être adressé pour la métropole au centre de sélection et de concours dont relève le candidat et, pour l'outre-mer, au centre de recrutement, concours et sélection dont relève le candidat (la liste des différents centres est disponible dans le dossier d'inscription). Tout dossier déposé ou posté après la date butoir ne pourra pas être pris en considération, le cachet de la poste faisant foi.

Veillez à respecter scrupuleusement la liste des pièces à fournir pour la constitution de votre dossier de candidature.

En toute hypothèse, les candidats s'attacheront à lire attentivement la notice jointe au dossier et à la conserver en lieu sûr. De même, n'attendez pas le dernier moment pour renvoyer votre dossier de candidature et gardez-en une photocopie. Vérifiez bien que votre dossier comporte toutes les pièces requises (tout dossier incomplet est rejeté).

Mais, en privilégiant Internet et le site de la gendarmerie, vous gagnerez du temps, et ce sera plus sûr.

C. Les différents concours

Il existe trois concours différents pour devenir sous-officier de gendarmerie :

- un **concours externe**, ouvert aux titulaires du baccalauréat ou d'un diplôme équivalent ;
- un **concours « interne »,** ouvert aux gendarmes adjoints volontaires, aux adjoints de sécurité de la Police nationale, aux militaires des forces armées autres que la Gendarmerie nationale et aux réservistes de la Gendarmerie nationale ;
- un **troisième concours**, ouvert sans conditions de diplôme aux candidats justifiant d'une expérience professionnelle d'au moins trois années. Ouvert ponctuellement, ce concours a notamment pour vocation le recrutement de certains spécialistes dont la Gendarmerie nationale pourrait avoir besoin (exemples : maréchal-ferrant ou musicien pour la Garde républicaine).

La répartition des postes offerts entre les trois concours est schématiquement la suivante :

- concours externe : 60 % des postes ;
- concours interne : 30 % à 40 % des postes ;
- troisième concours : entre 0 % et 10 % des postes.

Tableau récapitulatif des conditions de candidature

<table>
<tr><th>Qualité du candidat</th><th>Date de dépôt de la candidature</th><th>Lieu de dépôt de la candidature</th></tr>
<tr><td>Civil</td><td>Recrutement ouvert à tout moment</td><td>Brigade de gendarmerie du lieu de domicile, centre de recrutement de la gendarmerie (liste en annexe) ou site Internet http://www.lagendarmerierecrute.fr/</td></tr>
<tr><td>Militaire engagé (dans une autre armée ou dans un service commun)</td><td>Au cours des six mois précédant le terme du contrat</td><td rowspan="2">Auprès du commandant de formation administrative, puis à la brigade de gendarmerie du lieu d'affectation ou dans un centre d'information et de recrutement de la gendarmerie (liste en annexe)</td></tr>
<tr><td>Militaire de carrière</td><td>À tout moment</td></tr>
</table>

D. Les épreuves du concours externe

a. Les épreuves d'admissibilité

– une épreuve de composition (durée : 3 heures ; coefficient 5). Selon l'arrêté du 25 novembre 2014, l'épreuve de composition « consiste en la rédaction d'un devoir de connaissances générales. » Jusqu'à présent cette épreuve était soutenue par des documents, dorénavant, il n'y a **plus de documents** pour cette épreuve. Cette épreuve a pour objectif d'évaluer les qualités rédactionnelles des candidats ;
– une épreuve d'aptitude professionnelle (durée : 35 minutes ; coefficient 2). L'épreuve d'aptitude professionnelle consiste en un QCM portant sur des suites ou des ensembles logiques à résoudre. Elle vise à évaluer le potentiel intellectuel général des candidats et notamment leur capacité à comprendre et à s'adapter à une situation avec rapidité et justesse, par le développement d'un système de raisonnement logique ;
– une épreuve de langue étrangère (durée : 30 minutes ; coefficient 1). Cette épreuve consiste en un QCM de niveau baccalauréat portant sur la syntaxe, le vocabulaire et la grammaire d'une langue étrangère. Selon ce même arrêté de novembre 2014, cette épreuve ne comporte plus de note éliminatoire.
En même temps que les épreuves d'admissibilité, les candidats sont soumis à deux inventaires de personnalité destinés à préparer, pour les candidats admissibles, leur entretien individuel avec un psychologue.

b. Les épreuves d'admission

Les épreuves d'admission en région ou en visioconférence (DROM / COM, ex DOM/TOM) comprennent outre un entretien auprès d'un psychologue (sans notation) :
– une épreuve orale d'entretien avec le jury (durée : 10 minutes de préparation et 20 minutes d'entretien ; coefficient 7). Cette épreuve consiste en un entretien avec le jury sur un sujet d'ordre général portant principalement sur les grandes questions d'actualité, ainsi que sur les motivations du candidat. Après le tirage au sort d'un sujet, le candidat bénéficie d'une préparation de 10 minutes avant une restitution de 20 minutes. Le jury a toute latitude pour élargir la discussion ;
– l'épreuve physique gendarmerie (coefficient 3). L'épreuve physique gendarmerie se compose de trois ateliers distincts (un parcours chronométré d'obstacles, la simulation chronométrée d'un combat et le transport d'un poids).

E. Les épreuves du concours interne

a. Les épreuves d'admissibilité

– une épreuve de connaissances professionnelles (durée : 3 heures ; coefficient 5). Cette épreuve consiste pour le candidat à répondre à plusieurs questions, avec ou sans documentation, sur des problématiques relatives à la sécurité intérieure et à la défense ;
– une épreuve d'aptitude professionnelle (durée : 35 minutes ; coefficient 2). L'épreuve d'aptitude professionnelle consiste en un QCM portant sur des suites ou des ensembles logiques à résoudre. Elle vise à évaluer le potentiel intellectuel

général des candidats et notamment leur capacité à comprendre et à s'adapter à une situation avec rapidité et justesse, par le développement d'un système de raisonnement logique ;

– une épreuve facultative de langue étrangère (durée : 30 minutes ; seuls les points au-dessus de la note de 8/20 sont comptabilisés et ajoutés au total des points des épreuves d'admissibilité). Cette épreuve consiste en un QCM de niveau baccalauréat portant sur la syntaxe, le vocabulaire et la grammaire d'une langue étrangère. Une épreuve qui ne comporte donc plus de note éliminatoire.

En même temps que les épreuves d'admissibilité, les candidats sont soumis à deux inventaires de personnalité destinés à préparer, pour les candidats admissibles, leur entretien individuel avec un psychologue.

b. Les épreuves d'admission

– une épreuve orale d'entretien avec le jury (durée : 10 minutes de préparation et 20 minutes d'entretien ; coefficient 7). Cette épreuve consiste en un entretien avec le jury sur un sujet d'ordre général portant principalement sur les grandes questions d'actualité, ainsi que sur les motivations du candidat. Après le tirage au sort d'un sujet, le candidat bénéficie d'une préparation de 10 minutes avant une restitution de 20 minutes. Le jury a toute latitude pour élargir la discussion ;

– l'épreuve physique gendarmerie (coefficient 3). L'épreuve physique gendarmerie se compose de trois ateliers distincts (un parcours chronométré d'obstacles, la simulation chronométrée d'un combat et le transport d'un poids).

F. Les épreuves du troisième concours

a. L'épreuve d'admissibilité

L'épreuve unique d'admissibilité est une épreuve visant à apprécier les acquis de l'expérience professionnelle du candidat (coefficient 5). Cette épreuve consiste en l'examen d'un dossier remis par le candidat au bureau du recrutement, des concours et des examens de la direction générale de la Gendarmerie nationale à une date fixée dans l'arrêté d'ouverture du concours. Le jury examine le dossier qu'il note de 0 à 20 en fonction de l'expérience acquise par le candidat durant son parcours professionnel.

En même temps que cette épreuve d'admissibilité, les candidats sont soumis à deux inventaires de personnalité destinés à préparer, pour les candidats admissibles, leur entretien individuel avec un psychologue.

b. Les épreuves d'admission comprennent :

– une épreuve orale d'entretien avec le jury (durée : 10 minutes de préparation et 20 minutes d'entretien ; coefficient 7). Cette épreuve consiste en un entretien avec le jury sur un sujet d'ordre général portant principalement sur les grandes questions d'actualité, ainsi que sur les motivations du candidat. Après le tirage au sort d'un sujet, le candidat bénéficie d'une préparation de 10 minutes avant une restitution de 20 minutes. Le jury a toute latitude pour élargir la discussion ;

– une épreuve écrite de compréhension de texte (durée : 3 heures ; coefficient 3). L'épreuve de compréhension de texte vise à mesurer et vérifier le bon niveau de compréhension de langue française chez les candidats. Lors de cette épreuve, votre capacité à retranscrire les idées principales du texte sera également évaluée.

À l'heure où nous avons conçu cet ouvrage, toutes les annales des sessions les plus récentes n'étaient pas communiquées.

N.d.E.

Auto-évaluation

Questions

Durée 15 min

1 La dette publique française représente aujourd'hui un peu plus de :

- ❍ **a.** 70 % du PIB.
- ❍ **b.** 80 % du PIB.
- ❍ **c.** 90 % du PIB.
- ❍ **d.** 100 % du PIB.

2 « L'équitaxe » est :

- ❍ **a.** une taxe spéciale sur les chevaux.
- ❍ **b.** une taxe spéciale sur la viande de cheval.
- ❍ **c.** la hausse de la TVA sur les centres équestres.
- ❍ **d.** une taxe d'équité sur les hauts salaires.

3 En décembre 2013, Bachar al-Assad bombarde les rebelles à l'aide :

- ❍ **a.** d'armes chimiques.
- ❍ **b.** d'armes bactériologiques.
- ❍ **c.** de barils de TNT.
- ❍ **d.** de bombes incendiaires.

4 Le 16 janvier 2013, une importante prise d'otage par AQMI a lieu :

- ❍ **a.** en Algérie.
- ❍ **b.** au Mali.
- ❍ **c.** en Libye.
- ❍ **d.** au Nigeria.

5 Christiane Taubira a été une élue de :

- ❍ **a.** Guyane.
- ❍ **b.** Nouvelle-Calédonie.
- ❍ **c.** La Réunion.
- ❍ **d.** La Guadeloupe.

6 La chaîne de télévision Al-Jazeera est basée :

- ❍ **a.** à Bahreïn.
- ❍ **b.** au Qatar.
- ❍ **c.** en Arabie saoudite.
- ❍ **d.** aux Émirats arabes unis.

7 En 2013, Gérard de Villiers a publié le :

- ❍ **a.** 50e volume de *SAS*.
- ❍ **b.** 150e volume de *SAS*.
- ❍ **c.** 200e volume de *SAS*.
- ❍ **d.** 250e volume de *SAS*.

8 They both go .... the supermarket.

❍ **a.** at ❍ **b.** to ❍ **c.** by

9 .... were you talking to?

❍ **a.** who ❍ **b.** which ❍ **c.** where

10 Where .... last night?

❍ **a.** have you been ❍ **b.** will you be ❍ **c.** were you

11 My children are really interested in .... development.

❍ **a.** sustainable ❍ **b.** durable ❍ **c.** lasting

12 I really think you should take the job! ...., it's always been a dream for you to work in that company!

❍ **a.** Therefore ❍ **b.** Nonetheless ❍ **c.** Besides

13 I think someone has broken .... my house.

❍ **a.** for ❍ **b.** into ❍ **c.** at

14 This lady can't hear you, she's ....

❍ **a.** dumb ❍ **b.** deaf ❍ **c.** blind

15 Supongo que no .... perdido el sentido del honor.

❍ **a.** habrás ❍ **b.** tienes ❍ **c.** has

16 El ladrón no se imaginaba que .... vigilado.

❍ **a.** es ❍ **b.** tiene ❍ **c.** fuera

17 El vagabundo no tenía ni un..................... para descansar

❍ **a.** peso ❍ **b.** lugar ❍ **c.** casa

18 El hombre no pudo .... el avión a tiempo porque tenía demasiado retraso.

❍ **a.** coger ❍ **b.** volar ❍ **c.** volver

19 En el centro de la ciudad había una manifestación, la circulación de los coches fue .... durante todo el día.

❍ **a.** localizada ❍ **b.** normal ❍ **c.** cortada

20 Es muy temprano, son las ....

❍ **a.** seis de la madrugada. ❍ **b.** once de la noche. ❍ **c.** seis de la tarde.

㉑ Esta casa está muy ...., apenas a algunos metros de aquí.

❍ **a.** lejosb ❍ **b.** cerca ❍ **c.** detrás

Corrigé

❶ c. ❷ c. ❸ c. ❹ a. ❺ a. ❻ b. ❼ c. ❽ b. ❾ a. ❿ c. ⓫ a.

⓬ c. Pour rappel : *therefore* = « donc », *nonetheless* = « cependant », *besides* = « par ailleurs/ de plus/en plus ».

⓭ b.

⓮ b. Les adjectifs signifient : *dumb* = « muet », *deaf* = « sourd », *blind* = « aveugle ».

⓯ a. *habrás* est le futur du verbe *haber*. Les autres propositions sont incorrectes.

⓰ c. Ici, on fait la concordance des temps. La proposition principale étant à un temps du passé, la subordonnée ne peut être que conjuguée à l'imparfait du subjonctif.

⓱ b. *lugar*, qui signifie « endroit », est ici la seule réponse correcte.

⓲ a. *coger* signifie « prendre », c'est le seul infinitif qui respecte le sens de la phrase : « L'homme n'a pas pu prendre l'avion, car il avait trop de retard. » Attention, *volar* = « voler », *volver* = « revenir ».

⓳ c. *cortada* = « coupée », seul mot convenant au contexte.

⓴ a. *temprano* voulant dire « tôt », le seul horaire possible ici est *seis de la madrugada* (six heures du matin). Rappel : *la tarde* signifie « l'après-midi », *la noche* « le soir ».

㉑ b. Les prépositions de lieu sont à maîtriser : *detrás de* (derrière), *delante de* (devant), *al lado de* (à côté de), *a la derecha* (à droite), *a la izquierda* (à gauche). cerca de (près de), lejos de (loin de),...

PARTIE 1

Composition

COEFFICIENT

5

DURÉE

3

heures

Méthodologie et conseils

FOCUS : **Intitulé de l'épreuve**

« Cette épreuve consiste en la rédaction d'un devoir sur un sujet d'ordre général, ayant pour objectif d'évaluer les qualités rédactionnelles des candidats. Il est notamment attendu qu'ils aient une bonne culture générale et qu'ils présentent de bonnes aptitudes à exposer leur point de vue grâce à une argumentation pertinente. Le devoir devra être soigneusement organisé (introduction, parties, conclusion) et une attention particulière sera portée à la maîtrise de la langue française. »

Source : Arrêté du 25 novembre 2014 modifiant l'arrêté du 27 avril 2011 fixant les programmes, les conditions d'organisation et de déroulement ainsi que les coefficients attribués aux différentes épreuves des concours prévus à l'article 13-1 du décret n° 2008-952 du 12 septembre 2008 portant statut particulier du corps des sous-officiers de gendarmerie. (extraits)

Durée : 3 heures
Coefficient : 5

Procédons par étapes afin d'utiliser au mieux le temps qui vous est imparti et de répondre aux questions que vous avez pu vous poser pour cette épreuve.

1. Comment lire le sujet ?

Repérez les mots importants qui délimiteront le sujet à traiter.
Il existe plusieurs types de libellés :

– Une question : Le système français d'éducation permet-il l'égalité des chances ?

– Ou Pensez-vous / d'après vous….

Ou bien une phrase sans question : La crise économique, un tremplin pour repenser la société.

(Ce dernier type de libellé sous-entend : développez !)

Identifiez clairement la problématique que vous allez devoir traiter.

Vous pouvez même reformuler le sujet avec vos propres termes.

2. Comment débuter un brouillon ?

Vous ne pouvez pas dégager de plan si vous n'avez pas accumulé auparavant des « matériaux » alimentant votre réflexion. Alors cherchez des exemples qui se rapportent au sujet posé. C'est le moment de réactiver vos connaissances, cela s'appelle la culture générale.

Faites appel à vos lectures, à votre expérience personnelle, à des émissions de télévision, en un mot, trouvez des faits liés au sujet. À partir de là, quand vous avez choisi un ou plusieurs exemples, posez-vous un certain nombre de questions qui enclencheront un approfondissement de votre réflexion.

Ces questions, les voici :

- qui ?
- comment ?
- où ?
- pourquoi ?
- dans quel but ?
- combien ?
- quand ?

Vous ne pourrez peut-être pas ou n'aurez pas besoin de répondre à toutes ces questions, alors choisissez celles qui vous semblent pertinentes.

À partir de votre sélection d'exemples et des réponses aux questions ci-dessus, vous allez voir se dessiner plus nettement les contours de la problématique à traiter. Vous aurez ainsi matière à réfléchir et à écrire, c'est-à-dire que vous pourrez choisir un certain nombre d'idées qui seront à organiser selon un plan.

3. Comment trouver un plan ?

Un plan – et ce terme fait souvent peur aux candidats –, c'est avant tout une organisation, la vôtre, qui permettra au correcteur de comprendre votre pensée et son cheminement logique.

Ne perdez pas de vue que vous écrivez pour quelqu'un et que cette personne a en charge une évaluation, la vôtre. Le plan, c'est aussi un moyen de mettre de l'ordre dans vos idées, d'abord au brouillon, et de trouver un déroulement logique à votre réflexion.

Le plan doit suivre votre raisonnement. Il n'existe pas de plan tout fait. Ne le cherchez pas, vous perdriez un temps précieux. Bien sûr, il est souvent indiqué de dégager deux aspects d'une problématique, c'est ce qu'on appelle le « plan dialectique ». Cela peut constituer une piste, d'ailleurs donnée dans la formulation même du sujet (exemple : Les OGM, opportunité ou danger ?). Mais il faudra trouver une formulation personnelle pour le déroulement logique de vos parties.

Deux parties sont exigées en principe dans une composition de culture générale. Ne vous évertuez pas à en chercher trois comme dans une dissertation littéraire.

Vous êtes obligé de rédiger une introduction et une conclusion.

Dans l'introduction, vous entrez en contact avec le sujet… et votre lecteur-correcteur.

Les trois temps de l'introduction :

a. Partez d'un fait qui est en lien avec le sujet, vous éviterez ainsi les entrées banales du type : « Depuis toujours, l'homme a... », « Tout le monde sait que… », « Il y a longtemps que… »

Ce fait, ne le détaillez pas trop, il sert de prétexte à poser le sujet ;

b. La problèmatique à traiter : posez-la clairement, quitte à la reformuler de façon personnelle, à partir du libellé du sujet ;

c. Et dernier point, annoncez votre plan, c'est-à-dire les deux parties que vous développerez.

Un conseil : rédigez entièrement l'introduction au brouillon, alors que vous pouvez ne dégager que l'essentiel des parties de votre composition. Vous avez 3 heures pour cette épreuve, il faut bien mesurer son temps.

La conclusion est l'aboutissement de votre développement, vous quittez le correcteur. Laissez-lui une bonne impression. Privilégiez la qualité plutôt que la quantité. Rassemblez les grandes lignes de votre réflexion et « élevez », si vous le pouvez, le débat, sans en sortir.

4. Comment gérer son temps ?

Plutôt que de vous inviter à un découpage arbitraire : tant de minutes pour trouver un plan, tant de minutes pour rédiger, etc., nous vous proposons une autre méthode.

Lors de vos entraînements à cette épreuve, soyez attentif à vos performances et posez-vous les questions suivantes : Où ai-je le plus de facilités ? Où suis-je, au contraire, en difficulté ? Est-ce que je rédige aisément une introduction ? Est-ce que je trouve un plan facilement ?

Déterminez les moments de la réflexion ou de l'écriture qui vous demandent le plus de temps et d'attention, puis découpez alors les 3 heures de l'épreuve selon vos propres performances. Il faut bien se connaître pour écrire efficacement.

Distinguez forme et fond dans vos capacités à composer ce travail. Évidemment, pour cette épreuve, les candidats doivent mobiliser rapidement leurs connaissances et avoir acquis une aisance dans l'écriture. C'est une question d'entraînement, d'où la nécessité de faire des exercices préparatoires d'entraînement à la rédaction notamment.

5. Comment rédiger ?

On vous l'a indiqué précédemment, vous n'avez pas le temps de tout rédiger au brouillon. Sélectionnez donc les deux moments importants (introduction et conclusion) et développez un plan bien détaillé qui vous facilitera l'écriture « en direct » sur votre copie en évitant soigneusement les ratures. Faites des phrases relativement courtes, entre 20 et 25 mots, cela suffira. Plus vous développez une structure complexe, plus vous risquez la faute de syntaxe. Et vous risquez aussi de présenter une pensée confuse. Là également, c'est votre habileté de rédacteur qui est en jeu, et cela ne peut s'acquérir le jour du concours. Entraînez-vous auparavant, faites de petits exercices d'écriture en choisissant un sujet et mettez-vous à écrire. Vous verrez ainsi où sont vos compétences.

Le jour du concours, gardez 5 minutes environ pour relire votre copie. Il s'agira simplement de vérifier l'orthographe et la ponctuation.

Il va de soi qu'une copie de concours doit être aussi soigneusement présentée : écrivez lisiblement, mettez des majuscules quand cela est nécessaire, évitez les ratures, ne portez aucun signe distinctif.

En quelques mots pour se préparer efficacement à cette épreuve :

- lisez les sujets d'actualité dans la presse ;
- retenez des faits significatifs ;
- entraînez-vous à écrire ;
- évaluez vos compétences ;
- et bien sûr, tenez compte des conseils donnés ci-dessus !

Annales

corrigées

Sujet n° 1

Session mars 2016

Difficulté ✗✗✗ | Durée 3 heures

Énoncé

Les contestations populaires collectives sont-elles une menace pour notre démocratie ?

Proposition de corrigé

Exemple d'introduction

« Revendications », « protestations collectives » et « démocratie » sont-ils des termes totalement antinomiques ? Ou peut-on envisager un certain degré de compatibilité ?

La notion de démocratie est ancienne : c'est l'orateur, général et homme d'État grec Périclès qui en est l'« inventeur », à Athènes, au ᴠᵉ siècle avant Jésus-Christ.

Abraham Lincoln, président américain qui a marqué l'histoire en abolissant l'esclavage dans son pays, en a donné cette définition : « C'est le gouvernement du peuple, par le peuple, pour le peuple. »

Ce principe sera aussi inscrit dans la Constitution de la Vᵉ République française, principe qui apparaît donc comme indéfectible, mais qui, on le verra, à certains moments de notre histoire, a été quelque peu malmené.

Pour cela, nous allons donc examiner trois périodes troublées de l'histoire française du début du ᴢxᵉ siècle à nos jours. Nous analyserons dans quelle mesure la souveraineté appartenant au peuple s'est exercée dans ces cas-là, et comment des restrictions de libertés ont pu exister dans ces contextes mouvementés.

1ʳᵉ partie

Tout d'abord, la France a connu une année 1934 troublée qui a mis en péril les principes démocratiques. Elle a dû, dans un contexte de montée des totalitarismes en Europe, faire face à un danger fasciste fomenté par des ligues nationalistes réclamant l'institution d'un autre ordre en dehors du cadre démocratique. Rappelons brièvement les faits : des militants armés, issus de partis antisémites, xénophobes et antiparlementaires, regroupant aussi des mécontents, ont tenté de marcher vers l'Assemblée nationale, lieu éminemment symbolique. La manifestation a dégénéré, et on a eu à déplorer des morts et des blessés, lors de violents affrontements. Ces émeutes près de l'Assemblée nationale, là où siègent les représentants du peuple, montraient clairement le dessein de prendre le pouvoir par la force et de bafouer ainsi le vote de la majorité des citoyens. La démocratie était donc réellement en danger, compte tenu aussi du contexte international. Avec la montée des mouvements nationalistes de toutes parts en Europe (Italie, Allemagne, Portugal et bientôt Espagne), on pouvait redouter effectivement une volonté d'abattre la démocratie républicaine.

Le scandale Stavisky, financier juif d'origine russe, met à jour des rancœurs xénophobes. Le président Édouard Daladier, élu avec une majorité de gauche, sera quand même finalement obligé de démissionner.

On se trouvait alors dans une situation quasi insurrectionnelle, au bord d'une sorte de coup d'État de la part de l'extrême droite, cherchant à déstabiliser le gouvernement en place et élu démocratiquement.

Devant ce danger, le gouvernement suivant prendra des mesures de restrictions des libertés afin de protéger le régime républicain. Et c'est ainsi que les ligues nationalistes seront interdites. Il fallait faire barrage au péril fasciste par des mesures forcément privatives de libertés pour ceux qui ne respectaient pas le cadre légal.

Certes, on se trouve dans un cas de suppression de libertés pour certains – puisqu'il y a eu interdiction de s'exprimer, au nom de la protection de la démocratie et pour éviter que des actions de rue ne bouleversent par la force le pouvoir légitimement établi. Le vote des citoyens doit être respecté. Seules des élections librement organisées sont garantes de l'expression de la démocratie.

Pendant un certain laps de temps, le maintien de l'ordre a exigé la restriction de certaines libertés comme l'autorisation de manifester sur la voie publique, le contrôle des réunions, la dissolution de certaines ligues, etc.

Ce sont des mesures visant à protéger le cadre démocratique ; elles s'avèrent nécessaires voire indispensables si l'on veut garantir l'expression de la majorité, ce qui est l'essence même de la démocratie.

2e partie

Un autre moment de crise sociale grave en France fut mai 1968. Parti d'une contestation étudiante, le mouvement s'étend aux travailleurs, et très vite le chaos social s'installe avec des grèves et une paralysie quasi totale du pays et de l'économie française. On a dénombré jusqu'à presque 10 millions de grévistes. La situation est grave, et le général de Gaulle a même évoqué dans un discours le risque de « disparition de la République ».

Incidents, violences, affrontements dans les rues faisant de nombreux blessés, fermeture des universités, usines occupées, grève générale, arrestations, pénurie d'essence : la désorganisation du pays est donc quasi complète.

On craint une violente opposition droite-gauche ; on crie au complot, on pense être au bord d'une révolution, d'une insurrection.

Avec la rencontre du général de Gaulle et du général Massu en Allemagne, l'armée est pressentie pour intervenir au besoin. On se prépare dans les casernes, et les CRS seront sollicités pour éteindre ces révoltes.

En même temps, on procède comme en 1934 à l'interdiction de mouvements jugés extrémistes ; un leader d'extrême gauche sera même emprisonné plusieurs mois.

On constate une fois de plus que la violence des contestations populaires met à mal la démocratie. Le risque de voir l'ordre rétabli par une intervention de l'armée par exemple existe bel et bien, et l'on sait qu'une prise de pouvoir par l'armée n'est jamais garante d'une situation respectant les principes démocratiques.

Mais finalement, avec la dissolution de l'Assemblée nationale pour de nouvelles élections législatives, on restera dans le cadre démocratique et dans le respect du choix des électeurs.

3e partie

Une troisième situation particulièrement difficile qui a touché la France et la démocratie se retrouve dans les émeutes de 2005 dans les banlieues, et spécialement le département de la Seine-Saint-Denis, avant de s'étendre à d'autres villes en province pendant près de trois semaines.

Devant cette situation explosive, l'état d'urgence a été déclaré en novembre 2005, donnant l'impression que la France est au bord, encore une fois, du chaos social, voire de la guerre civile.

Le gouvernement a pris alors des mesures restreignant les libertés, comme l'interdiction de circuler, les assignations à résidence, la fermeture de certains lieux et, bien sûr, l'interdiction de rassemblements et de manifestations sur la voie publique, des perquisitions et même un couvre-feu dans certaines communes.

Ces mesures ressemblent à celles que pourraient mettre en place un régime dictatorial.

Tant que le risque d'incidents graves et de déstabilisation du gouvernement existe, l'état d'urgence sera décrété et prolongé.

On reviendra à la normale en janvier 2006, soit deux mois environ après le début des émeutes.

Au vu de ces trois époques très troublées, on peut se demander jusqu'où la contestation est acceptable. La démocratie c'est avant tout l'expression du peuple par le peuple. Alors la question reste posée : doit-on tolérer, et jusqu'à quel point ?, ces contestations populaires collectives sur la voie publique au risque d'entraîner des violences, des émeutes, des morts ? L'exercice des libertés individuelles est-il compatible avec celui de la démocratie ?

Philippe Sollers écrivait que « la démocratie c'est d'abord la parole ».

La France manquerait-elle de dialogue social, et ce, de façon récurrente puisqu'elle a dû faire face à de très violentes explosions sociales ?

On constate qu'il faut en tout cas et à chaque fois que des désordres importants se produisent restreindre certaines libertés individuelles pour enrayer le chaos.

Ces trois crises violentes ont certes des causes différentes, mais elles expriment toutes un fort mécontentement social et une profonde insatisfaction que les dirigeants n'ont pas su anticiper.

Y aurait-il une légitimité à désobéir en cas de non-respect des engagements et des programmes des élus ?

Est-ce que des formes violentes de contestation, comme nous l'avons évoqué dans ces trois périodes avec émeutes, dégradations de biens publics ou privés, affrontement avec les forces de l'ordre, sont tolérables ?

Force est de constater qu'aujourd'hui le vote n'est plus la seule voie pour exprimer des revendications. Les citoyens pensent de plus en plus qu'il n'est pas suffisamment efficace pour obtenir ce que l'on souhaite. Et d'autres initiatives collectives se mettent en place.

Pour respecter les idéaux de liberté, et notamment la liberté d'expression, sur lesquels se fonde notre République, des formes plus spontanées de revendications se font jour en dehors des voies habituelles : la faiblesse actuelle du pouvoir des syndicats en témoigne.

Descendre dans la rue, perturber l'ordre public par des actions violentes comme des séquestrations deviennent des formes d'expression politique. Et, sous la pression de la rue, les gouvernements abandonnent des projets de réformes. Ils reculent devant la mobilisation des citoyens et l'opposition exprimée dans la rue. Le pouvoir serait-il finalement dans la rue, comme les slogans de mai 1968 le proclamaient ?

Conclusion

En conclusion, il faut bien constater que l'équilibre est parfois précaire entre contestation et respect des principes démocratiques, et que les risques de déstabilisation existent réellement. Mais ces trois moments de notre histoire que nous avons évoqués, périlleux pour la démocratie, n'ont jamais au final débouché sur une prise de pouvoir de l'armée ou sur l'instauration d'un système dictatorial. Les restrictions des libertés individuelles ne durent en fait que quelques mois. Et le système électoral démocratique fonctionne à nouveau.

Et si aujourd'hui la solution était dans une démocratie protestataire ou une désobéissance civile, c'est-à-dire suffisamment vigilante en cas de non-respect des engagements pour lesquels le peuple a donné un mandat ? La question reste posée, et les années à venir seront sûrement décisives.

Gardons en mémoire ces paroles de Pierre Mendès-France pour comprendre que le respect des principes a inévitablement des exigences : « La démocratie n'est efficace que si elle existe partout et en tout temps. »

Sujet n° 2

Session mars 2014

Difficulté ✗✗✗	Durée 3 heures

Énoncé

La pauvreté en France, une réalité du XXIe siècle

Conseils

Sur un tel sujet, il serait bon de connaître également quelques chiffres **:** la population française au 1er janvier 2015 (66 millions d'habitants), le taux actuel de chômage (environ 10 % en janvier 2015), la proportion des retraités et des jeunes dans la société française... C'est ainsi que vous pouvez montrer votre culture générale.

Remarquez que le sujet ne pose pas de question. Certes, dans un premier temps, vous aurez à l'analyser en développant des idées pertinentes et significatives. Mais votre réflexion doit aller au-delà et il vous est permis d'apporter des questionnements, des nuances.

Être pauvre dans la France d'aujourd'hui, cela signifie avant tout rencontrer des difficultés dans trois principaux domaines : se nourrir, se loger, se soigner.

Proposition de corrigé

Exemple d'introduction

« Quatorze pour cent de pauvres dans notre pays en 2010. Ce chiffre à lui seul constitue une gifle pour nous tous », déclare Marisol Touraine, ministre des Affaires sociales et de la Santé, le 11 décembre 2012. C'est le plus haut niveau depuis 1997 (Conférence nationale sur la lutte contre la pauvreté).

Quatorze pour cent sur 66 millions d'habitants, cela fait presque 10 millions de personnes qui sont considérées comme pauvres dans une France classée comme 6e puissance mondiale !

Dans ce contexte :
- qu'est-ce qu'être pauvre aujourd'hui au XXIe siècle, en France ? Que recouvre cette notion ?
- quelles en sont les causes ?
- quelles sont les mesures prises et sont-elles suffisantes ?

Nous conduirons notre réflexion selon ces différents axes.

1re partie

Trois critères - pouvoir se nourrir, se loger, se soigner décemment - permettent d'évaluer le niveau de pauvreté d'une personne, d'une famille.

Tout d'abord, il y a le montant des revenus mensuels : « 8,6 millions de Français vivent avec moins de 964 euros par mois », ce qui est estimé comme le « seuil de pauvreté monétaire ».

En dessous de cette somme, on est considéré comme pauvre, c'est-à-dire qu'on se trouve face à de telles difficultés financières qu'on ne peut pas assurer pleinement et couvrir ses besoins élémentaires.

Les jeunes de 20 à 29 ans, les étudiants qui survivent avec de petits boulots par-ci par-là, sans avoir de stabilité professionnelle, de revenus convenables ou de bourses suffisantes, sont des catégories particulièrement touchées. Beaucoup sont obligés de faire appel à la solidarité familiale ou ont recours à des aides de l'État.

Le logement est souvent un problème crucial, surtout dans les grandes villes. Ces jeunes, quand c'est possible, restent vivre chez leurs parents. Les loyers trop élevés, les nombreuses charges mensuelles, le coût des transports ne permettent pas aux jeunes travailleurs ou étudiants d'assurer eux-mêmes leur autonomie et de louer un appartement individuel.

Ainsi, on voit se développer de plus en plus le phénomène de la colocation ou l'hébergement chez une personne âgée en échange de services.

Les femmes et les familles monoparentales sont particulièrement touchées par la pauvreté, ainsi que les immigrés nés à l'étranger. En 2012, la Fondation Abbé Pierre a recensé 3,6 millions de Français (soit un peu plus de 5 % de la population) mal logés, vivant dans des habitats précaires ou surpeuplés, voire des hôtels, des caravanes.

Les listes de demandes de logements sociaux ne cessent de s'allonger et actuellement la demande n'est pas satisfaite.

Sans compter les sans-abri dont le nombre ne cesse de croître. Il a augmenté de 50 % depuis 2011 (article *Le Monde*, janvier 2014 : 141 500 personnes, dont 30 000 enfants, vivent sans logement).

Le cri d'alarme de l'abbé Pierre au sujet du logement date de 1954. Soixante et un ans plus tard, la situation se révèle toujours préoccupante.

Autre problème constaté : ceux qui ont un logement ont parfois des difficultés financières telles qu'ils ne peuvent payer leur loyer ou se chauffer suffisamment. Le numéro d'appel d'urgence sociale, le 115, est régulièrement débordé, surtout en période hivernale.

Dormir dans la rue, mourir de froid comme on le voit chaque hiver, est-ce acceptable en France en 2015 ?

Se loger décemment, se chauffer suffisamment l'hiver deviennent des gageures pour certains de nos concitoyens.

Autre domaine où la pauvreté frappe : celui de l'accès aux soins médicaux. On consacre d'abord de l'argent à la nourriture et au logement, et seulement ensuite on pense à se soigner.

Avec la Couverture maladie universelle (CMU), il est possible de se faire rembourser les soins comme les autres assurés, mais le problème est qu'il faut avancer le montant des actes médicaux et attendre le remboursement. Cela peut avoir un effet dissuasif : trop d'argent à avancer, trop de difficultés pour obtenir les remboursements dans des délais brefs. Donc on préfère ne pas se faire soigner.

Le constat est relativement accablant : des populations fragilisées, des situations dramatiques, des aides difficiles à obtenir dans une France qui, même si elle a récemment perdu sa place de 5e puissance mondiale, reste un pays riche et développé. C'est une situation perçue comme anormale et injuste, voire intolérable.

L'apparition de l'expression « exclusion sociale » date des années 1980, et c'est en 1998 qu'a été créé l'Observatoire national de la pauvreté et de l'exclusion sociale, chargé de collecter des données, de réaliser des études et d'élaborer un rapport annuel sur ce problème. C'est donc en quelque sorte une reconnaissance officielle de ce phénomène en France. La connaissance et l'analyse de ce phénomène doivent fournir des éléments aux pouvoirs publics afin que des mesures efficaces soient envisagées.

2e partie

Commentaires de l'auteur : *Il ne s'agit pas de proposer ici une analyse économique poussée, ce n'est pas le lieu. Montrez seulement que vous avez des connaissances et une réflexion sur ce sujet.*

On l'a évoqué, les personnes touchées par la pauvreté ont évidemment des revenus très faibles, voire insuffisants pour assurer leur quotidien. Le Revenu de solidarité active (RSA) s'élève en janvier 2015 à 514 euros par personne célibataire et moins si l'on bénéficie d'une aide au logement. Nous avons vu que le seuil de pauvreté monétaire est fixé à 964 euros ; il est évident qu'avec le RSA, il est bien difficile de subvenir à tous ses besoins.

Les catégories sociales particulièrement vulnérables sont celles touchées par le chômage, le morcellement du travail (travail partiel, intérim, bas salaires), les emplois peu qualifiés...

Selon les statistiques de l'Insee, la pauvreté touche plus les femmes que les hommes. Elles représentent 53 % des pauvres. Or, on sait que les femmes constituent la majeure partie des familles monoparentales.

Le taux de chômage est bien sûr responsable de cette situation de pauvreté en France. En octobre 2014, il était d'environ 10,5 % et les prévisions ne sont guère réjouissantes.

Les logements sociaux sont en nombre insuffisant et les constructions, très en retard sur les objectifs. La demande est forte et le taux d'attribution est insuffisant. Se loger reste un problème dans notre pays, et particulièrement pour ceux qui rencontrent d'importantes difficultés financières. Il faut relancer la construction pour que les Français en général et les plus pauvres en particulier puissent se loger sans difficulté et décemment. Les Français consacrent presque 20 % de leur budget pour se loger, se chauffer ; cela pèse très lourdement pour les personnes pauvres.

Il y a quelques années, on a vu apparaître la notion de « travailleurs pauvres » : ce sont les personnes qui ont un emploi mais qui, en raison de la faiblesse de leur salaire, ne peuvent pas vivre décemment, selon les critères analysés dans la première partie. Avoir un travail, certes, mais encore faut-il qu'il soit suffisant pour couvrir les besoins quotidiens.

Le surendettement est aussi un facteur d'appauvrissement : il ne cesse de progresser et de fragiliser des personnes ou des ménages, les conduisant parfois vers la pauvreté.

Autre statistique inquiétante : 43,6 % de la population pauvre n'a aucun diplôme (Insee, 2010), cela fait aussi partie des causes de la pauvreté, puisque les emplois peu qualifiés n'offrent que de bas ou très bas salaires.

Tous ces facteurs sont les principales causes de la pauvreté en France.

3e partie

Face à cette situation évaluée, chiffrée, connue et analysée par des spécialistes, les pouvoirs publics ont décidé, lors de la mise en place du RSA par décret en 2009, le principe d'un objectif chiffré de la réduction de la pauvreté (Observatoire des inégalités).

D'autres organismes ont été chargés d'apporter leur contribution à l'analyse de la situation, comme l'Office national de la pauvreté et de l'exclusion sociale (ONPES).

Mais au-delà des rapports et des expertises fournis par ces deux organismes, des mesures concrètes ont été prises pour lutter contre la pauvreté. Des dispositifs ont été mis en place, que ce soient les mesures concernant l'accès au travail, les aides financières ou l'accès aux services sociaux.

Des formations sont proposées aux chômeurs de longue durée, aux personnes particulièrement défavorisées ; ces formations ont pour vocation de déboucher sur des contrats de travail. Hélas, ce n'est pas toujours le cas, et pas aussi souvent qu'on aurait pu l'espérer.

En plus du RSA, des minima sociaux sont versés sans contrepartie de cotisations, comme des allocations spécifiques pour des chômeurs longue durée, des handicapés, des personnes âgées (minimum vieillesse).

Le droit au logement est, depuis 2007, une obligation pour les pouvoirs publics. Mais il existe toujours, nous l'avons vu, une pénurie de logements, surtout dans certaines régions très urbanisées comme l'Île-de-France.

Le droit à la santé avec l'instauration de la CMU en 1999 a constitué un véritable progrès dans ce domaine.

L'État et les pouvoirs publics en général ne sont pas seuls à participer à cette lutte contre l'exclusion sociale. Les associations jouent un rôle majeur, que ce soit la fondation Emmaüs, les Restos du Cœur, la Croix-Rouge, les banques alimentaires, ATD Quart Monde, etc.

De petites associations ont aussi leur part d'implication dans cette lutte : les bénévoles qui assurent l'alphabétisation, l'aide aux devoirs scolaires, la collecte de vêtements, la réinsertion sociale...

Tous ces organismes assurent un travail sur le terrain efficace et qui parfois vient pallier la lourdeur de la mise en œuvre des mesures gouvernementales.

Conclusion

En 2014, 60 % des Français craignaient de se retrouver à la rue ; la moitié d'entre eux se perçoivent comme pauvres ou sur le point de le devenir.

C'est désormais une importante partie de la société qui vit avec la crainte du déclassement social, avec le risque d'entrer dans la catégorie des pauvres. C'est dire si le problème est de taille !

Mieux adapter les aides aux besoins, développer une véritable solidarité, rendre plus accessibles les aides et favoriser les initiatives locales et individuelles, voilà ce qui pourrait renforcer la cohésion sociale en luttant efficacement contre l'exclusion.

Certes, des mesures sont prises à tous les niveaux et les bonnes volontés ne manquent pas, nous l'avons vu, mais enrayer le processus de l'exclusion, de la pauvreté devrait engendrer une mobilisation générale. C'est sûrement un enjeu majeur pour notre société au XXIe siècle.

Sujet n° 3

Session septembre 2014

Difficulté ✗✗✗	Durée 3 heures

Énoncé

La non-violence a-t-elle un avenir ?

Conseils

Nous vous rappelons qu'il n'est pas obligatoire de trouver trois parties à votre devoir. Deux peuvent suffire, tout dépend du sujet et de votre argumentation.

Quoi qu'il en soit, votre composition devra toujours être impérativement structurée.

Dans l'exemple corrigé que nous vous proposons, nous indiquons les différentes parties (introduction, première partie, deuxième partie, conclusion), ce qui n'est pas utile le jour du concours.

Proposition de corrigé

Exemple d'introduction

Avant de parler d'avenir pour la non-violence, remarquons qu'elle a un passé.

Gandhi (1869-1948) a été un des premiers à prôner la non-violence comme moyen de lutter contre l'injustice. Relativement nombreux sont celles et ceux qui reprendront le flambeau par la suite. Citons-en quelques-uns parmi les plus illustres : Martin Luther King, le Dalaï-Lama, Mère Teresa, Desmond Tutu, Nelson Mandela, Aung San Suu Kyi...

Tous, à des degrés divers et dans des circonstances particulières, ont œuvré pour faire de la non-violence une réponse à l'oppression, à la répression, à l'injustice.

Nous nous demanderons ce que recouvre aujourd'hui la notion de non-violence, dans quels domaines est-elle utilisée, avec quelles ouvertures possibles pour le futur. Puis nous en soulignerons les limites, et comment elle a pu être contestée et est contestable pour certains en fonction des événements.

1re partie

Quatre-vingt-cinq ans après la marche du sel qui a symbolisé la non-violence en Inde, que reste-il aujourd'hui de ce mouvement d'idées ? Être non violent aujourd'hui, qu'est-ce que cela signifie ?

Examinons tout d'abord le domaine professionnel avec son lot de conflits personnels ou collectifs. Des recherches ont été faites et des techniques mises au point dans les années 1960 par Marshall Rosenberg, aux États-Unis, sous le vocable de Communication non violente (CNV), pour résoudre des conflits entre personnes ou dans des groupes.

Les relations au travail entraînent souvent des incompréhensions, des heurts plus ou moins violents. Les rapports dans la hiérarchie ne sont pas toujours aisés et les pratiques managériales occasionnent parfois des conflits qui se révèlent néfastes pour la bonne marche de l'entreprise : baisse de la productivité, stress, mal-être, absentéisme, plaintes...

Cette technique (CNV) est un modèle de communication mis au point pour désamorcer des conflits et éviter ainsi la violence verbale ou psychologique.

Il s'agit d'apprendre à gérer les émotions négatives, comme la colère, le rejet, le refus du dialogue, ce qui peut être préjudiciable pour les employés et l'entreprise. Nous avons connu des exemples extrêmes, ces dernières années, avec les suicides de salariés dans de grandes entreprises françaises. Les « dégâts » sont importants. Et il est primordial de ne pas aboutir à ces situations dramatiques.

Savoir communiquer sans violence peut être une aide également pour des catégories professionnelles qui sont particulièrement confrontées à des situations agressives comme les professeurs, les policiers, les gardiens de prison, etc.

Les principes de cette technique de communication ont pour but de favoriser le dialogue, l'écoute, l'empathie, le respect en étant attentif aux besoins des autres.

Des stages, des formations, des conférences, des ateliers sont proposés sur ce thème dans le monde du travail. On place les stagiaires dans des situations conflictuelles et on propose une analyse de leurs réactions. On leur montre que la non-violence a des effets positifs sur les relations interpersonnelles.

En fait, l'analyse est surtout fondée sur des principes de communication : se connaître soi-même pour se comprendre et comprendre l'autre. C'est une démarche fondamentale pour éviter des conflits.

Pour autant, ce n'est pas une approche scientifique, il est difficile de procéder à une évaluation fiable de l'efficacité de cette méthode. Mais le plus important ne serait-il pas, lors de ces stages, la prise de conscience que le dialogue est indispensable dans le monde du travail ? Développer ce type d'interventions dans les entreprises, les administrations offrirait sûrement des possibilités d'ouverture, de dialogue, souvent longtemps négligées, et améliorerait la qualité des rapports humains dans le monde du travail.

Les relations familiales sont aussi un domaine dans lequel les principes de non-violence peuvent avoir leur place, spécialement dans le monde d'aujourd'hui qui voit se développer et éclater des conflits de société profonds. Les parents peuvent y trouver une aide dans leurs relations familiales avec leurs enfants ou dans leur couple.

Le monde scolaire a choisi de développer la place des médiateurs, toujours dans le but d'établir un dialogue avec les jeunes et d'éviter ainsi le passage à des actes violents.

Dans les banlieues sensibles, là encore, des intervenants essaient de rétablir du lien social avec des méthodes de communication, en abordant les problèmes sous l'angle de l'expression des sentiments, de la parole, et avec pour objectif la résolution des difficultés.

Apprendre le respect de soi, des autres facilitera l'élimination des tensions.

Il est évident que ces pratiques porteront leurs fruits à long terme. Elles devraient être amplifiées ; mais soyons réalistes, elles ne permettront pas de tout régler.

2e partie

Nous avons vu que les principes de non-violence évoqués précédemment ont leur place dans la société actuelle dans certains domaines et dans des circonstances spécifiques.

Mais nous pouvons nous demander si, au vu de certaines situations passées et présentes, la non-violence a toujours sa raison d'être.

Cette philosophie de l'existence n'a pas eu que des adeptes, elle a aussi suscité des contestations, des rejets.

Aujourd'hui, dans un monde de plus en plus violent, est-il possible de prôner une attitude non violente ?

Face à une violence extrême exercée contre des êtres humains, certains ont pensé que seule la violence était une réponse nécessaire et inévitable.

À des conflits particulièrement meurtriers comme en Syrie, à Gaza, au Liban, en Ukraine, en Afrique centrale, et d'autres moins médiatisés et plus localisés, est-il possible d'opposer la non-violence ? N'est-ce pas dangereux et illusoire ? Quel impact aurait une réponse non violente ?

Face à la violence aveugle et meurtrière, la riposte violente – hélas – semble inévitable.

D'ailleurs, dans un passé pas si lointain, que serait-il arrivé si une lutte avec les armes ne s'était pas engagée face au péril nazi ?

Dans un tel contexte, il est évident que seule une riposte violente, c'est-à-dire armée, avait des chances d'éradiquer un mal qui risquait de gangrener l'Europe.

Le dialogue, la compréhension n'avaient pas lieu d'être. Il fallait agir et avec des moyens adaptés afin de sauver la liberté.

Il est parfois nécessaire de se battre, les armes à la main, pour imposer justice ou démocratie.

Que dire de ce qu'on a appelé les guerres de libération des pays colonisés, envahis, asservis comme le Viêtnam, de certains pays arabes qui, récemment, ont eu leur « printemps », des pays africains qui revendiquent un droit à des élections libres, des Indiens du Mexique qui reprennent leurs terres, les armes à la main… ?

Les théories de non-violence semblent peser peu face à de telles situations qui demandent des changements, des bouleversements radicaux.

Ces évolutions ne semblent pas pouvoir se faire dans le dialogue.

Là où la diplomatie échoue, où les médiations internationales n'aboutissent à rien, seuls les peuples peuvent prendre leur destin en main et la violence apparaît souvent comme une étape « obligée », même si elle a un prix.

Sans ériger la violence comme réponse systématique, l'Histoire nous a donné de nombreux exemples de libération pour des pays qui sont passés par la voie violente.

Conclusion

Si la non-violence a un avenir dans le domaine des relations interpersonnelles (monde du travail, familles, écoles, banlieues...), il n'en est pas forcément de même dans les histoires politiques des peuples, hier et aujourd'hui.

Bien sûr, on attend légitimement que demain, les conflits se règlent sans autant de violence.

La non-violence semble restée une utopie puisque, comble du paradoxe, certains illustres partisans de cette forme d'action ont été assassinés (Gandhi et Martin Luther King).

Le 2 octobre a été décrété Journée internationale de la non-violence, jour anniversaire de la mort de Gandhi. Souhaitons que cette date symbolique rappelle à l'humanité que certains principes devraient parfois s'incarner encore.

Sujet n° 4

Session octobre 2013

Difficulté ✗✗✗	Durée 3 heures

Énoncé

L'obésité est-elle une fatalité ?

Conseils

Nous vous rappelons qu'il n'est pas obligatoire de trouver trois parties à votre devoir. Deux peuvent suffire, tout dépend du sujet et de votre argumentation.

Quoi qu'il en soit, votre composition devra toujours être impérativement structurée.

Dans l'exemple corrigé que nous vous proposons, nous indiquons les différentes parties (introduction, première partie, deuxième partie, conclusion), ce qui n'est pas utile le jour du concours.

Proposition de corrigé

Exemple d'introduction

« Près d'un jeune Français sur cinq âgé de 15 à 25 ans (19 %) est en surpoids ou obèse, selon une enquête Ipsos rendue publique le jeudi 11 octobre » (2012), in Le Monde.fr 11 octobre 2012.

Depuis le début des années 1990, on constate en effet une augmentation sensible de l'obésité dans la population française. Selon également des études de l'Inserm, (Institut national de la santé et de la recherché médicale), l'obésité concernait environ 15 % des adultes en 2012, contre seulement 6 % en 1980.

Peut-on échapper aujourd'hui, et particulièrement les jeunes, à une surcharge pondérale ?

Les causes de ce phénomène, en dehors des facteurs génétiques, sont multiples, nous les analyserons. Puis nous détaillerons les diverses possibilités qui s'offrent pour combattre ce qui ne devrait pas rester une fatalité à l'échelle de notre pays.

1. Analyse des causes « objectives » de cette obésité qui ne cesse de croître.

Les jeunes, tout particulièrement, ont modifié leurs comportements face à l'alimentation à cause de leur mode de vie : l'activité professionnelle laisse moins de temps pour prendre un repas, on mange rapidement, et souvent à l'extérieur, dans des conditions qui ne permettent pas toujours de bien choisir ses aliments. On voit par exemple, une recrudescence des « fast-foods », pas seulement les grandes enseignes américaines mais des petites restaurations qui offrent des plats à manger sur le pouce, moins chers qu'un vrai repas : pâtes, sandwiches, crêpes, pizzas, etc. Si l'on abuse de ce type d'aliments, souvent à haute teneur en graisses, il est évident que l'on court, du moins pour certains d'entre nous, le risque d'une augmentation de poids. Mais, à cause du rythme de la vie professionnelle, ce type d'alimentation a tendance à être de plus en plus consommé.

Bien choisir ses aliments, c'est considérer la nourriture comme une dépense prioritaire. Or, les jeunes préfèrent souvent consacrer leur argent à d'autres achats : la voiture, le téléphone mobile, l'ordinateur, les jeux vidéo... Cela montre de toute évidence que l'on n'a pas conscience de l'importance d'investir dans une nourriture saine et équilibrée (ou pas les moyens ?).

Le stress, que ce soit au travail ou pour diverses autres raisons, est aussi un facteur qui joue un rôle dans l'obésité. La vie dans les grandes villes est trépidante, on a peu de temps libre, pris entre les transports, le rythme du travail et les tâches quotidiennes. Alors on prend de mauvaises habitudes alimentaires : on grignote, on mange vite, on consomme des boissons trop sucrées, on « oublie » le petit déjeuner...

Les comportements alimentaires évoluent au fil des années et conduisent à des négligences et à une moins grande vigilance quant au contenu de notre assiette. Les loisirs avec l'omniprésence des écrans (télévision, jeux vidéo) augmentent la sédentarité, c'est indéniable. Au lieu de pratiquer une activité physique, les jeunes et les moins jeunes aussi passent beaucoup de temps assis devant un écran. L'utilisation constante de la voiture pour le moindre déplacement réduit aussi de façon sensible l'activité physique.

Il est vrai que l'urbanisme favorise peu une pratique sportive facile et pas chère... Où peut-on faire de la marche à pied ou du vélo dans de bonnes conditions et près de chez soi ? Les espaces réservés à ces activités peu onéreuses existent certes mais en nombre insuffisant et dans des quartiers privilégiés. Tout le monde n'a pas la chance d'habiter près d'un parc assez vaste pour se promener régulièrement ou faire du vélo.

Ces divers facteurs que nous venons d'évoquer jouent un rôle évident dans l'augmentation du nombre d'obèses.

2. Est-il possible d'échapper à cette situation vécue comme une fatalité ?

Oui, plus facilement si on appartient à une classe aisée qui a les moyens de bien choisir son alimentation et d'investir dans la qualité des produits consommés. Manger des fruits et des légumes chaque jour revient cher. Seuls ceux qui en ont les moyens peuvent appliquer ces consignes que les médias relaient volontiers. Des études ont montré que les facteurs sociaux restent déterminants dans l'obésité. Les plus pauvres et les moins diplômés sont les plus corpulents.

Toutefois, il faut admettre que des initiatives sont prises dans les zones plutôt défavorisées.

Des associations et les pouvoirs publics mettent en place des actions de sensiblisation : « À l'occasion de la troisième édition des Journées européennes de l'obésité organisées en France par le Collectif national des associations d'obèses (CNAO), des centres médicaux proposent [...] une série de rencontres et initiatives dans une dizaine de départements », *in Le Monde* du 7 juin 2012

Dans les écoles , auprès des élèves et même des parents, on développe des actions : semaine du goût (on tente d'éduquer les comportements alimentaires, de faire découvrir des aliments bons pour la santé et pas assez consommés), on préconise dans les cantines scolaires des menus moins gras, mieux adaptés aux besoins réels des jeunes, on dispense aussi des conseils aux parents via les médias (spots publicitaires , campagnes pour une alimentation plus équilibrée...).

On avertit, à la télévision, dans les journaux, des dangers d'une consommation excessive de sucres et de boissons trop caloriques.

Oui, il est possible de lutter contre cette fatalité, si on accepte de modifier des habitudes et de prendre conscience que l'obésité peut être évitée ou diminuée. Certes, il y a dans un certain nombre de cas des causes génétiques et cela relève alors strictement du traitement médical.

Mais très souvent le « mauvais » comportement face à la nourriture provient d'ignorances que les psychothérapeutes s'efforcent de faire connaître : Catherine Dijuste souligne que « se battre contre la faim est une hérésie ». Cette sensation que nous éprouvons plusieurs fois par jour « indique au corps qu'il manque d'énergie. Et une grande faim n'indique pas qu'il faut manger beaucoup mais qu'il faut manger rapidement », précise la spécialiste (*Le Monde* du 7 juin 2012).

Changer ses comportements alimentaires passe aussi par une meilleure compréhension du corps et de ses mécanismes.

Les pouvoirs publics ont un rôle important à jouer : celui d'offrir, par exemple, plus de facilités pour des pratiques sportives de proximité. On voit nombre de communes faire des efforts pour créer des pistes cyclables, mais cela demeure insuffisant à l'échelle du territoire.

Les parents ont leur part de responsabilité : au lieu d'offrir une console de jeux, ne serait-ce pas plus sain d'offrir un vélo ?

La prise de conscience de l'augmentation de l'obésité en France concerne tout le monde : il faut se montrer vigilant quant aux produits consommés et éduquer les jeunes générations pour qu'elles aient conscience que la surcharge pondérale est maîtrisable.

Conclusion

La « mal bouffe » peut entraîner des problèmes de poids, voire l'obésité. Les pouvoirs publics ont lancé un plan obésité 2010-2013 pour faire de la prévention dans ce domaine. Il y va de la santé des générations futures. Réduire cette nouvelle fracture sociale tant par la diffusion d'informations que par des mesures sociales et sanitaires doit devenir une priorité nationale.

Sujet n° 5

Session octobre 2013

Difficulté ✗✗✗	Durée 3 heures

Énoncé

Pensez-vous que l'Internet en général et les réseaux sociaux en particulier présentent des risques pour l'individu ?

Conseils

Nous vous rappelons qu'il n'est pas obligatoire de trouver trois parties à votre devoir. Deux peuvent suffire, tout dépend du sujet et de votre argumentation.

Quoi qu'il en soit, votre composition devra toujours être impérativement structurée.

Dans l'exemple corrigé que nous vous proposons, nous indiquons les différentes parties (introduction, première partie, deuxième partie, conclusion), ce qui n'est pas utile le jour du concours.

Proposition de corrigé

Exemple d'introduction

Le nombre d'utilisateurs d'Internet est en augmentation constante sur tous les supports : ordinateurs, tablettes, téléphones mobiles.

En 2012, selon l'Insee (Institut national de la statistique et des études économiques) trois personnes sur quatre en France ont utilisé Internet. Ils n'étaient que 56 % en 2007. En cinq ans, on a donc assisté à un développement spectaculaire de cet outil.

Près de 30 millions de personnes en France, aujourd'hui, sont inscrites sur les réseaux sociaux, selon Médiamétrie.

Il est inévitable de se poser la question suivante : face à cette pratique, qui se généralise, quels sont les risques, les dangers encourus par les utilisateurs ?

Sans occulter bien évidemment les côtés très positifs d'Internet, nous analyserons les différents types de risques en fonction de l'âge, mais surtout pour les plus jeunes.

Développement

Internet constitue un fantastique outil de recherches. On y trouve tout ce dont on a besoin et ceci, très rapidement, une connexion et un simple clic suffisent : il est possible d'accéder très vite à toutes les sortes d'informations dont on a besoin : actualités, météo, spectacles, itinéraires, achats...

Les élèves peuvent faire des recherches pour leurs devoirs, les étudiants avoir accès à tous ou presque tous les documents dont ils ont besoin.

Des jeux, des photos, des clips, des films, de la musique : tout est disponible, accessible, gratuitement ou non. On peut visiter par exemple, un musée dans n'importe quelle ville du monde sans se déplacer !

Tout est possible désormais sur Internet.

Communiquer avec des amis ou une famille éloignée, s'en faire de nouveaux via des sites de rencontres, discuter, échanger des idées sur des forums, envoyer des e-mails, des photos, « chatter » : la liste n'en finit pas des possibilités offertes par cette nouvelle technologie.

On peut tout gérer à distance (comme son compte bancaire, ses achats au supermarché, sa déclaration de revenus...), et c'est un formidable gain de temps. Inutile de se déplacer, d'attendre à un guichet ou dans un bureau. Désormais les démarches se font de plus en plus par ce biais. Il est inutile de prolonger la liste des avantages d'Internet, nous les connaissons tous.

Ce dont on parle le plus actuellement, ce sont plutôt les dangers que présente cette utilisation.

Le risque d'addiction est évident : selon l'agence Médiamétrie, en 2012, les internautes restaient connectés au moins 1 h 25 par jour. Évidemment, il s'agit d'une moyenne, et les jeunes sont souvent plus « accro » que leurs aînés. Les jeux, les vidéos absorbent beaucoup du temps libre des plus jeunes, ce qui constitue souvent un motif d'inquiétude pour les parents ou les professeurs, temps pris au détriment du sommeil, des repas ou d'autres loisirs.

Un risque plus inquiétant concerne la gestion des données privées. En les diffusant sur Facebook par exemple, les internautes s'exposent : leur vie privée est dévoilée, ainsi que leurs activités, leurs préférences sexuelles, etc. Tout cela est du domaine privé mais, en appartenant à un réseau social, cela devient public. Ces données personnelles peuvent être diffusées malgré les protections juridiques mises en place.

Les internautes peuvent devenir une cible de choix pour le marketing : qui n'a pas remarqué qu'en fonction des sites visités, on reçoit des spams, des publicités qui correspondent à nos recherches ou qui ont un lien avec elles ?

Il faut aussi être vigilant dans le domaine professionnel. Des employeurs peu scrupuleux peuvent prendre connaissance de votre profil, de vos goûts, de vos échanges, de vos relations. Dans un article du *Monde* du 2 novembre 2009, le directeur de l'agence e-reputation Hington et Klarrsey révélait que presque tous les employeurs consultaient le profil internet des candidats à l'embauche ! Soyons conscients que la Toile offre et conserve des traces de nos activités.

De même, les droits des auteurs ne sont pas toujours respectés : on copie, on diffuse de la musique, des publications, alors que tout cela est encadré par des lois.

Mais le plus inquiétant des risques encourus concerne plutôt, comme le souligne l'article du site 20 minutes paru le 5 juillet 2011, c'est sûrement la connexion aux réseaux sociaux des plus jeunes et notamment à Facebook : « 59 % d'entre eux déclarent s'y connecter tous les jours et seulement 23 % des parents limitent leur durée de connexion. »

Les plus jeunes sont souvent démunis par rapport aux pratiques nuisibles sur le Net. Ils diffusent, sans se rendre compte des conséquences auxquelles ils s'exposent, leurs photos, leurs adresses ; ils peuvent devenir la cible de prédateurs sexuels, recevoir des insultes et être harcelés.

Récemment, le ministère de l'Intérieur français a évoqué la possibilité de mettre en place un permis d'Internet pour l'école primaire afin de guider les jeunes dans l'utilisation d'Internet en leur exposant les usages et les risques.

Au niveau européen, trente pays se mobilisent pour un développer un plan intitulé « *Safer Internet* », toujours dans l'intention de rendre l'Internet plus sûr pour les jeunes.

Certes, il existe un arsenal juridique pour la protection des citoyens. La Cnil (Commission nationale de l'informatique et des libertés) est chargée de veiller entre autres à ce que l'informatique respecte les libertés individuelles et la vie privée de chaque citoyen. Elle doit examiner maintenant la protection des individus sur les sites de socialisation.

On le constate, les risques sont de tous ordres et il sera nécessaire sûrement dans un avenir proche d'adapter l'arsenal juridique aux plus récentes évolutions dans ce domaine.

Conclusion

Les chiffres sont éloquents : nous sommes de plus en plus nombreux à utiliser le Net, à faire partie de réseaux sociaux, professionnels ou non, et cela n'ira qu'en augmentant. Les risques existent et ils sont clairement identifiés, ils peuvent avoir parfois des conséquences dramatiques, surtout pour les plus jeunes, qui, livrés souvent à eux-mêmes, ne discernent pas la gravité des dangers. Doit-on pour autant toujours tenir un discours alarmiste au risque de saturer les jeunes et leurs parents d'interdictions ou de mises en garde et de développer la peur ? Proposer un apprentissage du Net en toute sérénité avec des moyens adaptés, notamment aux plus jeunes, voilà une perspective qui devrait rencontrer plus d'écho auprès des pouvoirs publics ou des éducateurs.

PARTIE 2

Aptitude professionnelle

COEFFICIENT
2

DURÉE
35
minutes

Méthodologie et conseils

1. Présentation de l'épreuve et du concours

L'épreuve d'aptitude professionnelle fait partie des épreuves d'admissibilité du concours de gendarme, au même titre que les questionnaires à choix multiples de culture générale, ou portant sur le programme du baccalauréat professionnel spécialisé « sécurité prévention », et de l'étude de texte.

L'épreuve dure **35 minutes**. Elle consiste en une série de questions de raisonnement verbal, de raisonnement numérique et de calcul mental, de raisonnement logique, d'attention et d'observation, et de tests de personnalité.

Cette épreuve est notée **coefficient 2**. Les questions portant sur la personnalité, en revanche, ne sont pas notées, mais les résultats de cette épreuve, interprétés par un psychologue, serviront d'aide à la décision pour les examinateurs lors de l'entretien d'admissibilité.

Cette épreuve est souvent une épreuve redoutée par les candidats car elle est très hétérogène. Néanmoins, il est possible de s'y préparer en suivant les différents conseils qui suivent.

2. Nature de l'épreuve

Il existe cinq grands types de tests d'aptitude professionnelle les chiffres romains à corriger auxquels vous pouvez vous préparer : i) les tests d'aptitude verbale ; ii) les tests d'attention et de concentration ; iii) les tests d'aptitude numérique ; iv) les tests de raisonnement logique ; v) les tests de personnalité.

A. Les tests d'aptitude verbale

L'objectif des tests d'aptitude verbale est d'évaluer votre niveau de maîtrise de la langue française. Ils peuvent porter sur l'orthographe, la grammaire, le vocabulaire et vos connaissances sémantiques. Les exercices peuvent être de nature très variée. Cela peut, par exemple, être un exercice de type QCM, dans lequel vous devez trouver le mot correctement orthographié, la définition la plus proche de la phrase proposée, un synonyme…

B. Les tests d'attention et de concentration

Ce type de test n'est pas très compliqué en règle générale, seulement le fait du peu de temps alloué rend cette partie très délicate. Il faut, par exemple, repérer rapidement certains items dans une grille, compter le nombre de symboles indiqués ou trouver le nombre de différences entre deux figures quasi identiques.

C. Les tests d'aptitude numérique

Ces exercices peuvent être des énoncés calculatoires, par exemple trouver le résultat d'une équation ou d'une opération, mais ils peuvent également être tournés sous la forme de problèmes. Dans ce cas, il faut, avant de passer au calcul, avoir une représentation correcte du problème afin de le transcrire sous une forme numérique et d'identifier ce qui est demandé selon les données fournies (un système de deux équations à deux inconnues, par exemple). Plusieurs notions sont susceptibles d'être évaluées : la notion de vitesse, de proportionnalité, les règles de priorités de calcul, les fractions, la résolution d'un système d'équations…

D. Les tests de raisonnement logique

Dans cette catégorie de tests, vous pouvez trouver de nombreux types de tests, avec parmi eux les grands classiques : dominos, cartes à jouer, suites alphanumériques, tests des matrices. Certains de ces tests sont de nature spatiale. Dans cette catégorie peuvent également figurer des tests de logique dont le support est verbal, c'est-à-dire des exercices qui s'appuient sur des mots pour lesquels il faut appréhender la logique : intrus, analogies verbales, syllogismes.

E. Les tests de personnalité

Les tests de personnalité ont pour but de cerner votre profil et de fournir aux psychologues un support afin d'appréhender votre façon de réagir à certaines situations et la manière dont vous vous percevez et êtes perçus des autres. Cela peut prendre la forme de descriptions de situations dans lesquelles vous devez décrire votre attitude et votre comportement, mais aussi des questions plus directes sur vos qualités ou vos défauts.

3. Conseils pour réussir l'épreuve

A. Lors de la préparation

- **Soyez rigoureux :** traitez les trois sujets inédits proposés dans cet ouvrage (ne rien inscrire sur les tests car cela est perturbant le jour où vous souhaitez refaire certains exercices). Regardez ce que vous pouvez faire dans le temps imparti, puis terminez de traiter le sujet dans le temps additionnel.
- **Soyez méthodique et organisé :** travaillez chaque type d'exercices rencontrés dans les sujets inédits. Il est important de maîtriser une notion avant de commencer

à en travailler une nouvelle. Régulièrement, revenez sur les thèmes précédents afin de vérifier que les acquis perdurent au fur et à mesure des nouveaux apprentissages.

■ Sachez où trouver des éléments vous permettant de vous aider dans votre préparation. La réussite aux épreuves de tests psychotechniques passe par la répétition. Refaites les sujets inédits. D'autres ouvrages peuvent vous aider à faire le point théorique sur les compétences attendues et proposer des exercices supplémentaires (voir l'ouvrage *100 % Efficace* aux éditions Vuibert).

■ **Soyez persévérant :** n'allez consulter le corrigé des sujets qu'une fois que vous êtes certain de votre réponse, ou après avoir TOUT essayé et passé un long moment sans réussite.

■ **Soyez honnête avec vous-même** dans la façon de vous préparer : connaître ses points forts et faibles est un des secrets de la réussite. Ne travaillez pas que les exercices que vous appréciez, mais plutôt en priorité ceux pour lesquels vous éprouvez des difficultés.

■ **Soyez régulier** dans votre préparation : les exercices qui vous sont proposés et leur correction visent à vous faire développer des réflexes et automatiser certaines logiques et certains raisonnements. Ne pas pratiquer pendant une période assez longue signifie perdre ces réflexes.

■ **Sachez vers qui vous tourner** lorsque vous éprouvez des difficultés. Expliquez ce qui vous gêne dans tel ou tel exercice à un proche. L'explication de quelqu'un qui vous connaît peut vous « décoincer » d'une impasse, même si la personne ne fait que vous reformuler une correction de cet ouvrage.

■ Pendant un exercice, habituez-vous à **sauter les questions difficiles ou longues à traiter.** Toutefois, après avoir noté le temps mis pour chaque exercice et AVANT d'aller voir la correction, revenez sur ces questions écartées la première fois.

■ **Travaillez toujours au calme** et très attentivement. Ne vous dispersez pas.

■ Travaillez avec un chronomètre et du brouillon.

■ Notez le nombre de bonnes réponses et le temps mis pour chaque exercice. Comparez avec la fois précédente quand vous refaites le même exercice.

■ **Soyez créatif.** Créez vous-mêmes des exercices relatifs aux différentes notions abordées dans les fiches de cours et dans les divers exercices de cet ouvrage. Pour créer un exercice cohérent, vous devrez vous réapproprier les notions.

■ **Apprenez à parler de vous :** quelles sont vos qualités, vos défauts ? Vous connaître pourra vous aider pour répondre aux tests de personnalité.

■ Interrogez-vous sur vos motivations à être gendarme. Pourquoi ce métier ? Quels sont vos atouts pour y arriver ? Qu'est-ce que vous appréciez dans cette profession ?

B. La veille de l'épreuve

■ **Vérifiez votre matériel.** Pensez à prendre les papiers nécessaires (convocation ou carte d'identité). Prenez des crayons neufs : une année de travail intensif peut avoir eu raison de vos crayons fidèles toute l'année.

Reposez-vous. Être bien reposé est un atout essentiel pour réussir cette épreuve. Il est trop tard pour réviser la veille. Soyez détendu autant que possible. Vos capacités d'analyse, d'attention et de concentration en seront d'autant plus en éveil.

C. Pendant l'épreuve

- **Lisez l'intégralité des CONSIGNES !**
- **Gérez votre temps.** L'épreuve est courte. Il est important de savoir optimiser le temps passé pour chaque exercice. Gardez-vous un temps de relecture et de vérification des réponses apportées.
- **Soyez sélectif** dans les questions que vous traitez et celles que vous sautez. L'idéal est de traiter un maximum de questions.
- **Soyez honnête** dans les réponses aux tests de personnalité, tout en vérifiant que votre réponse n'apparaît pas rédhibitoire pour la profession que vous souhaitez exercer. N'oubliez pas que vous pourrez être amené à justifier vos réponses lors de l'épreuve orale, devant un psychologue.
- Si vous avez du temps, **mémorisez les questions relatives aux tests de personnalité.**

D. Après l'épreuve

- **Notez les questions** dont vous vous souvenez sur une feuille afin de pouvoir vous préparer aux différentes questions qui peuvent vous être posées lors de l'épreuve orale, face au jury.
- Anticipez les questions que le jury pourra vous poser. Identifiez vos principaux défauts et vos qualités essentielles. Attention à ce que vos défauts ne soient pas perçus comme incompatibles avec la profession que vous souhaitez exercer. Ainsi, **soyez concret** dans l'évocation de vos propos : comment se manifeste cette qualité ? Dans quelles situations précédentes avez-vous pu vous en rendre compte ?

Sujets inédits

corrigés

Sujet n° 1

Difficulté ✗✗✗	Durée 35 minutes

1 **Quel est le domino manquant ?**

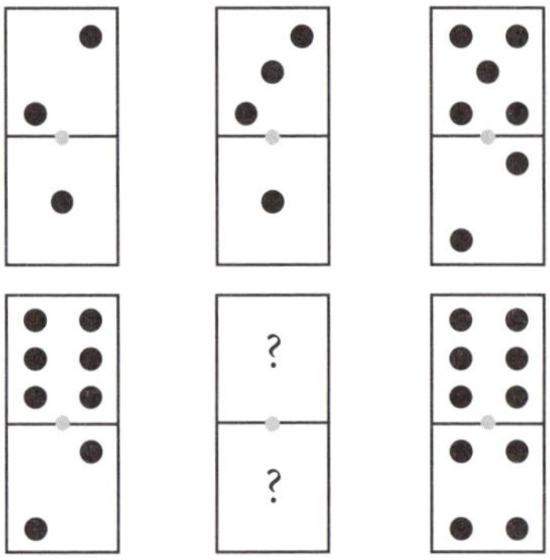

2 **Quel est le domino manquant ?**

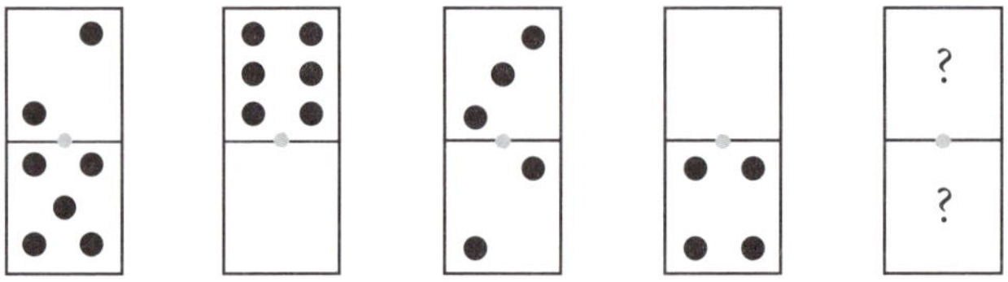

3 **Quel est le domino manquant ?**

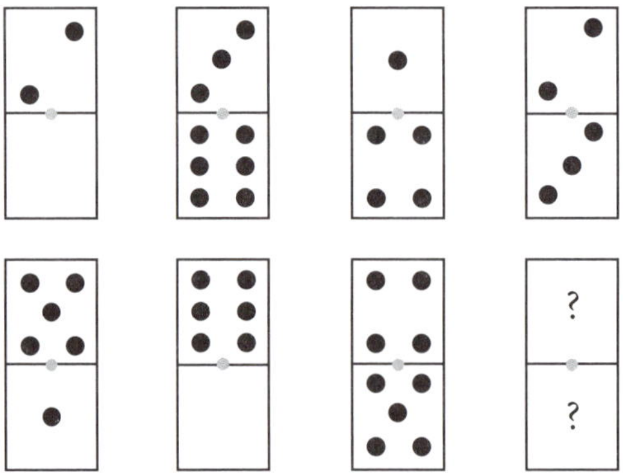

4 Quelle est la carte manquante ?

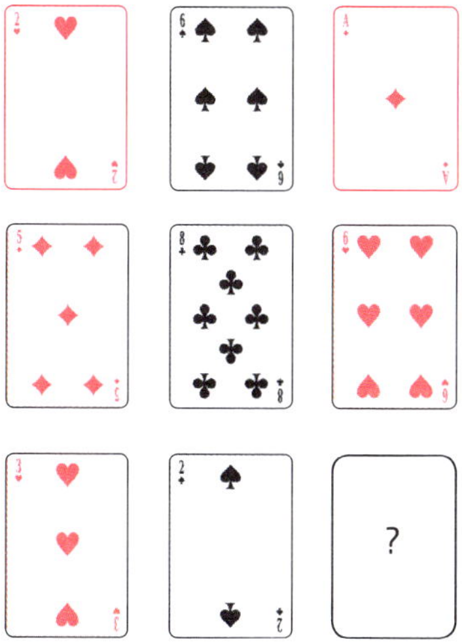

5 Quelle est la carte manquante ?

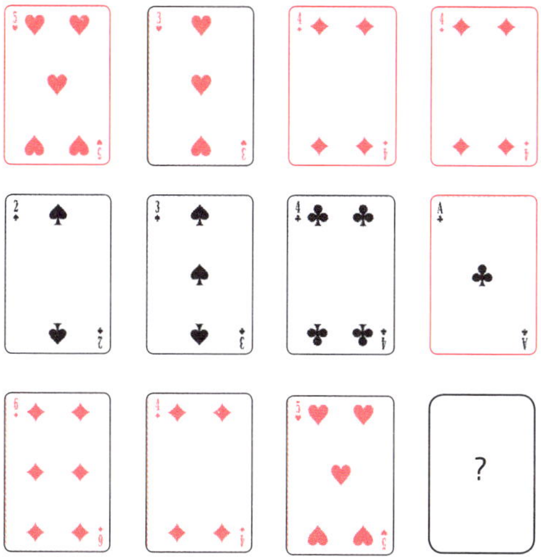

6 Quel nombre complète la série ?

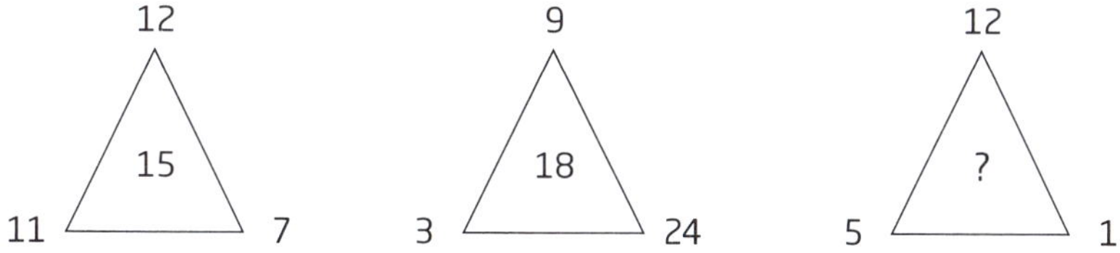

7 Quel nombre complète la série ?

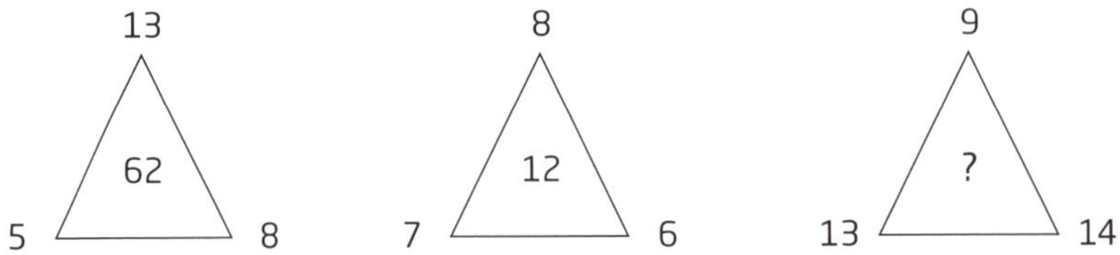

8 Quelles valeurs complètent la série ?

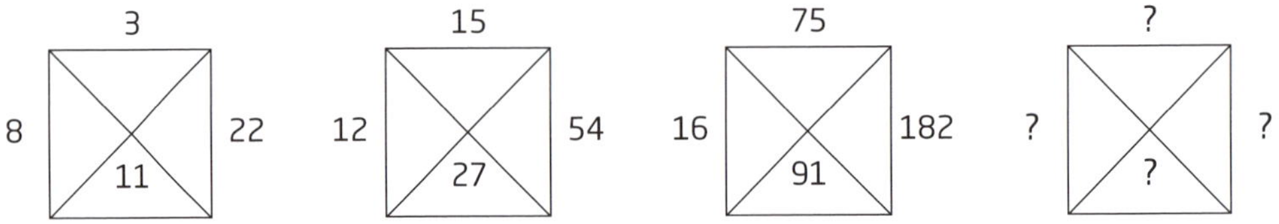

9 Quelle figure complète la série ?

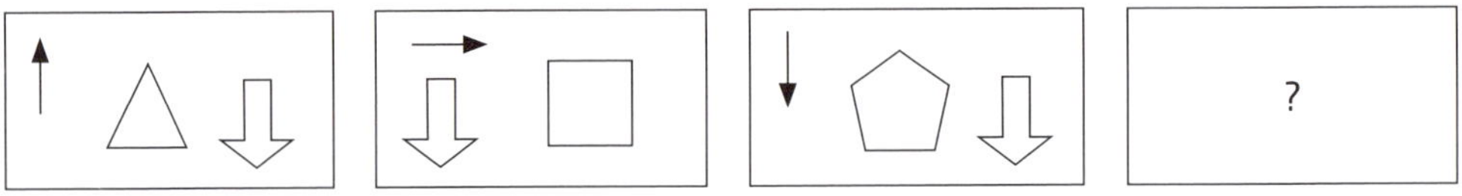

10 Complétez la série de façon logique :

19 12 23 18 27 24 ?

11 Complétez la série de façon logique :

26 8 39 16 52 24 65 32 ?

12 Complétez la série de façon logique :

164 132 145 140 108 121 116 ?

13 Si BLANC = 32 NOIR = 56 GRIS = ?

14 Si PARIS = 35 LONDRES = 31 BERLIN = ?

15 Si PESER = 45653 REPAS = 35416 APRES = ?

Pour les questions 16 et 17, vous devez noircir certaines cases des matrices, de telle sorte que le nombre indiqué en haut de chaque colonne ou à gauche de chaque ligne corresponde au nombre de cases noircies dans cet alignement (« 11 » signifie deux cases noircies qui ne se touchent pas, soit deux fois une case).

16

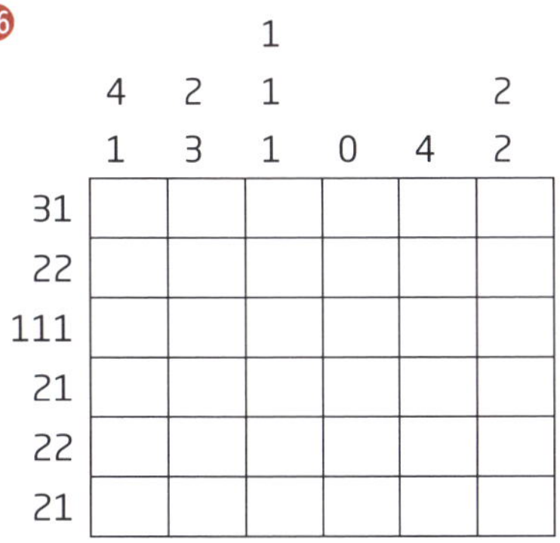

17

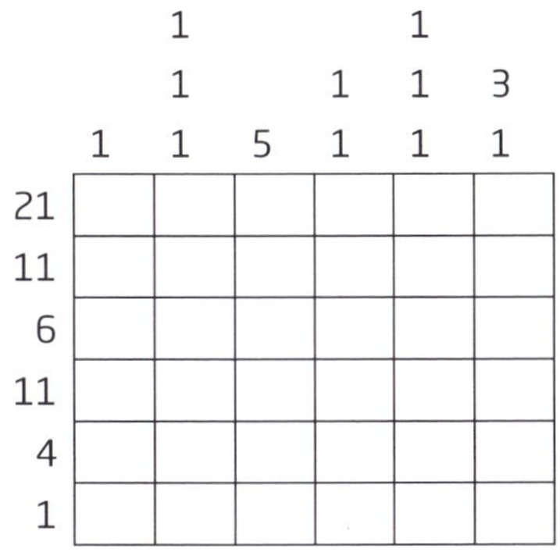

Pour les questions 18 et 19, coloriez la matrice C selon les indications.

18 Intersection de A et de la symétrie d'axe vertical de B.

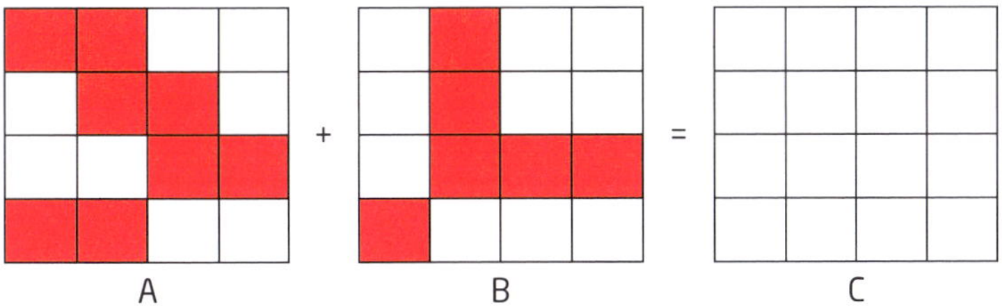

19 Union de la rotation de 90° dans le sens horaire de A et de la rotation de 90° dans le sens antihoraire de B.

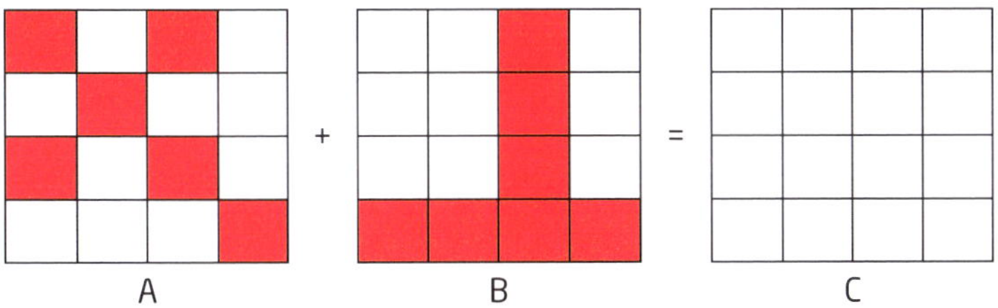

20 Je pense à un nombre dont le carré du tiers est égal à 144. Quel est ce nombre ?

21 **Paul et Lucas ont à eux deux 30 figurines. Lucas dit à Paul : « Si tu m'en donnes le quart de ma quantité, nous en aurons autant chacun. » Combien de figurines ont chacun des enfants ?**

22 **Parmi les couples de qualificatifs, dites lequel vous caractérise le plus.**

Optimiste ... Pessimiste

Réaliste ... Rêveur

Bavard ... Réservé

Altruiste ... Égoïste

Authentique ... Stratégique

Dévoué ... Autonome

23 **La matrice de 36 cases résume les menus choisis par les 36 salariés. À partir des codes suivants, dites quel aliment revient le plus souvent. Le moins souvent.**

Codes :

Entrées :

A -> Crudités

B -> Soupe

C -> Charcuterie

Plats :

1 -> Viande

2 -> Poisson

3 -> Végétarien

Desserts :

I -> Fromage

II -> Yaourts

III -> Fruit

A1I	B3II	B3II	A3II	B3III	A2I
C3III	A1II	C3I	A3II	C1II	C1I
C1II	A2III	C3III	A3III	A3III	C2III
A3III	B2II	B1I	B1III	B2II	B3III
C1III	C3I	A3III	C2III	C1II	C2III
C2III	C2III	B1I	A3II	B1I	A2III

Corrigé

1 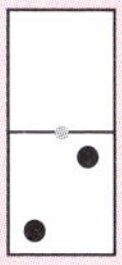 Le domino de droite est égal à la somme des deux autres dominos.

2 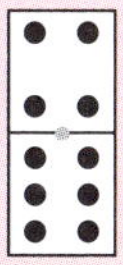 Les faces du haut évoluent en -3, et celles du bas en +2.

3 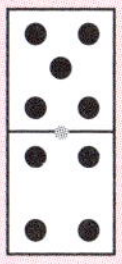 On passe du domino du haut à celui du bas en faisant +3 pour les faces du haut et +1 pour les faces du bas.

4  En colonne, la carte centrale est égale à la somme des deux autres cartes et prend le symbole opposé.

5  Les cartes sont placées par paire en ce qui concerne les symboles. Par ligne, la somme des valeurs des deux cartes de gauche est égale à celle des deux de droite.

6 9. Le nombre central est égal à la moitié de la somme des trois sommets.

7 63. Le nombre central est égal à la somme des trois sommets avec une inversion des chiffres. La somme est égale à 36, la réponse est donc 63.

8 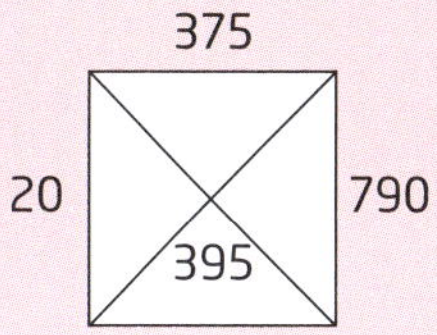

D'une figure à l'autre, les nombres du haut sont multipliés par 5, et ceux de gauche progressent en +4. Dans chaque figure, le nombre du bas est égal à la somme des deux nombres (gauche et haut), et celui de droite est le double de celui du bas.

9 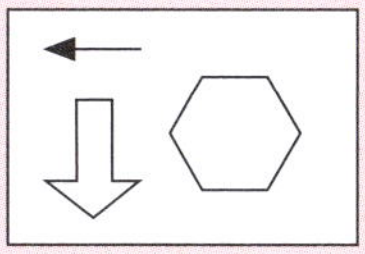 La flèche noire tourne de 90° dans le sens horaire. La flèche blanche alterne entre les angles du bas à gauche et à droite. La forme centrale augmente d'un côté à chaque figure.

10 31. Deux suites sont imbriquées. La première progresse en +4, et la seconde en ×1,5.

11 Deux suites sont imbriquées. La première progresse en +13, et la seconde en +8.

12 Trois opérateurs alternent. Ainsi, la suite progresse en -32, +13 et -5.

13 53. Le nombre est égal à la somme des rangs dans l'alphabet des lettres du mot.

14 16. Le nombre est égal à la somme des rangs dans l'alphabet des première et dernière lettres du mot.

15 14356. Chaque lettre est associée à un chiffre. Les deux premiers mots permettent de rendre compte des associations.

⓰ 

⓱ 

⓲ 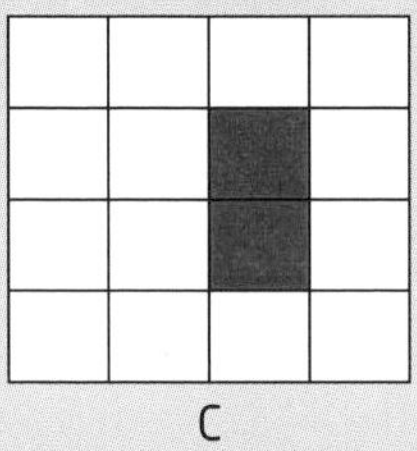

⓳ 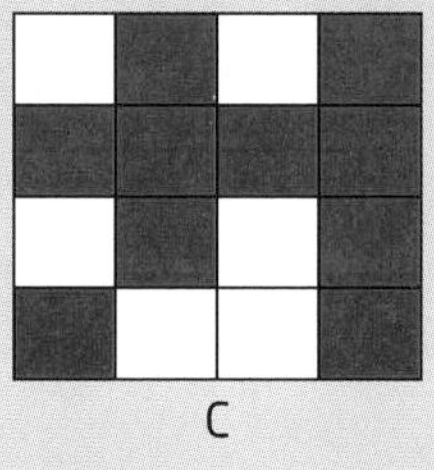

⓴ Le nombre est 36.

$(x \div 3)^2 = 144$

$(x \div 3) = 12$

$x = 36$

㉑ Paul en a 18 et Lucas, 12.

On peut résoudre un système de deux équations à deux inconnues.

$$\begin{cases} P + L = 30 \\ P - \frac{L}{4} = L + \frac{L}{4} \end{cases}$$

La simplification de la seconde équation donne 4P = 6L.

On remplace P par (30 - L).

㉒ L'essentiel pour cette question est de parler avec honnêteté et de se servir de situations réelles ou imaginaires pour parler de vous et rassurer le jury. Soyez nuancé (pas de posture excessive) et concret. Montrez que vous vous connaissez bien.

㉓ L'ingrédient le plus choisi est le dessert « Fruit » (16 choix), et le moins choisi est le dessert « Fromage » (8 choix).

Sujet n° 2

Difficulté ✗✗✗	Durée 35 minutes

1 Identifiez les cinq cartes à partir des deux indices.

- Le Valet est à droite de la Dame, qui est à gauche du Roi, qui est juste à droite de l'As.
- Le 10 est à gauche du Valet, qui est à gauche de l'As, mais à la droite de la Dame.

2 Identifiez les cinq cartes à partir des trois indices.

- Le Valet est entre le 10 et la Dame, qui est juste à la droite de l'As.
- Le Roi est à gauche de la Dame, et le Valet est à gauche du 10.
- Il y a le même nombre de cartes entre l'As et le 10 qu'entre le Roi et le Valet.

3 Quelle figure complète la série ?

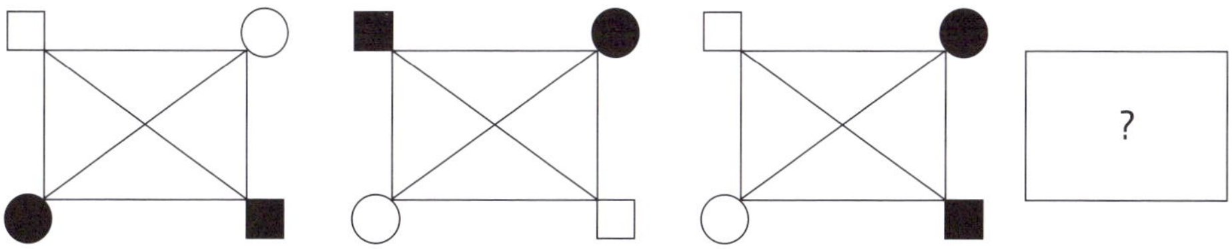

4 Quels nombres complètent la dernière figure de la série ?

3	12
5	25

6	18
10	35

12	24
15	45

?	?
?	?

5 Quels nombres complètent la dernière figure de la série ?

3	13
2	5

10	8
12	2

6	26
4	5

7	?
42	8

6 Quel nombre complète la dernière figure de la série ?

10		20
	60	
6		5

4		8
	40	
3		8

12		3
	50	
7		5

3		?
	60	
5		10

7 Quel nombre complète l'arbre ?

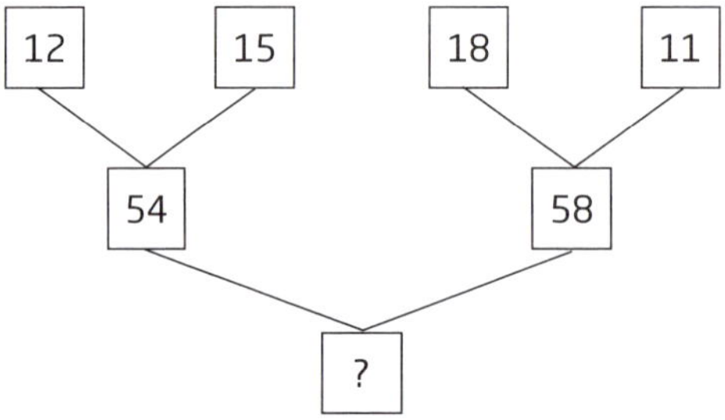

8 Quel nombre complète l'arbre ?

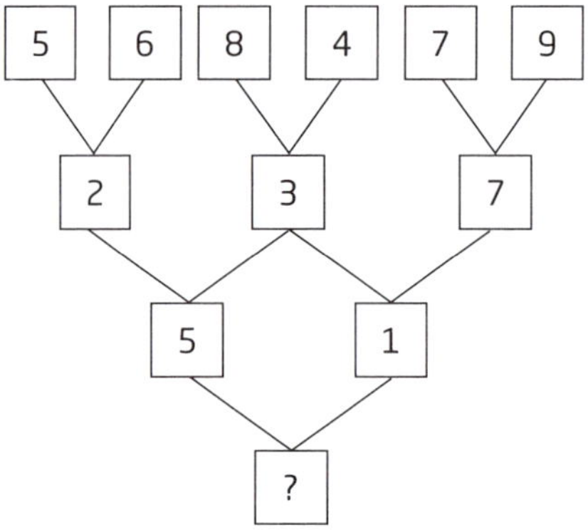

9 Quel nombre complète l'arbre ?

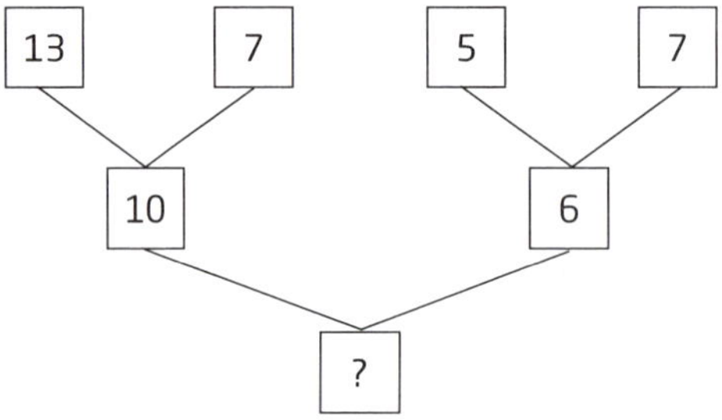

Pour les questions 10 à 12, trouver quel couple de mots complète l'analogie verbale.

10 Voilier est à ...... ce que ...... est à guidon.

❍ **a.** vent ; route ❍ **b.** mer ; pente ❍ **c.** barre ; vélo ❍ **d.** nœud ; chaîne

11 Cadre est à ...... ce que ...... est à couette.

❍ **a.** contour ; drap ❍ **b.** photographe ; lit
❍ **c.** peinture ; chambre ❍ **d.** photographie ; housse

12 Filmographie est à ...... ce que ...... est à livres.

❍ **a.** cinéma ; histoire ❍ **b.** Bluray ; bibliographie
❍ **c.** scénario ; récit ❍ **d.** acteurs ; personnages

13 Quel est le mot correctement orthographié ?

❍ **a.** honomatopé ❍ **b.** honomatopée ❍ **c.** onomatopée ❍ **d.** onomathopée

14 Quel est le mot correctement orthographié ?

❍ **a.** rodhodendron ❍ **b.** rhododendron ❍ **c.** rododindron ❍ **d.** rhododindron

15 Simplifiez :

$$\frac{20}{4} \times \frac{8}{15} + \frac{6}{19}$$

16 Résolvez le système.

$$\begin{cases} 2x + 3y = 13 \\ 4x + 5y = 23 \end{cases}$$

17 Paul lit une page en 50 secondes. Combien de temps lui faut-il pour venir à bout de la trilogie que lui a prêté son ami, dont chaque tome est composé de 14 chapitres de 22 pages chacun ? Donnez la réponse en heures et minutes.

18 Simplifiez :

$$\sqrt{45} + 3\sqrt{80}$$

19 Trouvez les anagrammes.

MEDANGRE .... NARDIGE .... TRIPOVENNE ....

TUDOINCE .... NOIRIVES ....

20 On dit de vous que vous êtes prêt à tout pour réussir.

❍ Jamais ❍ Parfois ❍ Toujours

21 On dit de vous que vous êtes toujours sous contrôle.

❍ Jamais ❍ Parfois ❍ Toujours

22 Que pensez-vous de l'idée selon laquelle « tout vient à point à qui sait attendre » ?

23 Voici une grille avec les mots de passe des 30 membres du service de Charles. Il se demande quel est le chiffre qui revient le plus souvent.

4	7	8	3
0	1	3	5
6	2	5	9
5	3	5	6
4	4	9	1
7	8	1	0
1	3	6	0
8	6	9	1
1	0	3	0
3	6	8	8

8	6	7	0
6	3	0	5
5	0	9	1
9	1	8	8
4	3	9	9
1	9	4	8
4	5	7	7
1	5	4	7
3	5	1	3
0	6	8	9

5	4	6	6
5	9	5	9
1	7	8	6
8	8	4	9
0	8	9	7
8	6	8	8
8	7	0	0
0	3	5	6
5	2	8	8
1	5	7	4

Corrigé

❶

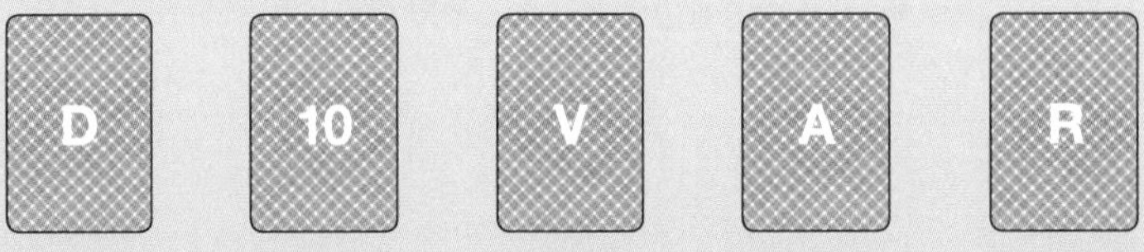

❷

❸

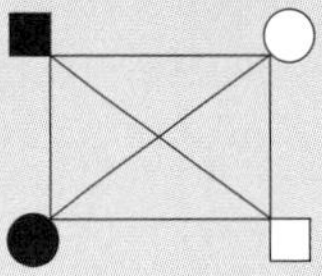

Il y a alternance de couleur sur les formes géométriques à l'extérieur du rectangle.

❹

24	30
10	55

Les nombres de la case en haut à gauche progressent en ×2, ceux de la case en haut à droite, en +6, ceux du bas à gauche, en +5, et ceux d'en bas à droite, en +10.

❺ 14. Le produit des deux nombres de la première diagonale est égal à la somme des deux nombres de l'autre diagonale.

❻ 7. Le nombre central correspond à la somme des deux nombres du haut et du produit des deux nombres du bas.

❼ 224. Un nombre est égal au double de la somme des deux nombres de l'étage supérieur.

❽ 6. Un nombre est égal à la somme des chiffres de l'étage supérieur. Dans le cas où cette somme excède 10, il convient de faire à nouveau la somme des chiffres jusqu'à obtenir une réponse inférieure ou égale à 9, qui ne s'écrit qu'avec un seul chiffre.

❾ 8. Un chiffre correspond à la valeur médiane des deux nombres de l'étage supérieur.

❿ **c.** Un couple est formé ainsi : véhicule / commande de direction.

⓫ **d.** Un couple est formé ainsi : contenant / contenu.

⓬ **b.** Un couple est formé ainsi : média / supports.

⓭ **c.**

⓮ **b.**

⓯ 2.

$$\frac{5 \times 4 \times 8}{5 \times 3 \times 4} + \frac{6}{15} = \frac{8}{3} + \frac{6}{15} = \frac{24}{15} + \frac{6}{15} = \frac{30}{15} = 2$$

⓰ $x = 2$; $y = 3$.

$$\begin{cases} 2x + 3y = 13 \\ 4x + 5y = 23 \end{cases}$$

On multiplie la première équation par 2.

$$\begin{cases} 4x + 6y = 26 \\ 4x + 5y = 23 \end{cases}$$

En simplifiant on obtient : $y = 3$. Il suffit de remplacer y par sa valeur pour trouver celle de x.

⑰ 12 heures et 50 minutes.

Il y a 14 x 22 x 3 = 924 pages.

Cela demande 924 x 50 = 46200 secondes.

Il faut ensuite convertir cette durée en heures en divisant par 3 600, et le reste est à diviser par 60 pour l'avoir en minutes.

⑱ $15\sqrt{5}$

$\sqrt{45} + 3\sqrt{80} = \sqrt{9 \times 5} + 3\sqrt{16 \times 5} = 3\sqrt{5} + 15\sqrt{5} = 15\sqrt{5}$

⑲ Dans l'ordre les mots sont : Gendarme ; Gardien ; Prévention ; Conduite ; Révision.

⑳ Répondez avec sincérité. Attention toutefois à être nuancé. Il ne faut pas confondre déterminé et sans pitié. Vous êtes sans doute prêt à de nombreux sacrifices pour arriver à vos fins, sans pour autant consentir à nuire à autrui, par exemple.

㉑ Il faut réfléchir à la question d'être « sous contrôle », de quoi et de qui. Il est envisageable de considérer cette question sous l'angle d'être « dans le contrôle », à savoir quelqu'un qui n'agit pas de manière impulsive.

㉒ Être opportuniste n'est pas souvent considéré comme une qualité. Il est important ici d'illustrer vos propos d'une situation dans laquelle il était important pour vous d'attendre afin d'atteindre vos objectifs plus sereinement, ou, a contrario, une situation dans laquelle il ne fallait pas attendre en vain, mais plutôt être acteur pour forcer les choses.

㉓ Le chiffre 8 revient le plus (20 occurrences).

Sujet n° 3

Difficulté XXX	Durée 35 minutes

1 Quelle case complète la matrice ?

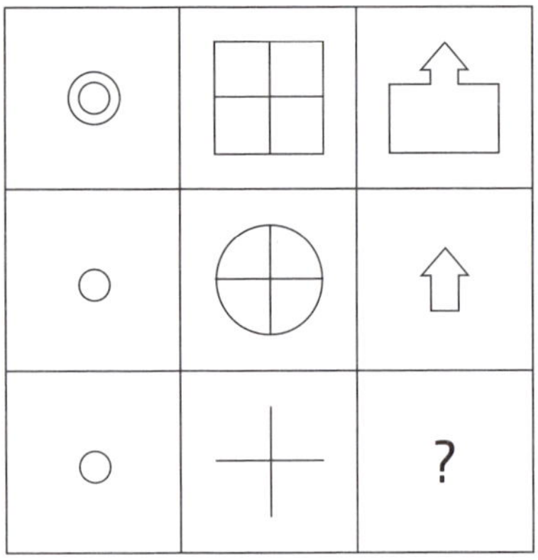

❍ **a.**

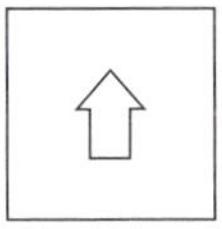

❍ **b.**

❍ **c.**

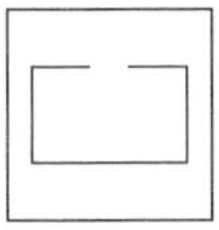

❍ **d.**

2 Quelle case complète la matrice ?

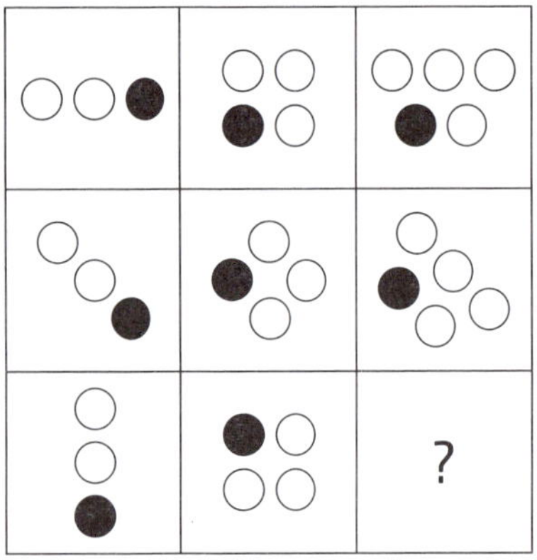

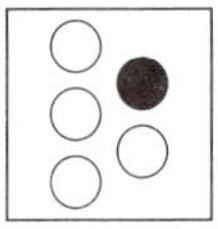

❍ **a.**

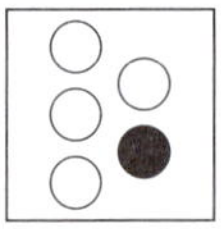

❍ **b.**

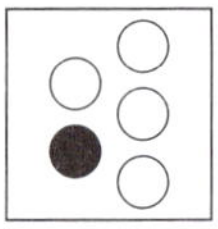

❍ **c.**

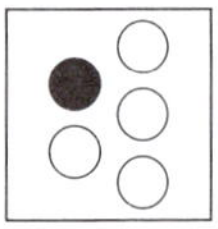

❍ **d.**

3 Quelle case complète la matrice ?

❍ **a.**

❍ **b.**

❍ **c.**

❍ **d.**

4 Quelle figure complète logiquement la série ?

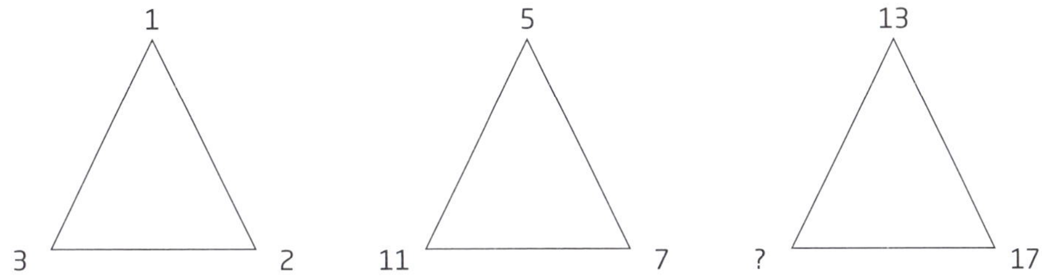

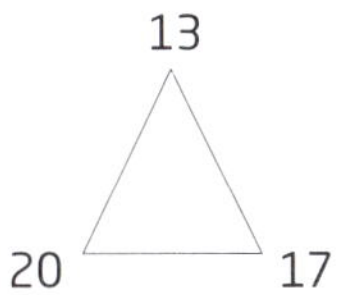

❍ a.

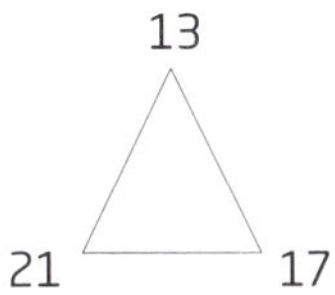

❍ b.

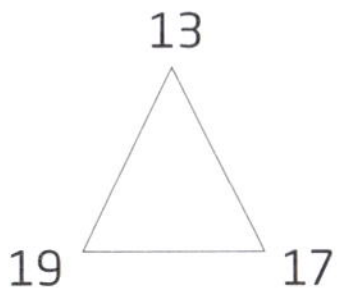

❍ c.

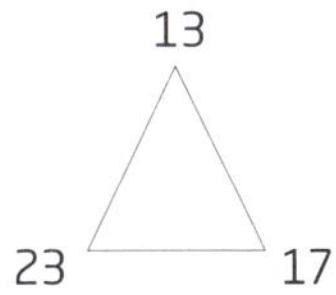

❍ d.

5 Quelle figure complète la série ?

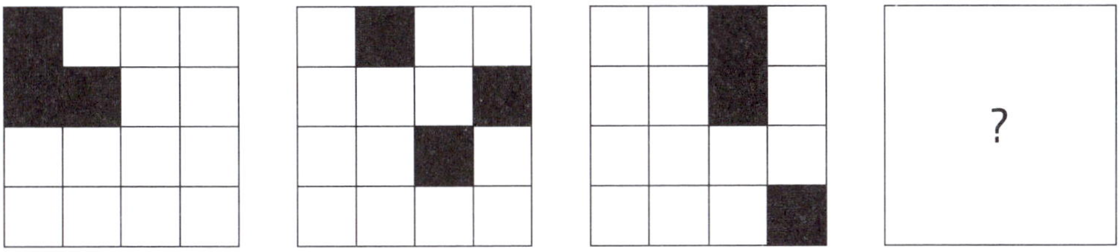

❍ a.

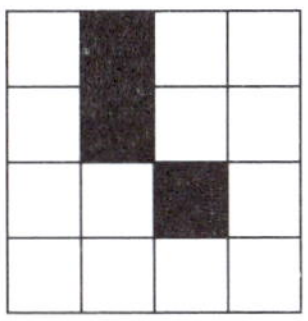

❍ b.

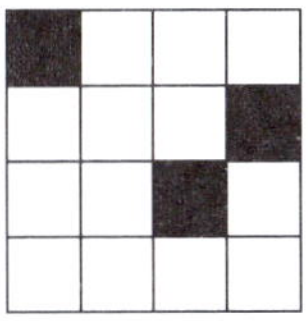

❍ c.

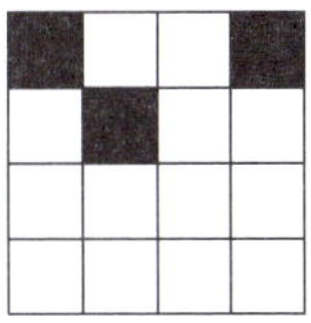

❍ d.

6 Quelle figure complète la série ?

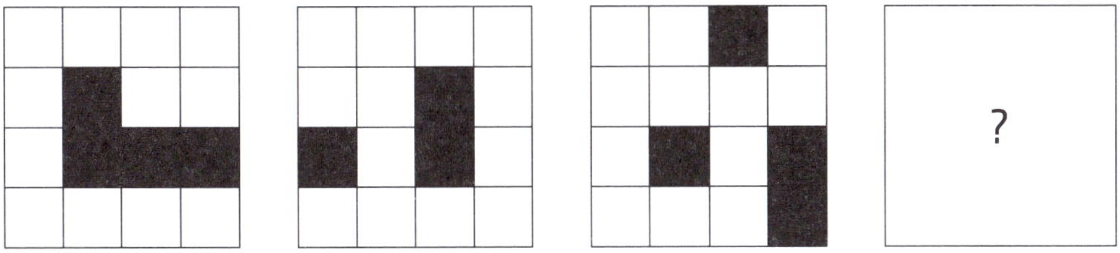

❍ a.

❍ b.

❍ c.

❍ d.

7 Observez la série et imaginez la figure qui complète la série. Les 12 positions correspondent aux horaires de 1 h à 12 h.

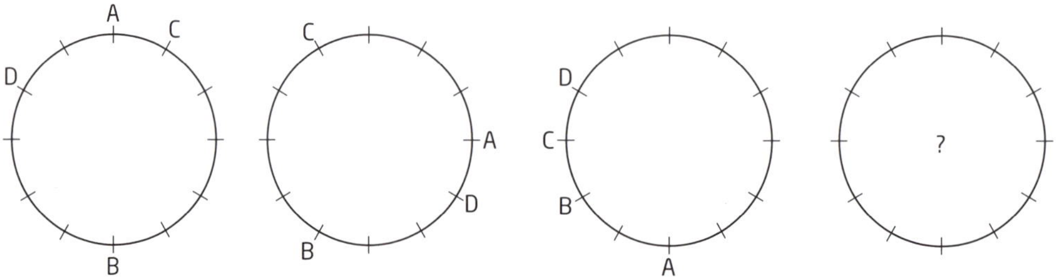

a. Sur la figure qui complète la série, sur quelle position du cadran se trouve la lettre A ?
b. Sur la figure qui complète la série, sur quelle position du cadran se trouve la lettre B ?
c. Sur la figure qui complète la série, sur quelle position du cadran se trouve la lettre C ?
d. Sur la figure qui complète la série, sur quelle position du cadran se trouve la lettre D ?
e. L'angle formé par les aiguilles A-C est-il plus grand que celui formé par les aiguilles B-D ?
f. L'angle formé par les aiguilles A-D est-il plus petit que celui formé par les aiguilles C-B ?

8 Quelle figure complète la série ?

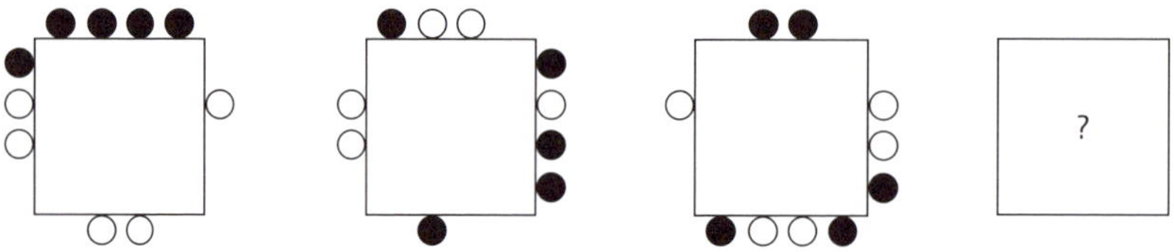

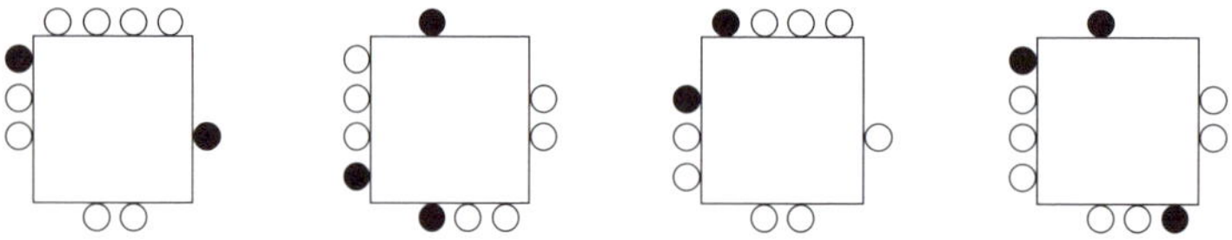

❍ **a.** ❍ **b.** ❍ **c.** ❍ **d.**

9 Quelle figure complète la série ?

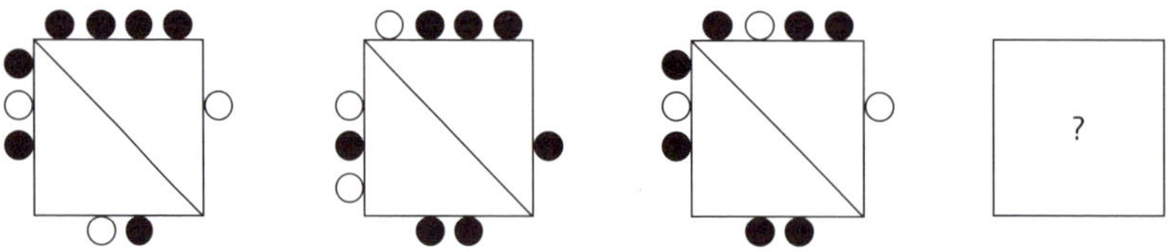

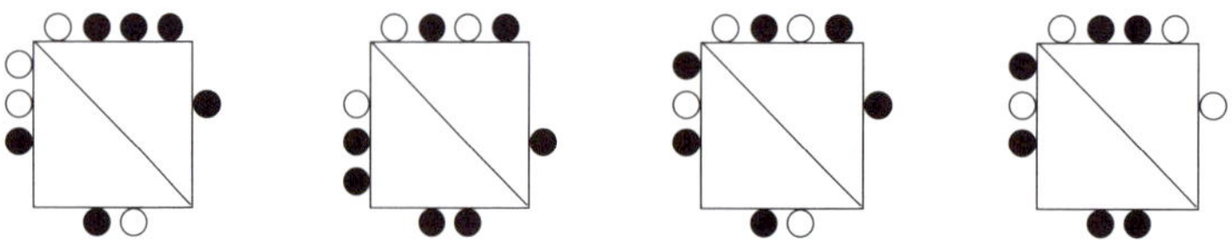

❍ **a.** ❍ **b.** ❍ **c.** ❍ **d.**

10 Quelles valeurs complètent de façon logique la grille ?

16	4	13	7
9	2	10	1
8	11	3	16
5	7		

8	10	6	8	9	3	5	4
❍ a.		❍ b.		❍ c.		❍ d.	

11 Quelles valeurs complètent de façon logique la grille ?

4	7	13	2
7	2	10	1
8	1	13	4
5	7		

12	3	14	2	10	3	15	4
❍ a.		❍ b.		❍ c.		❍ d.	

12 Complétez la série de façon logique :

AJ EL IN OP UR ?

13 Complétez la série de façon logique :

1 020 850 204 750 51 650 ?

14 Complétez la série de façon logique :

TJ PL LN HP ?

15 Les deux premières phrases sont vraies :

Aucun bluurp n'a la tête ronde.
Tous les bluurp sont courageux.
Aucun courageux n'a la tête ronde.

❍ **a.** alors la troisième phrase est vraie.
❍ **b.** alors la troisième phrase est fausse.
❍ **c.** On ne peut pas savoir.

APTITUDE PROFESSIONNELLE

16 Observez la grille suivante :

①	❶	③	①	❷	❸	①	❸	❸	❶	❸	❷	❷	❷	②	❷	❶	❷	①
②	❷	❸	❸	❸	③	②	❶	❸	②	①	③	❶	②	③	③	②	①	❷
②	②	①	❶	❷	③	❸	❷	❸	②	②	③	❸	②	①	❸	❷	③	②
❶	①	❷	②	①	❶	❷	①	❷	①	③	❷	❷	①	②	❶	②	①	❶

❍ **a.** Combien y a-t-il de ❶ ? ❍ **b.** Combien y a-t-il de ① ? ❍ **c.** Combien y a-t-il de ❷ ?
❍ **d.** Combien y a-t-il de ② ? ❍ **e.** Combien y a-t-il de ❸ ? ❍ **f.** Combien y a-t-il de ③ ?

17 Benoît, petit garçon de 7 ans, souhaite acheter des bonbons à la boulangerie avec une pièce de 2 €. Il demande à la vendeuse :
- 6 bonbons à la fraise à 12 centimes l'unité ;
- 2 maxi chewing-gums à 24 centimes l'unité ;
- 2 sucettes à 45 centimes l'unité.
A-t-il assez d'argent ? Si oui, combien lui rend la vendeuse ? Si non, combien lui manque-t-il ?

18 Lucas participe à une rencontre sportive pour laquelle il doit parcourir 30 hm en course à pied, 15 000 m à vélo, 80 000 cm en rampant et 6 km de marche. Quelle distance, en km, parcourt-il au cours de cette rencontre ?

19 Martine collectionne les cartes postales. Elle possède 9 albums de 100 pages chacun et parvient à positionner 6 cartes postales par page. Les 8 premiers sont complets mais le 9e album ne compte que 18 pages complètes. Cependant, il lui reste 7 cartes postales à ranger. Combien Martine possède-t-elle de cartes postales ?

20 Évaluez si l'adjectif présenté vous correspond.

Vous êtes :	Toujours	Jamais	Rarement	Parfois	Souvent
Influençable					
Empathique					
Déstabilisant					
Rancunier					
Entreprenant					

21 Être amis avec un(e) de ses collègues est :

❍ **a.** inconcevable. ❍ **b.** chose normale. ❍ **c.** Pourquoi pas ?

22 Dans un magasin un couple se dispute très violemment. Vous pensez que cela va dégénérer et que l'altercation verbale va devenir physique. Comment réagissez-vous ?

....

....

Corrigé

❶ **c.** Dans chaque colonne, la troisième case correspond à l'intersection des deux premières. D'après les propositions de réponses, la case manquante doit être l'intersection des deux figures, soit ce qui est en commun quand on les superpose.

❷ **d.** En colonne, la figure tourne de 45° dans le sens des aiguilles d'une montre.

❸ **a.** En ligne, la case qui en a le plus correspond à la superposition des deux autres cases.

❹ **c.** Dans le sens horaire, les nombres qui sont autour des triangles sont les nombres premiers dans l'ordre.

❺ **d.** Les carrés noircis de la première figure évoluent respectivement d'une case vers la droite pour celui du haut, d'une case vers la gauche pour celui à gauche sur la deuxième ligne et en diagonale vers le bas à droite pour le troisième.

❻ **c.** Les carrés noircis de la première figure évoluent respectivement d'une case vers la gauche pour deux des trois de la troisième ligne, d'une case vers le haut pour celui qui est dans la troisième colonne et en diagonale vers le bas à droite pour le dernier.

❼ **a.** 9
b. 9
c. 7
d. 4
e. Non, il est plus petit.
f. Non, il est plus grand.

REMARQUE Les aiguilles A et B se trouvant au même endroit, les questions **e.** et **f.** portent sur des angles de même taille.

❽ **d.** La figure globale tourne de 90° dans le sens horaire. À chaque étape, un disque du côté des 4 devient blanc, le disque seul change de couleur, les deux disques restent toujours blancs et les trois disques alternent noir entre le premier et le troisième.

❾ **b.** À chaque étape, un disque passe sur le côté d'après dans le sens des aiguilles d'une montre. Quand un disque franchit la ligne de la diagonale, il change de couleur.

❿ **c.** En ligne, la somme des deux cases de gauche équivaut à la somme des deux cases de droite.

⓫ **b.** En ligne, le nombre de la troisième case équivaut à la somme des trois autres.

⓬ YT. Les premières lettres sont les voyelles dans l'ordre alphabétique. Les secondes lettres évoluent en + 2.

⓭ 17. Il y a deux suites imbriquées. La première évolue en ÷ 5, ÷ 4, ÷ 3. La seconde évolue en - 100.

⓮ DR. Les premières lettres évoluent en - 4 et les secondes en + 2.

⓯ **c.** On ne peut pas savoir car il est possible que certains aient la tête ronde, comme il est possible que ce ne soit pas le cas.

⓰ **a.** 10 **b.** 14 **c.** 16 **d.** 15 **e.** 12 **f.** 9

17 Benoît n'a pas assez d'argent.
Les bonbons à la fraise coûtent 72 centimes.
6 × 12 = 72
Les maxi chewing-gums coûtent 48 centimes.
2 × 24 = 48
Les sucettes coûtent 90 centimes.
2 × 45 = 90
72 + 48 + 90 = 210
210 centimes = 2,10 €
Il lui manque 10 centimes.

18 Au cours de cette rencontre, il parcourt 24,8 km.
30 hm en course à pied = 3 km
15 000 m à vélo = 15 km
80 000 cm en rampant = 0,8 km
6 km de marche
3 + 15 + 0,8 + 6 = 24,8.

19 Martine possède 4 915 cartes postales.
Dans les 8 albums complets, on comptabilise 4 800 cartes postales.
8 × (100 × 6) = 4 800
Dans le 9e album, on compte 108 cartes postales.
18 × 6 = 108
Il reste 7 cartes postales non rangées.
4 800 + 108 + 7 = 4 915

20 « Empathique » est une qualité nécessaire à toute situation d'écoute. Ainsi, cette qualité sera nécessaire lorsque vous serez en face de victime ou de tout citoyen. Néanmoins, cette attitude est bien plus difficile face à l'auteur d'un délit. « Influençable », « rancunier » et « déstabilisant » seront considérés comme des défauts. Être « déstabilisant » pourrait peut-être s'avérer un atout dans certaines des situations auxquelles vous serez confronté. Enfin, illustrez votre détermination d'un exemple concret, votre préparation au concours, par exemple.

21 S'il est important de cloisonner sa vie personnelle de sa vie professionnelle, il sera sans doute apprécié de faire preuve de modération et d'une ouverture d'esprit. Cela dépendra évidemment de vos collègues, avec lesquels vous aurez plus ou moins de points communs. En tout cas, il est important de recentrer le débat sur la confiance qu'il doit y avoir entre collègues, indépendamment d'une éventuelle amitié.

22 Voilà une belle illustration pour la réponse **20**. Votre empathie et votre engagement citoyen font que vous intervenez dans une telle situation. L'idée n'est pas de passer pour un héros mais de déjà vous positionner en qualité de futur professionnel engagé.

PARTIE 3

Connaissances professionnelles

COEFFICIENT
5

DURÉE
3
heures

Planning de révision

À titre indicatif, nous vous indiquons un planning de préparation pour l'épreuve de connaissances professionnelles :

PÉRIODE	DURÉE	CONTENU DES RÉVISIONS
PÉRIODE 1	Une ou deux semaines	Présentation de l'épreuve de connaissances professionnelles Méthodologie de l'épreuve
PÉRIODE 2	Une ou deux semaines	Révision du premier tiers du programme de l'épreuve
PÉRIODE 3	Une ou deux semaines	Révision du deuxième tiers du programme de l'épreuve
PÉRIODE 4	Une ou deux semaines	Révision du dernier tiers du programme de l'épreuve
PÉRIODE 5	Une ou deux semaines	Annales corrigées n° 1 et 2
PÉRIODE 6	Une ou deux semaines	Annales corrigées n° 3 et 4
PÉRIODE 7	Une semaine	Annale corrigée n° 5

Présentation de l'épreuve

1. La nature de l'épreuve

Cette épreuve consiste pour le candidat à répondre à plusieurs questions, avec ou sans documentation (le plus souvent sans documentation), sur des problématiques relatives à la sécurité intérieure et à la défense. Le nombre de questions est généralement de quatre. Le programme de l'épreuve est présenté ci-dessous.

Cette épreuve dure 3 heures et est affectée d'un coefficient 5. Toute note inférieure à 6 sur 20 est éliminatoire.

2. Les attentes du jury

Il est attendu des candidats qu'ils aient une bonne connaissance des textes qui régissent le travail des agents de police judiciaire adjoints (APJA) de la gendarmerie et de leur environnement professionnel.

Cette épreuve a également pour objectif d'évaluer l'expression écrite du candidat et son implication professionnelle (au moyen de la vérification de ses connaissances professionnelles). Les réponses aux questions devront être un minimum organisées (introduction-argumentation-conclusion). Une attention particulière sera portée à la maîtrise de la langue française (syntaxe, orthographe et grammaire).

3. Programme de l'épreuve de connaissances professionnelles

Ce programme doit vous aider à structurer vos révisions. Le plus simple est de le diviser et d'établir un planning de révisions avant de débuter votre entraînement avec les annales corrigées.

A. Organisation et missions de la gendarmerie

a. Présentation - historique

– l'organisation territoriale,
– l'action en uniforme et les domaines d'action : militaire, administratif et judiciaire.

b. Les missions de défense

- la définition des menaces ;
- les forces armées ;
- le rôle de la gendarmerie.

c. La mission de renseignement

- importance de cette mission ;
- rôle de la gendarmerie ;
- collaboration avec les services des ministères de l'Intérieur et de la Défense.

d. Les missions de secours

- plans de secours ;
- recherche des personnes disparues ;
- rôle de la gendarmerie.

B. L'APJA « Militaire de la gendarmerie »

a. L'éthique militaire

- comportement dans la vie professionnelle,
- comportement dans la vie privée.

b. La déontologie militaire

- respect des libertés individuelles et de la dignité humaine ;
- respect du secret professionnel et du devoir de réserve ;
- obligation de porter secours ;
- état de prévarication.

c. Hiérarchie

- présentation de la hiérarchie militaire ;
- connaissance des grades ;
- connaissance des principales appellations.

d. Attitude sous l'uniforme

- avoir une tenue réglementaire ;
- se présenter ;
- saluer.

C. Les techniques de l'intervention professionnelle

a. Le cadre légal d'usage des armes :

- légitime défense,
- zones de défense hautement sensible (ZDHS).

b. Les actes élémentaires du militaire de la gendarmerie :

- progresser en sécurité individuellement, en binôme ou en trinôme ;
- aborder un objectif selon la dangerosité de la situation ;
- la technique de pénétration et de progression dans un local ;
- aborder un véhicule ;
- injonctions et réactions graduées ;
- rendre compte en cours de progression, en cours d'action et/ou en fin de mission (réflexe du compte-rendu) ;
- les fonctions de protection.
- contrôle.
- liaison entre équipiers.

D. L'APJA dans le domaine de la police judiciaire

a. Notions générales de droit pénal et de procédure pénale

- l'infraction – classification tripartite ;
- la responsabilité pénale de l'auteur ;
- le cadre légal de la légitime défense ;
- les autorités de police judiciaire ;
- les juridictions de jugement ;
- le cadre légal du contrôle d'identité ;
- les compétences des APJA ;
- le cadre légal du droit d'arrestation ;
- l'étude des infractions de voie publique les plus courantes.

b. L'assistance de l'APJA au cours de l'enquête

- recueil et transmission de l'alerte en cas de crime ou délit.

c. Transport sur les lieux d'une probable scène de crime

- le gel des lieux ;
- la participation aux investigations d'environnement ;
- la préservation des traces et indices.

d. Aide matérielle aux enquêteurs dans leurs constatations et investigations

- croquis, photos et scellés,
- perquisitions et saisies.

E. L'APJA dans le domaine de la police de la circulation

a. Lutte contre l'insécurité routière

- fondements juridiques.

b. Le contrôle d'un véhicule

- pièces afférentes à la conduite et à la circulation,
- équipement et signalisation.

c. La constatation des contraventions au code de la route

- la procédure de l'amende forfaitaire à paiement différé ;
- le rapport d'infraction ;
- la procédure d'immobilisation.

d. L'alcool au volant

- taux d'alcool et répression,
- moyens de dépistage et de vérification.

e. La vitesse

- répression,
- moyens de contrôle.

f. Les postes de régulation, de surveillance et de contrôle

- place et rôle de l'APJA dans ces dispositifs ;
- autoprotection, protection mutuelle ;
- utilisation des moyens de police de la route (Eurolaser, éthylomètre, éthylotest).

g. Intervention sur un accident de la route

- recueil et transmission de l'alerte.

h. Transport sur les lieux

- l'utilisation des moyens de protection ;
- le secours aux victimes ;
- le réflexe du compte-rendu et sa qualité ;
- la protection des biens.

i. Aide matérielle aux enquêteurs dans leurs constatations, la recherche et la préservation des traces et indices

- le croquis d'accident ;
- les prises de vues photographiques ;
- le relevé des renseignements sur les véhicules ;
- le relevé des renseignements sur les personnes impliquées ;
- les opérations de dépistage.

F. Les techniques d'accueil et de communication

a. Règles élémentaires de communication

- notions sur les relations humaines,
- présentation de la charte du gendarme.

b. Les fondamentaux de la communication

- écoute active ;
- reformulation ;
- questionnement.

c. L'APJA chargé d'accueil

- accueil des usagers et victimes ;
- réception et traitement des appels téléphoniques ;
- gestion d'une situation conflictuelle.

d. Cas pratiques

- traitement d'un appel téléphonique.

e. L'accueil d'un usager ou d'une victime

- la courtoisie ;
- le réconfort (victime) ;
- la capacité d'écoute ;
- l'analyse et la gestion de premier niveau d'une situation d'urgence ;
- l'attitude face à un interlocuteur mal disposé ;
- le réflexe du compte-rendu et sa qualité.

f. L'APJA en service externe, les relations quotidiennes avec la population

- la recherche du contact (être accessible),
- la mise en confiance (recueil du renseignement).

g. Les services répressifs

- l'attitude militaire ;
- savoir se présenter et exposer le motif de l'interpellation ;
- savoir ne pas se poser en moralisateur ;
- savoir rester poli, affable, patient et calme en présence d'un contrevenant mal disposé ;
- avoir le souci de retenir le moins longtemps possible un contrevenant.

G. Aspects socioculturels contemporains de la délinquance

- les publics et quartiers sensibles ;
- les bandes ;
- les lieux à risque ;
- la délinquance des mineurs ;
- les violences intrafamiliales ;
- les stupéfiants ;
- l'immigration irrégulière.

Méthodologie et conseils

Les questions de cette épreuve font souvent appel à la culture professionnelle des gendarmes (ou à celle des policiers) qui exercent des missions de service général : cadre légal (contrôle d'identité, flagrant délit/préliminaire, verbalisations), armement, régime disciplinaire, registres tenus au poste Aussi, si ces notions vous sont peu familières ou éloignées de vos missions habituelles, faites un réel effort d'approfondissement en la matière.

Pour approfondir vos connaissances professionnelles, il existe plusieurs possibilités :
– s'ils ne sont pas trop anciens (les textes juridiques et normatifs deviennent vite obsolètes), reprenez vos livrets et modules de formation de gendarme adjoint volontaire (ou d'adjoint de sécurité) ;
– rapprochez-vous du correspondant « formation » de votre unité. Essayez de travailler sur des documents internes à la gendarmerie nationale (ou à la police nationale) : livrets de formation de gendarme (ou gardien de la paix), manuels de préparation aux examens internes ;
– au cours de vos missions, portez une attention particulière aux notes de service et aux textes de loi dont vous pouvez avoir connaissance ;
– veillez à vous tenir informé des changements législatifs, notamment en droit pénal (création de nouvelles infractions) et en procédures pénales (réformes de l'instruction et de la garde à vue) ;
– reportez-vous au programme de l'épreuve, définissez quels sont vos points faibles et travaillez particulièrement les domaines concernés.

1. Bien comprendre les réponses

Avant de répondre au questionnaire, relisez bien (éventuellement plusieurs fois) la question posée.
– La question posée doit vous paraître parfaitement claire et univoque.
– Ensuite seulement, vous commencerez à répondre aux questions posées.
– Trop de candidats répondent mal à une question car ils n'ont pas saisi son sens.

2. Construire des réponses équilibrées

Bien entendu, toutes vos réponses doivent être rédigées. En termes de longueur, un paragraphe d'une vingtaine de lignes doit constituer une longueur minimale.

En ce qui concerne la construction même de vos réponses, vous pouvez vous inspirer des conseils suivants :

– organisez vos réponses (introduction – développement – conclusion), sans pour autant faire appel à un plan apparent ;
– n'indiquez qu'une idée par phrase. Si vous avez deux idées à formuler dans votre réponse, faites deux phrases, que vous lierez par des mots de liaison (« donc, mais, d'une part / d'autre part... ») ;
– répondez de préférence aux questions dans l'ordre posé. Si vous n'avez pas la réponse à une question, passez à la suivante. Mais essayez d'y revenir par la suite : il est très pénalisant de ne pas répondre à toutes les questions posées ;
– ne répondez pas avec des sigles, ou alors expliquez-les lors de leur première utilisation dans votre copie.

3. La rédaction des réponses

Il faut proscrire de votre copie les abréviations, le langage familier (ou, pire encore, de type « SMS ») et les énumérations (listes avec des tirets).

Utilisez les mots de liaison appropriés (« donc, par conséquent, ensuite, en effet ») pour lier, si nécessaire, certaines phrases. Voici un rappel des principaux mots de liaison :

Objet	Mots de liaison
Introduire	En premier lieu, premièrement, d'une part…
Énumération	Ensuite, de plus, d'autre part, deuxièmement, par ailleurs…
Exemple	Par exemple, ainsi, d'ailleurs, notamment…
Expliquer	Parce que, c'est pourquoi, car, puisque, en effet…
Opposition	Mais, cependant, néanmoins, toutefois, pourtant…
Restriction	Au contraire, en revanche, inversement…
Conséquence	Donc, en conséquence, si bien que, c'est pourquoi…
But	Afin de, pour, en vue de…
Hypothèse	Si, en cas de, au cas où…
Résumer ou conclure	Pour conclure, en résumé, donc, en somme…

Veillez également à soigner votre ponctuation. Nous vous indiquons les règles de ponctuation dans ce tableau :

Ponctuation	Règle
Point	Le point marque la fin de la phrase. Exemple : La soirée a été très mouvementée.
Deux points	Les deux points servent à introduire une citation ou une explication. Exemples : – Il s'est écrié : « Me voilà ! » – Pour obtenir un rendez-vous : appeler tôt le matin ou adresser un courrier.

Virgule	La virgule sépare des éléments d'une même phrase et marque une brève pause. Exemple : Ce voyage a été très dépaysant, ce dont nous avions bien besoin. Une virgule ne sépare jamais un sujet et un verbe, un verbe et ses compléments, le nom et les compléments du nom.
Point-virgule	Le point-virgule est employé afin de séparer deux aspects d'une même idée. La pause ainsi marquée est plus importante que pour la virgule. Exemple : C'est la plus tranquille des mers ; ses courants sont larges et lents.
Le tiret	Le tiret sert à mettre en valeur un mot ou une expression. Exemple : Porté par l'amour des siens, il se sentit – encore une fois – plein de confiance.
Les points de suspension	Les points de suspension marquent le fait qu'une idée n'est pas totalement exprimée. Exemple : Je ne pensais pas que nous en arriverions là… Il ne faut pas mettre de points de suspension après « etc. »
Les guillemets	Les guillemets servent à introduire une citation ou des paroles rapportées. Exemples : – Marx a écrit : « La religion est l'opium du peuple. » – Nos arguments seraient, selon lui, « sans fondements ». Les guillemets peuvent également être utilisés lorsque l'on emploie un mot ou une expression en dehors de son sens habituel. Exemple : Il a « piloté » cette réunion avec brio.
Les parenthèses	Les parenthèses permettent d'indiquer un élément accessoire à une phrase principale. Exemple : Les pièces visitées (séjour, chambre et cuisine) présentent une grande vétusté.
Point d'interrogation	Employé à la fin des phrases, le point d'interrogation marque une interrogation directe. Exemple : Est-ce que tu as fini ton travail ?
Point d'exclamation	Le point d'exclamation sert à témoigner d'un sentiment vif. Exemple : Il est temps que tout cela se termine ! Dans un texte argumentatif, l'usage du point d'exclamation est à proscrire.

Enfin, n'oubliez pas de toujours conserver un peu de temps pour vous relire avant la fin de l'épreuve.

Annales corrigées

Sujet n° 1

Session mars 2016

Difficulté XXX	Durée 3 heures

Énonce

❶ L'APJA « Militaire de la gendarmerie » - *L'éthique militaire.*

Après avoir défini la notion d'« éthique », vous développerez le comportement que doit adopter un militaire de la gendarmerie dans sa vie privée ainsi que sa vie professionnelle.

❷ L'APJA dans le domaine de la police judiciaire - *Notions générales de droit pénal et de procédure pénale* - *Le cadre légal du contrôle d'identité.*

Après avoir présenté les personnes habilitées à y procéder, développez les contrôles d'identité en matière de police judiciaire et de police administrative, en précisant pour chacune les conditions qui y sont attachées.

❸ L'APJA dans le domaine de la police de la circulation - *Les postes de régulation, de surveillance et de contrôle* - *Place et rôle de l'APJA dans ces dispositifs.*

Expliquez la place et le rôle de l'APJA, en précisant les dispositions communes et les spécificités à chacun des types de postes (régulation, surveillance, contrôle).

❹ Aspects socioculturels contemporains de la délinquance - *L'immigration irrégulière.*

Après avoir précisé les conditions d'entrée et de séjour en France, expliquez comment s'effectue la lutte contre l'immigration irrégulière en illustrant votre réponse au regard de l'actualité.

Corrigé

❶ L'APJA « Militaire de la gendarmerie » - *L'éthique militaire.*

L'éthique est la morale propre à chaque individu. Système de valeur propre à chacun, l'éthique peut se construire grâce à l'éducation, à l'empirisme, aux grandes rencontres d'une vie, aux réflexions personnelles, aux croyances religieuses et philosophiques... La déontologie quant à elle regroupe les règles morales propres à l'exercice d'une profession donnée. Son origine est légale ou réglementaire. Son absence de respect entraîne des sanctions professionnelles et, le cas échéant, judiciaires. Dans le cas des gendarmes, la déontologie se trouve contenue dans la Charte du gendarme.

Si les droits du gendarme peuvent sembler identiques à ceux de tout citoyen, il ne faut pas oublier que son métier lui impose, en dehors du strict cadre de ses heures de travail, le respect de certains devoirs.

Ces devoirs spécifiques au gendarme se retrouvent dans le domaine des droits civils. Naturellement, il est du strict devoir des gendarmes de ne pas abuser de leur rôle et de leurs pouvoirs à des fins privées, sous peine de graves sanctions pénales et disciplinaires. Par ailleurs, en vertu de dispositions du Code pénal et de la Charte du gendarme, le gendarme est toujours considéré comme en service : si, dans sa vie privée, il constate une infraction grave (comme une agression violente), il est de son absolu devoir d'intervenir.

En outre, si le gendarme dispose d'une capacité juridique absolue pour passer des contrats, il a pour devoir de se consacrer uniquement à son métier. L'exercice d'une autre profession ou d'une autre activité rémunérée est interdite au gendarme, surtout lorsque celle-ci pourrait le conduire à abuser de ses pouvoirs (métiers de la sécurité, collaboration à des cabinets de détective...).

Le gendarme est ainsi soumis à certains stricts devoirs et à une restriction de droits civils en raison de la nature de sa profession et des pouvoirs particuliers qui lui sont conférés. Ajoutons ici que tout comportement délinquant ou transgression du secret professionnel de gendarme sera jugé très sévèrement par les tribunaux judiciaires.

La situation en matière de droits civils est identique en ce qui concerne les droits civiques. Si le gendarme peut adhérer à un parti politique et voter aux élections, il ne peut être candidat dans une circonscription électorale où il exerce son activité. Pour des raisons tout aussi évidentes, les gendarmes ne disposent pas du droit de grève, ni même du droit syndical.

Par ailleurs, si la liberté de croyance et de conscience des gendarmes est totale, leur liberté d'expression connaît une importante limitation. De fait, les gendarmes, servant l'État et l'intérêt général, doivent observer leur devoir de réserve. Au cours de leur travail, ils ne doivent observer aucune attitude partisane, ni exprimer d'opinion politique. Cette restriction des droits civiques s'explique par la nature particulière du métier de gendarme.

Ce statut particulier du gendarme se retrouve dans la question de la morale. Le gendarme a pour mission essentielle de faire respecter les lois et l'ordre public. Aussi, il est normal et légitime que le gendarme soit conscient de son devoir de vivre en accord avec les valeurs de la société qu'il défend dans son travail. Par sa vie privée, il devra s'attacher à présenter une image compatible avec ses fonctions.

Concernant la liberté de conscience et de croyance, le gendarme est astreint aux mêmes règles que pour la question politique. De fait, surtout dans une République fondée sur la laïcité, le gendarme devra garder ses opinions pour lui dans le cadre de son travail et s'abstenir de tout prosélytisme.

Dans ce domaine de la morale, le gendarme devra donc veiller à respecter la neutralité inhérente au bon exercice de ses fonctions. Le gendarme, en raison de la nature particulière de ses missions et de ses pouvoirs, reste ainsi soumis à des restrictions de certains droits et au respect de devoirs stricts.

❷ L'APJA dans le domaine de la police judiciaire - *Notions générales de droit pénal et de procédure pénale - Le cadre légal du contrôle d'identité.*

Le contrôle d'identité est l'examen d'un document supportant une photographie et justifiant l'identité d'une personne. Il se déroule sur les lieux de l'intervention. Il est de la compétence des officiers de police judiciaire (article 16 du Code de procédure pénale), des agents de police judiciaire (art. 20 du Code de procédure pénale) et agent de police judiciaire adjoint (art. 21 du Code de procédure pénale), sur ordre et sous la responsabilité de l'officier de police judiciaire.

La base légale du contrôle d'identité est l'article 78-2 du Code de procédure pénale. Cette article prévoit que les officiers de police judiciaire et, sur l'ordre et sous la responsabilité de ceux-ci, les agents de police judiciaire mentionnés aux articles 20 et 21-1° de ce même Code peuvent inviter à justifier, par tout moyen, de son identité toute personne à l'égard de laquelle existe une ou plusieurs raisons plausibles de soupçonner :

- qu'elle a commis ou tenté de commettre une infraction ;
- ou qu'elle se prépare à commettre un crime ou un délit ;
- ou qu'elle est susceptible de fournir des renseignements utiles à l'enquête en cas de crime ou de délit ;
- ou qu'elle fait l'objet de recherches ordonnées par une autorité judiciaire.

En matière de police judiciaire, le contrôle d'identité est prévu par l'article 78-2 du Code de procédure pénale. Cette article dispose que le contrôle d'identité est possible envers une personne à l'encontre de laquelle il existe une ou plusieurs raisons plausibles de soupçonner :

- qu'elle a commis ou tenté de commettre une infraction ;
- qu'elle se prépare à commettre un crime ou un délit ;
- qu'elle est susceptible de fournir des renseignements utiles à l'enquête en cas de crime ou de délit ;
- qu'elle fait l'objet de recherches ordonnées par une autorité judiciaire.

En matière de police administrative, le contrôle d'identité est autorisé par l'article 78-2 alinéa 7 du Code de procédure pénale en cas de troubles à l'ordre public, ainsi que pour assurer la sécurité des personnes et des biens.

❸ L'APJA dans le domaine de la police de la circulation - *Les postes de régulation, de surveillance et de contrôle - Place et rôle de l'APJA dans ces dispositifs.*

Le poste de régulation est un service établi au niveau de points du réseau routier où il s'avère nécessaire :

- de réaliser l'alternance des passages en organisant une judicieuse distribution des courants de circulation qui se croisent ou se coupent ;
- d'assurer la régularité, la rapidité et la sécurité de l'écoulement des trafics.

Le poste de régulation implique une organisation minutieuse et un personnel parfaitement entraîné. En effet, les missions consistent à éviter les accidents et les encombrements, ainsi qu'à permettre l'utilisation maximale et rationnelle de la chaussée.

Le poste de surveillance est un stationnement temporaire, installé en un endroit difficile ou dangereux d'un itinéraire routier ; il vise à imposer aux usagers de la route le respect des règles de circulation et, au final, à réduire le nombre d'accidents.

Le rôle du poste de surveillance est ainsi :

- d'observer le libre écoulement du trafic ;
- de concrétiser par sa seule présence la notion de surveillance et de prévention ;
- d'intervenir si nécessaire pour faire respecter les règles de circulation.

Le poste de contrôle est un dispositif doté de moyens adaptés, mis en place en un point déterminé du réseau routier et dont la mission est d'arrêter systématiquement certains véhicules en vue d'effectuer un contrôle particulier. La responsabilité de la sécurité du véhicule contrôlé incombe au gendarme qui effectue le contrôle.

❹ Aspects socioculturels contemporains de la délinquance - *L'immigration irrégulière.*

L'étranger non européen (au sens de ressortissant communautaire), qui souhaite entrer sur le territoire national doit présenter un certain nombre de justificatifs à la frontière. En particulier, et sauf dispense, un visa est nécessaire. Il doit être demandé avant le départ. Seuls certains visas, dits « de long séjour », permettent l'installation en France. En l'absence des documents exigés, l'étranger peut faire l'objet d'un refus d'entrée et être placé en zone d'attente avant d'être renvoyé ou admis en France.

L'immigration irrégulière constitue l'une des principales menaces à laquelle la France et l'Union européenne sont confrontées. Le cadre légal de l'entrée des étrangers est le traité de Schengen, approuvé le 19 juin 1990. La vocation de ce traité est de définir les principales mesures permettant de mettre en œuvre un espace de libre circulation des personnes au sein des pays de l'Union européenne signataires. Elle a modifié le régime des contrôles effectués sur les personnes franchissant les frontières. Pour autant, la définition des frontières (terrestres, maritimes et aériennes) restent du domaine de la souveraineté de chaque État.

Même si la Gendarmerie nationale est bien moins active que la Police nationale dans la lutte contre l'immigration irrégulière, cette dernière constitue indéniablement l'une de ses missions. Contrairement à la Police nationale, la Gendarmerie nationale ne participe pas au contrôle des flux migratoires, selon des modalités propres à chaque type de frontière.

Pour autant, la Gendarmerie nationale entend lutter contre l'immigration irrégulière, sous toutes ses formes, et contre l'emploi des clandestins sur l'ensemble du territoire. Le démantèlement de filières d'acheminement et de maintien de clandestins implique des enquêtes judiciaires de la part des services de la gendarmerie.

De même, la Gendarmerie nationale concourt à l'éloignement des étrangers faisant l'objet d'une décision de reconduite à la frontière, d'interdiction du territoire, d'expulsion, de réadmission ou de non-admission. Souvent connexe à l'immigration irrégulière, la lutte contre la fraude documentaire est l'un des axes de travail de la Gendarmerie nationale dans ce domaine.

Sujet n° 2

Session mars 2015

Difficulté ✗✗✗	Durée 3 heures

Énoncé

1 Le dépistage de l'alcoolémie.

Présenter les règles de dépistage de l'imprégnation alcoolique sur un conducteur de véhicule.

2 Le devoir de réserve et le secret professionnel.

Quelle différence faites-vous entre devoir de réserve et secret professionnel ?

3 Les autorités de police judiciaire.

Présenter les différentes juridictions pénales.

4 Les domaines d'action de la gendarmerie.

À partir d'exemples de missions de service public confiées aux unités, exposer les domaines d'action de la gendarmerie.

Corrigé

❶ Le dépistage de l'alcoolémie.

Les officiers de police judiciaire et agents de police judiciaire soumettent obligatoirement à des épreuves de dépistage :
- l'auteur présumé d'une infraction au Code de la route entraînant une suspension du permis de conduire ;
- le conducteur ou l'accompagnateur de l'élève conducteur impliqué dans un accident corporel de la circulation.

Dans la pratique, le dépistage est quelquefois irréalisable, notamment lorsque la personne refuse de le subir ou se trouve dans un état d'ivresse ne permettant pas sa mise en œuvre dans des conditions normales. À ce titre, il faut noter que le refus de dépistage ne constitue pas une infraction pénale, mais entraîne l'obligation de se soumettre aux vérifications subséquentes. C'est seulement le refus de subir celles-ci qui constitue un délit.

❷ Le devoir de réserve et le secret professionnel.

Selon l'article L 4121-2 du Code de la défense, « les opinions ou croyances, notamment philosophiques, religieuses ou politiques, sont libres. Elles ne peuvent cependant être exprimées qu'en dehors du service et avec la réserve exigée par l'état militaire. Cette règle s'applique à tous les moyens d'expression. Elle ne fait pas obstacle au libre exercice des cultes dans les enceintes militaires et à bord des bâtiments de la flotte.

Indépendamment des dispositions du Code pénal relatives à la violation du secret de la défense nationale et du secret professionnel, les militaires doivent faire preuve de discrétion pour tous les faits, informations ou documents dont ils ont connaissance dans l'exercice ou à l'occasion de l'exercice de leurs fonctions. En dehors des cas expressément prévus par la loi, les militaires ne peuvent être déliés de cette obligation que par décision expresse de l'autorité dont ils dépendent. »

Le devoir de réserve impose donc la discrétion sur vos opinions :
- philosophiques ;
- religieuses ;
- politiques.

En revanche, les informations couvertes par le secret professionnel ne sont pas seulement celles qui ont été confiées comme étant secrètes, mais aussi celles dont le gendarme a eu connaissance à l'occasion de l'exercice de ses fonctions.

Les gendarmes sont tenus au secret professionnel dans le cadre des règles instituées par les articles 226-13 et 226-14 du Code pénal. Le gendarme est tenu de respecter très scrupuleusement le secret de l'enquête et de l'instruction (article 11 du Code de procédure pénale). Il en est de même en ce qui concerne l'interdiction de publication de tout texte ou de toute illustration concernant l'identité ou la personnalité de mineurs délinquants (article 14 de l'ordonnance du 02/02/1945).

Une violation du secret professionnel expose donc son auteur à des sanctions pénales et à des sanctions disciplinaires ; elle est aussi susceptible d'engager sa responsabilité civile.

❸ Les autorités de police judiciaire. Présentez les différentes juridictions pénales.

Les infractions au Code pénal seront jugées par les juridictions pénales. La société y sera représentée par le ministère public. Également nommé parquet, le ministère public doit diriger la police judiciaire, décider de l'opportunité des poursuites et requérir une peine lors de l'audience.

La compétence des juridictions pénales dépendra de la classification tripartite des infractions (par ordre de gravité croissante) : contravention, délit, crime.

Le tribunal de police jugera des plus graves contraventions, qui ne sont d'ailleurs pas uniquement liées à l'application du Code de la route. Les contraventions les moins graves seront jugées par les juges de proximité.

Au sein du tribunal de grande instance, le tribunal correctionnel est compétent pour juger des délits. Le tribunal correctionnel est composé de différents magistrats : les juges du tribunal correctionnel (autrement appelés magistrats du siège), le juge d'instruction (afin de diligenter des enquêtes judiciaires, il délivrera des commissions rogatoires aux officiers de police judiciaire de la police et de la gendarmerie nationales), le juge de l'application des peines (qui suit le parcours des condamnés à l'intérieur et à l'extérieur des prisons), le juge des libertés et de la détention (qui statuera sur la détention pendant la période de l'instruction) et les magistrats du parquet (le procureur de la République et les substituts).

La cour d'assises, quant à elle, jugera des crimes. Juridiction départementale se réunissant par intermittence, la cour d'assises se compose à la fois de magistrats professionnels (le président de la cour d'assises et deux juges) et de 6 jurés (qui sont des citoyens tirés au sort sur les listes électorales).

En appel, les jugements du tribunal de police et du tribunal correctionnel seront contestés devant la chambre des appels correctionnels, qui est la formation pénale de la cour d'appel. Les appels formés contre les arrêts d'une cour d'assises seront portés devant une autre cour d'assises, qui sera alors composée de 9 jurés. Enfin, la Chambre criminelle de la Cour de cassation statuera sur l'application du droit faites par les magistrats en appel, à l'exclusion de toute considération sur le fond des affaires.

D'autre part, les mineurs seront jugés par des juridictions pénales spécialisées :

- le tribunal pour enfants : cette juridiction du tribunal de grande instance jugera les mineurs de moins de 16 ans ayant commis des faits qualifiés pénalement de contravention de 5e classe, de délit ou de crime. Le juge des enfants pourra prononcer des mesures d'assistance éducative et interviendra également à propos des mineurs en danger ;
- la Chambre spéciale de la cour d'appel statuera sur les appels formés contre les jugements du tribunal pour enfants ;
- la cour d'assises des mineurs jugera les mineurs ayant entre 16 et 18 ans et s'étant rendus coupables de faits qualifiés pénalement de crimes.

4 Les domaines d'action de la gendarmerie.

Selon la loi du 3 août 2009, « la gendarmerie nationale est une force armée instituée pour veiller à l'exécution des lois.

« La police judiciaire constitue l'une de ses missions essentielles.

« La gendarmerie nationale est destinée à assurer la sécurité publique et l'ordre public, particulièrement dans les zones rurales et périurbaines, ainsi que sur les voies de communication.

« Elle contribue à la mission de renseignement et d'information des autorités publiques, à la lutte contre le terrorisme, ainsi qu'à la protection des populations.

« Elle participe à la défense de la patrie et des intérêts supérieurs de la nation, notamment au contrôle et à la sécurité des armements nucléaires.

« L'ensemble de ses missions, civiles et militaires, s'exécute sur toute l'étendue du territoire national, hors de celui-ci en application des engagements internationaux de la France, ainsi qu'aux armées. »

Sujet n° 3

Session mars 2015

Difficulté ✗✗✗	Durée 3 heures

Énoncé

1 Intervention professionnelle - Formation tactique d'intervention

Gendarme adjoint volontaire, vous êtes affecté à la brigade territoriale autonome de Z. Au cours d'une patrouille avec un gendarme de carrière, vous êtes amenés à contrôler un individu qui circule à pied.

1. Définissez le but du contrôle d'un individu à pied et rappelez les différentes zones de sécurité.

2. Précisez le rôle de chacun des gendarmes.

2 Domaines d'action du gendarme adjoint volontaire - Agent de police judiciaire adjoint

En matière de police judiciaire, les compétences des agents de police judiciaire adjoints sont limitées.

1. Quelles missions peuvent leur être confiées ?

2. Quels mandats peuvent-ils mettre à exécution ? Définissez chacun d'entre eux.

3 Formation militaire générale - Le gendarme adjoint volontaire, militaire de la Gendarmerie

Après avoir défini ce qu'est la D.O.T. et présenté ses objectifs, son organisation et ses moyens, vous exposerez les missions qui incombent à la Gendarmerie dans ce domaine.

4 Domaines d'action du gendarme adjoint volontaire - Police de la circulation routière

Après avoir défini ce qu'est l'immobilisation d'un véhicule, vous en préciserez les modalités.

Corrigé

❶ Intervention professionnelle - Formation tactique d'intervention

1. Le contrôle d'un individu à pied consiste à mettre en place un dispositif en vue d'effectuer le contrôle d'un individu, de s'enquérir de son identité et d'être en mesure de le maîtriser physiquement.

Les zones de sécurité sont les suivantes :
- zone d'observation (permet, à travers un contact verbal, visuel, auditif et olfactif, de prendre en compte l'individu et son environnement) ;
- zone de contact physique (permet un coup d'arrêt à un adversaire avec les pieds ou un moyen intermédiaire sans déplacement des appuis) ;
- zone intime (permet de saisir l'adversaire à bras-le-corps ou de lui porter un coup d'arrêt avec le coude ou le genou).

2. Le contrôleur :
- demande poliment une pièce d'identité ;
- reste dans la zone de contact et maintient la distance ;
- est vigilant lors de la disparition et de la sortie des mains ;
- saisit les documents avec la main du côté de l'arme ;
- documents en main, recule légèrement pour vérification ;
- maintient la distance, y compris pour la restitution de la pièce d'identité.

Le ou les effectifs en appui - couverture :
- restent vigilants lors de la disparition et de la sortie des mains ;
- restent prêts à intervenir au profit du contrôleur ;
- gèrent l'environnement immédiat.

❷ Domaines d'action du gendarme adjoint volontaire - Agent de police judiciaire adjoint

1. Selon l'article 21 du Code de procédure pénale, les agents de police judiciaire adjoints ont pour mission :
- de seconder, dans l'exercice de leurs fonctions, les officiers de police judiciaire ;
- de rendre compte à leurs chefs hiérarchiques de tous crimes, délits ou contraventions dont ils ont connaissance ;
- de constater, en se conformant aux ordres de leurs chefs, les infractions à la loi pénale et de recueillir tous les renseignements en vue de découvrir les auteurs de ces infractions, le tout dans le cadre et dans les formes prévus par les lois organiques ou spéciales qui leur sont propres ;
- de constater par procès-verbal les contraventions aux dispositions du Code de la route dont la liste est fixée par décret en Conseil d'État.

Lorsqu'ils constatent une infraction par procès-verbal, les agents de police judiciaire adjoints peuvent recueillir les éventuelles observations du contrevenant.

2. L'article 123 du CPP stipule qu'en qualité d'agents de la force publique, les agents de police judiciaire adjoints peuvent mettre à exécution :
- le mandat de comparution ;
- le mandat d'amener, d'arrêt ou de recherche.

Le **mandat de recherche** est un ordre de rechercher une personne susceptible d'avoir commis ou de tenter de commettre une infraction avec ordre de la placer en garde à vue.

Le **mandat de comparution** est une mise en demeure pour la personne concernée de se présenter aux jour et heure fixés devant le magistrat ayant émis le mandat.

Le **mandat d'amener** est un ordre donné à la force publique de conduire immédiatement devant le magistrat la personne nommée dans le document qu'il a émis.

Le mandat de recherche est un ordre de rechercher, interpeller et conduire la personne concernée dans la maison d'arrêt indiquée où elle sera reçue et détenue.

Le mandat de dépôt est un ordre au chef d'établissement pénitentiaire de recevoir et détenir la personne mentionnée. Il peut également s'agir d'un ordre de recherche ou de transfèrement de la personne désignée.

❸ Formation militaire générale - Le gendarme adjoint volontaire, militaire de la Gendarmerie

La Défense Opérationnelle du Territoire (D.O.T.) est l'ensemble des actions militaires, mises en œuvre suite à une menace extérieure reconnue ou à une agression, conduites au sol à l'intérieur des frontières pour assurer la sécurité et l'intégrité du territoire.

Les objectifs de la D.O.T. sont de garantir l'intégrité des organes de décision et de mise en œuvre des forces militaires et d'assurer la protection des installations militaires.

La mobilisation permet à la gendarmerie de renforcer ses effectifs :
- avant mobilisation = environ 100 000 hommes ;
- après mobilisation = environ 150 000 hommes.

Les missions de la gendarmerie dans ce domaine seront :
- la recherche du renseignement ;
- la défense des points sensibles ;
- l'intervention au profit des points sensibles menacés ;
- l'intervention sur zone face à une menace.

❹ Domaines d'action du gendarme adjoint volontaire - Police de la circulation routière

Il s'agit d'une obligation faite au conducteur ou au propriétaire d'un véhicule de maintenir ce véhicule sur place ou à proximité du lieu de constatation de l'infraction dans les cas prévus au Code de la route en se conformant aux règles relatives au stationnement.

S'agissant des modalités, l'agent verbalisateur retire le certificat d'immatriculation du véhicule au contrevenant lorsqu'il est présent. Il rédige ensuite la fiche d'immobilisation en 3 exemplaires :
- Feuillet n° 1 : remis avec la carte grise (certificat d'immobilisation) à l'officier de police judiciaire territorialement compétent.
- Feuillet n° 2 : transmis à l'autorité judiciaire.
- Feuillet n° 3 : remis au contrevenant (vaut justificatif de retrait du certificat d'immatriculation, voire d'autorisation temporaire de circuler).

La mesure peut être levée dès que l'infraction a cessé, par :
- l'agent verbalisateur, s'il est encore sur les lieux de l'infraction ;
- par l'officier de police judiciaire territorialement compétent qui a été saisi, « seul habilité » à lever cette mesure si l'infraction n'a pas cessé avant le départ de l'agent verbalisateur.

Sujet n° 4

Session septembre 2014

Difficulté XXX	Durée 3 heures

Énoncé

1 Les techniques de l'intervention professionnelle

1. Quel est le but de la formation à l'intervention professionnelle ?

2. Quels sont les degrés d'alerte de la codification internationale ?

2 L'APJA dans le domaine de la police judiciaire - notions générales de droit pénal : l'étude des infractions de voie publique les plus courantes.

1. Donnez les éléments constitutifs des dégradations légères.

2. Citez un exemple.

3 L'APJA dans le domaine de la police de la circulation - Lutte contre l'insécurité routière : fondements juridiques.

1. Quelles sont les dispositions légales qui permettent aux APJA de procéder au dépistage alcoolique ?

2. Peuvent-ils immobiliser un véhicule ?

4 L'APJA chargé d'accueil : accueil des usagers et victimes ; réception et traitement des appels téléphoniques.

Selon l'article 15 de la charte du gendarme :

« Le gendarme applique avec conviction les principes énoncés par la Charte d'accueil du public et d'assistance aux victimes. Il répond sans réserve aux sollicitations fondées ».

Après avoir défini la notion de victime et sa classification légale, comment le chargé d'accueil doit-il traiter les appels téléphoniques ?

Corrigé

❶ Les techniques de l'intervention professionnelle

1. Le but de la formation à l'intervention professionnelle est d'acquérir les gestes techniques d'intervention afin d'assurer le maximum de sécurité des personnels. Ainsi, la progression en cellule ou les techniques d'investigation permettent d'utiliser son arme, de se protéger et d'aborder l'objectif en sûreté.

2. Les degrés d'alerte de la codification internationale sont les suivants :
- code jaune : aucune menace apparente ;
- code orange : menace présumée non identifiée ;
- code rouge : menace actuelle identifiée ;
- code rouge feu : agression actuelle.

❷ Notions générales de droit

1. En ce qui concerne l'élément matériel de l'infraction de dégradations légères, il s'agit de l'acte matériel moyennement grave parmi les différents types de dégradations. La chose endommagée n'est pas rendue inutilisable. Il suffit d'y faire des réparations plus ou moins chères.

L'élément moral est la volonté consciente de dégrader un bien appartenant à autrui.

L'élément légal est l'article 322-1 du Code pénal.

2. Le fait de dégrader une voiture en rayant la carrosserie est un exemple de dégradations légères.

❸ La lutte contre l'insécurité routière

1. Les articles L. 234-1 à L. 234-14 et R. 234-1 à R. 234-4 du Code de la route et les articles L. 3354-1 et R. 3354-1 à R. 3354-22 du Code de la santé publique énumèrent les dispositions visant à lutter contre la conduite sous l'influence de l'alcool (infractions, cas et modalités de dépistage et de vérification de l'état alcoolique) :

- seuls les officiers de police judiciaire et agents de police judiciaire soumettent obligatoirement à des épreuves de dépistage :

- l'auteur présumé d'une infraction au Code de la route entraînant une suspension du permis de conduire ;

- le conducteur ou l'accompagnateur de l'élève conducteur impliqué dans un accident corporel de la circulation.

L'APJA ne peut pas procéder seul à la vérification et donc à l'établissement de la preuve. En revanche, il assiste l'OPJ dans la mise en œuvre des moyens. À ce titre, il doit donc savoir utiliser un éthylomètre.

Dans la pratique, le dépistage est quelquefois irréalisable, notamment lorsque la personne refuse de le subir ou se trouve dans un état d'ivresse ne permettant pas sa mise en œuvre dans des conditions normales. À ce titre, il faut noter que le refus de dépistage ne constitue pas une infraction pénale, mais entraîne l'obligation de se soumettre aux vérifications subséquentes. C'est seulement le refus de subir celles-ci qui constitue un délit.

2. Les OPJ, APJ et APJA mentionnés à l'article 21 du CPP peuvent procéder à une immobilisation.

❹ Accueil des usagers et victimes ; réception et traitement des appels téléphoniques

Selon l'article 15 de la charte du gendarme :

« Le gendarme applique avec conviction les principes énoncés par la Charte d'accueil du public et d'assistance aux victimes. Il répond sans réserve aux sollicitations fondées. »

Après avoir défini la notion de victime et sa classification légale, comment le chargé d'accueil doit-il traiter les appels téléphoniques ?

Au sens strict, la victime ne bénéficie pas d'une définition légale. La victime est la personne physique ou morale ayant subi un préjudice en raison de la commission d'une infraction. À ce titre, elle est fondée à déposer une plainte.

Le chargé d'accueil doit traiter avec une rigueur toute particulière les appels téléphoniques d'urgence. Il devra être capable d'identifier rapidement les éventuels appels fantaisistes ou mensongers. Si la réalité des faits signalés est incontestable ou plausible, il devra demander à son interlocuteur : le lieu où il se trouve, ses besoins éventuels en matière de soins (et faire appel, le cas échéant, aux services de secours), la nature des faits signalés, ainsi que le signalement des auteurs éventuels.

Tout particulièrement en matière d'urgence et en cas de détresse psychologique, les réponses apportées devront être adaptées à la compréhension de l'interlocuteur. Les gendarmes doivent être sensibilisés à l'accueil des personnes en difficulté (handicap, âge, état d'anxiété, blessure physique, non-maîtrise de la langue française...) et adapter leur comportement selon le type de difficulté perçue.

Sujet n° 5

Session octobre 2013

Difficulté ✗✗✗	Durée 3 heures

(note éliminatoire : 6/20)

Énoncé

1 L'action en uniforme

L'article D. 4137-2 du code de la défense stipule expressément que « tout militaire en service porte l'uniforme ». Bien qu'il soit sujet à certaines exceptions, le principe implique donc que l'action de la Gendarmerie nationale s'exerce toujours en tenue militaire.

1. Quelle est la raison d'être de ce principe ? Quels avantages octroie-t-il au gendarme dans l'exercice de ses missions ?
2. Pour vous, que représente l'uniforme ? Quels sont les devoirs qui s'imposent au gendarme lorsqu'il revêt la tenue militaire ?

2 Comportement du militaire de la gendarmerie dans la vie privée

La condition de militaire de la gendarmerie impose des devoirs et une conduite irréprochable, en service comme en dehors du service.

1. Quels sont les principes essentiels qui doivent régir le comportement d'un militaire de la gendarmerie dans sa vie privée ?
2. Quels conseils donneriez-vous à un jeune gendarme adjoint volontaire pour mettre en pratique ces principes ?

3 L'intervention graduée

Dans le cadre de ses missions, le militaire de la gendarmerie peut être conduit à se montrer coercitif, jusqu'à faire éventuellement usage de la force armée.

1. À l'occasion de l'exercice de son pouvoir de coercition, le militaire de la gendarmerie doit se conformer au « modèle d'intervention graduée ». De quoi s'agit-il ? Quel est l'intérêt du principe d'intervention graduée ?
2. Quelles sont les principales phases du concept d'« intervention graduée » ?

4 Le droit d'arrestation

À l'occasion des arrestations qu'il est conduit à réaliser, le militaire de la gendarmerie prive la personne concernée de sa liberté d'aller et venir.

1. Définissez le droit d'arrestation et expliquez en quoi il vient faire exception au principe fondamental de « liberté d'aller et venir ».
2. Quel est le régime juridique du droit d'arrestation dans le cadre de l'enquête judiciaire préliminaire ou de flagrance ?

Corrigé

❶ L'action en uniforme

1. Militaire dans la tenue et par esprit, le gendarme exerce très majoritairement ses missions en uniforme. Le port de la tenue civile est strictement réservé aux activités le nécessitant impérieusement (filature, surveillance…).

L'action en uniforme, en premier lieu, représente l'autorité de l'État. Le gendarme représente l'État, tant en ce qui concerne l'autorité que le respect qui lui est dû. Le public le connaît et le reconnaît, s'adressant à lui avec confiance. Ce respect est d'ailleurs partagé, comme peut en témoigner le salut que permet le port de la coiffe.

De même, le port de l'uniforme permet de démontrer la présence des forces de l'ordre sur le terrain. Cet intérêt est double. En effet, le public a tendance à être rassuré par la visibilité des gendarmes. D'autre part, il existe un indéniable effet dissuasif sur les délinquants potentiels, par exemple les conducteurs.

2. Bien évidemment, le port de l'uniforme implique certains devoirs pour le gendarme. Un devoir d'exemplarité en premier lieu : on ne peut concevoir qu'un gendarme se comporte de manière illégale ou amorale alors que sa qualité est connue de tous au vu de son uniforme. De même, un gendarme, porteur de sa tenue d'uniforme, représente la gendarmerie tout entière : l'exigence de professionnalisme est ici évidente. Plus prosaïquement, la tenue d'un gendarme impose d'avoir une excellente présentation.

❷ Comportement du militaire de la gendarmerie dans la vie privée

1. et **2.** Si les droits du gendarme peuvent sembler identiques à ceux de tout citoyen, il ne faut pas oublier que son métier lui impose, en dehors du strict cadre de ses heures de travail, le respect de certains devoirs.

Ces devoirs spécifiques au gendarme se retrouvent dans le domaine des droits civils. Naturellement, il est du strict devoir des gendarmes de ne pas abuser de leur rôle et de leurs pouvoirs à des fins privées, sous peine de graves sanctions pénales et disciplinaires. Par ailleurs, en vertu de dispositions du code pénal et de la charte du gendarme, le gendarme est toujours considéré comme en service : si dans sa vie privée il constate une infraction grave (comme une agression violente), il est de son absolu devoir d'intervenir.

En outre, si le gendarme dispose d'une capacité juridique absolue pour passer des contrats, il a pour devoir de se consacrer uniquement à son métier. L'exercice d'une autre profession ou d'une autre activité rémunérée est interdite au gendarme, surtout lorsque celle-ci pourrait le conduire à abuser de ses pouvoirs (métiers de la sécurité, collaboration à des cabinets de détective…).

Le gendarme est ainsi soumis à certains stricts devoirs et une restriction de droits civils en raison de la nature de sa profession et des pouvoirs particuliers qui lui sont conférés. Ajoutons ici que tout comportement délinquant ou transgression du secret professionnel de gendarme sera jugé très sévèrement par les tribunaux judiciaires.

La situation en matière de droits civils est identique en ce qui concerne les droits civiques. Si le gendarme peut adhérer à un parti politique et voter aux élections, il ne peut être candidat dans une circonscription électorale où il exerce son activité. Pour des raisons tout aussi évidentes, les gendarmes ne disposent pas du droit de grève, ni même du droit syndical.

Par ailleurs, si la liberté de croyance et de conscience des gendarmes est totale, leur liberté d'expression connaît une importante limitation. De fait, les gendarmes, servant l'État et l'intérêt général, doivent observer leur devoir de réserve. Au cours de leur travail, ils ne doivent observer aucune attitude partisane, ni exprimer d'opinion politique. Cette restriction des droits civiques s'explique par la nature particulière du métier de gendarme.

Ce statut particulier du gendarme se retrouve dans la question de la morale. Le gendarme a pour mission essentielle de faire respecter les lois et l'ordre public. Aussi, il est normal et légitime que le gendarme soit conscient de son devoir de vivre en accord avec les valeurs de la société qu'il défend dans travail. Par sa vie privée, il devra s'attacher à présenter une image compatible avec ses fonctions.

Concernant la liberté de conscience et de croyance, le gendarme est astreint aux mêmes règles que pour la question politique. De fait, surtout dans une République fondée sur la laïcité, le gendarme devra garder ses opinions par devers lui dans le cadre de son travail et s'abstenir de tout prosélytisme.

Dans ce domaine de la morale, le gendarme devra donc veiller à respecter la neutralité inhérente au bon exercice de ses fonctions. Le gendarme, en raison de la nature particulière de ses missions et ses pouvoirs, reste ainsi soumis à des restrictions de certains droits et au respect de devoirs stricts.

❸ L'intervention graduée

1. Le modèle d'intervention graduée permet de concilier les nécessités opérationnelles d'emploi de la force armée avec les exigences légales. Par ailleurs, sur un plan concret, elle permet d'assurer un cadre sécurisé à des interventions présentant une dangerosité indéniable.

Ce modèle garantit une réelle continuité entre ses différentes phases, ce qui permet d'accroître les niveaux de réussite des interventions de gendarmerie.

Il existe quatre phases, dans un ordre croissant d'emploi de la force. Un gendarme, en fonction des nécessités de terrain, cherchera toujours à utiliser le plus faible niveau.

2. Les phases de l'intervention graduée sont les suivantes :
- la coercition sans contact physique avec l'individu ;
- l'emploi de la force au contact physique de l'individu et avec des moyens corporels (clé de bras, mise au sol...) ;
- l'emploi de la force au contact physique de l'individu avec des moyens de force intermédiaire (Taser, Flash-Ball...) ;
- l'usage des armes.

❹ Le droit d'arrestation

1. La liberté d'aller et venir ne figure pas en tant que telle dans la Déclaration des droits l'homme du 26 août 1789. Toutefois, elle découle naturellement de l'ensemble de ce texte et plus particulièrement de la sûreté, dont elle est le complément. Celui qui a le droit de n'être ni arrêté, ni détenu en dehors des cas prévus par la loi doit pouvoir circuler librement.

Seul le cadre judiciaire permet à un gendarme de procéder à l'arrestation (dont le terme « interpellation » est synonyme) d'une personne. Le cadre le plus fréquent sera celui du flagrant délit, tel que définit par l'article 53 du code de procédure pénale : « Est qualifié crime ou délit flagrant, le crime ou le délit qui se commet actuellement, ou qui vient de se commettre. Il y a aussi crime ou délit flagrant lorsque, dans un temps très voisin de l'action, la personne soupçonnée est poursuivie par la clameur publique, ou est trouvée en possession d'objets, ou présente des traces ou indices, laissant penser qu'elle a participé au crime ou au délit. »

2. L'interpellation n'est autorisée donc qu'en cas de crime ou de délit puni d'emprisonnement. Elle n'est donc pas possible dans l'hypothèse de contravention ou de délit puni simplement d'une peine d'amende.

Sont compétents pour procéder à cette interpellation :
- l'officier de police judiciaire ;
- l'agent de police judiciaire ;

- l'agent de police judiciaire adjoint ;
- toute personne.

L'appréhension par toute personne de l'auteur présumé est possible dans les lieux publics. En revanche, l'introduction dans les lieux privés en vue d'interpeller n'est possible que pour les seuls OPJ et ce, durant les heures légales (6 heures-21 heures), sauf cas particuliers.

Dans le cas, plus marginal, de l'enquête préliminaire, le droit d'arrestation n'existe pas, sauf dans le cas particulier de l'article 78 du code de procédure pénale. Cet article permet à un OPJ, sur autorisation du procureur de la République, le recours à la force publique afin de contraindre à comparaître les personnes convoquées

PARTIE 4

Langues étrangères

COEFFICIENT
1

DURÉE
30
minutes

Anglais

COEFFICIENT
1

DURÉE
30
minutes

Méthodologie et conseils

1. Nature de l'épreuve

Les candidats au concours de gendarme doivent passer une épreuve écrite de langue étrangère dans le cadre des épreuves d'admissibilité. Il s'agît d'une épreuve obligatoire de 30 minutes, affectée d'un coefficient 1. L'épreuve se présente sous la forme d'**un QCM comprenant 50 questions portant à la fois sur la syntaxe, le vocabulaire et la grammaire**. Les candidats doivent posséder un niveau correspondant au niveau attendu pour la langue vivante 1 au baccalauréat.

Une lecture attentive du règlement de l'épreuve permet de comprendre que les phrases proposées porteront sur des sujets concrets, inscrits dans situations pratiques de la vie quotidienne et professionnelle : « Il est attendu des candidats qu'ils maîtrisent les fondamentaux d'une langue étrangère pour converser et répondre aux sollicitations auxquelles ils peuvent être confrontés à l'occasion du service. »

Pour réussir cette épreuve, il faut **procéder par réflexion aussi bien que par élimination**. La lecture des réponses proposées permet en effet d'éliminer assez facilement une ou plusieurs réponses et de se concentrer ainsi sur celles qui vous semblent le plus vraisemblables. Il faut être attentif à plusieurs points : orthographe des mots, présence ou au contraire oubli d'une préposition ou d'un mot, usage maladroit d'un mot, faute de grammaire...

2. Conseils de préparation

Un travail régulier est indispensable. Il n'est pas possible de s'y préparer à la dernière minute car le niveau attendu exige un travail de préparation en amont. Ce travail doit avoir trois objectifs : acquérir du vocabulaire, consolider les bases grammaticales et multiplier les entraînements.

- Il est vivement recommandé de lire au moins deux fois par semaine des articles tirés de la presse britannique et américaine ou bien de consulter les sites des grandes chaînes d'information :

Principales chaînes d'information :

ABC News (USA) :	http://abcnews.go.com/
BBC News (UK) :	http://www.bbc.co.uk/news/
CBS News (USA) :	http://www.cbsnews.com/
CNN (USA) :	http://edition.cnn.com/
Fox News (USA) :	http://www.foxnews.com/
France 24 English (France) :	http://www.france24.com/en/
Sky News (UK) :	http://news.sky.com/home

Principaux titres de presse :
The Economist (UK) : http://www.economist.com/
The Guardian (UK) : http://www.guardian.co.uk/
Time Magazine (USA) : http://www.time.com/time/
Newsweek (USA) : http://www.thedailybeast.com/content/newsweek.html

Autres lectures conseillées :
Europol : https://www.europol.europa.eu/
FBI : http://www.fbi.gov/
Interpol : http://www.interpol.int/
Police Mag : http://www.policemag.com/

Ces lectures permettent aux candidats d'enrichir leur lexique tout en revoyant certaines tournures de phrase. Il semblerait judicieux de mettre en place un travail collaboratif et de répartir les lectures : un candidat choisit des thèmes pour lesquels il recensera des articles et établira **des fiches de vocabulaire**... qu'il pourra ensuite échanger à un autre candidat qui a travaillé sur d'autres sujets.

■ Ensuite, il est indispensable de **revoir les points de grammaire** : temps de conjugaison, comparatifs et superlatifs, quantifieurs, voie passive, discours indirect, forme interrogative, modaux, articles et adverbes, adjectifs et prépositions... Il existe de nombreux manuels sur le sujet[1]. Les candidats peuvent aussi consulter régulièrement plusieurs sites internet qui comprennent à la fois rappels du cours et exercices en ligne avec leur corrigé. Il est souhaitable de s'entraîner aussi régulièrement que possible :

Sites en français :
Anglais facile : http://www.anglaisfacile.com/
Anglais territorial : http://anglais-territorial.fr
e-anglais : http://www.e-anglais.com/
Université Bordeaux-IV : http://langues.u-bordeaux4.fr/ANGLAIS/GRAMMAR.html

Sites en anglais :
ego4u : http://www.ego4u.com/
English grammar : http://www.englishgrammar.org/
English Hilfen : http://www.englisch-hilfen.de/

■ Enfin, en plus de ces exercices en lignes, les candidats peuvent s'entraîner à répondre à des QCM à partir des sites suivants :
Site 1 :
http://www.concoursgendarme.fr/anglais/qcm_anglais_01/index.html

Site 2 :
http://www.soutienconcours.fr/evaluation_anglais.htm

1. Pierre Couturier, *100 Difficultés en anglais*, De Boeck, février 2013.

3. Planning de révisions

L'établissement d'**un planning de révisions** est indispensable. Vous veillerez à commencer par revoir l'ensemble des points de grammaire suivants :
– temps de conjugaison et notamment différences (de formation et d'utilisation) entre le présent simple et le présent progressif, entre le *simple past* et le *present perfect* ;
– les modaux, permettant d'exprimer autorisation, capacité, interdiction, conseil, obligation ;
– les quantifieurs, la différence entre dénombrables et indénombrables ;
– les comparatifs et les superlatifs ;
– la forme interrogative et les mots interrogatifs ;
– les prépositions ;
– le discours indirect et la voix passive ;
– les mots de liaison et les connecteurs logiques.

Vous aurez aussi cherché, à partir de vos lectures, à **enrichir votre lexique** en accordant une attention particulière aux **faux amis**.

C'est une fois l'ensemble de ces tâches effectuées que vous pourrez vous lancer dans **un entraînement systématique à l'exercice du QCM en temps réel**. Il est important de procéder à plusieurs simulations à partir des annales proposées. Si les phrases proposées au concours sont toujours différentes d'une session à une autre, ce sont souvent les mêmes « pièges » que l'on retrouve, d'où l'importance d'**acquérir des bases grammaticales et lexicales solides en amont**.

4. Outils linguistiques indispensables

Dialoguer avec des étrangers anglophones

a. Difficultés de compréhension

Exemples

Désolé, je ne parle pas anglais. Je vais chercher mon/ma collègue.
Sorry I don't speak English. Let me go get my colleague.

Vous ne parlez pas du tout français ?
You don't speak French at all?

Est-ce que vous me comprenez ?
Do you understand me?

Je regrette, je ne comprends pas.
I'm sorry, I don't understand.

Pourriez-vous répéter ou parler plus lentement ?
Could you repeat that or speak a little slowlier, please?

Pourriez-vous parler plus fort ?
Could you speak up/louder, please?

b. Saluer

Exemples

Bonjour (le matin, l'après-midi, en soirée).
Good morning/afternoon/evening.

Au revoir. Passez une bonne journée / passez un bon séjour.
Goodbye./Bye. Have a nice day / enjoy your stay.

À plus tard. / À bientôt.
See you later. / See you soon.

Installez-vous, je vous en prie. / Asseyez-vous.
Please have a seat. / Sit down.

Suivez-moi, s'il vous plaît. / Par ici, s'il vous plaît.
Follow me, please. / This way, please.

c. Poser une question

Exemples

Quel est votre prénom ? Quel est votre nom de famille ?
What's your first name? What's your surname / last name / family name?

Comment l'épelez-vous ?
How do you spell it?

Quelle est votre nationalité ? Où habitez-vous ?
What is your nationality? Where do you live?

Quel âge avez-vous ? Quelle est votre date de naissance ?
How old are you? What is your date of birth?

Combien de temps allez-vous rester ?
How long are you staying here?

Pourquoi voulez-vous voir un officier ?
Why do you want to see an officer?

Combien y avait-il de personnes ?
How many persons were there?

Quelle somme d'argent aviez-vous dans votre porte-monnaie ?
How much money did you have in your wallet?

d. Comprendre des mots importants : une perte, une disparition, un problème

Exemples

Je crois que j'ai perdu mon porte-monnaie / portefeuille / mon sac / mon passeport / mon permis de conduire / mon téléphone portable.
I think I have lost my purse / my wallet / my bag / my passport / my driving license / my mobile phone.

Ma fille / mon fils / mon ami(e) a disparu.
My daughter / my son / my friend is missing.

Je ne sais pas où il/elle est. Je n'arrive pas à le/la joindre.
I don't know where he/she is. I can't reach him/her.

Je suis vraiment inquiet.
I am really worried/upset/concerned.

J'ai besoin d'aide. / Aidez-moi !
I need help. / Help me!

e. Comprendre des mots importants : déposer une plainte

Exemples

Je voudrais déposer plainte.
I wish to report a crime / to register a complaint / to file charges (against...).

Que s'est-il passé ? Quand et où cela s'est-il produit ? Êtes-vous blessé(e) ?
What happened? When and where did it happen? Are you injured?

Il a essayé de voler mon sac / me frapper / me violer.
He tried to steal/rob my bag / to hit me / to rape me.

Je voudrais signaler un vol, un cambriolage, une agression.
I wish to report a robbery / a burglary / an assault.

Elle portait une cagoule / une casquette / des lunettes... Elle avait des gants en cuir et une veste noire.
She was wearing a hood / a cap / glasses... She was wearing leather gloves and a black jacket.

Ils ont pris nos papiers d'identité / nos clés / notre ordinateur portable et du liquide.
They took our IDs / our keys / our laptop and some cash.

Il avait une arme / un couteau / une batte de baseball / une pelle / une corde.
He had a gun / a knife / a baseball bat / a shovel / a rope.

f. Épeler un mot en anglais

Voici quelques sites permettant de travailler la prononciation des lettres une à une :
– http://www.learningplanet.com/act/fl/aact/index.asp,
– http://www.engvid.com/how-to-pronounce-letters-in-english/.

Je m'appelle Jenny : J-E-N-N-Y.
My name is Jenny: J-E-N-N-Y.

Dans certains contextes, vous devrez utiliser l'alphabet international utilisé dans la marine :

A ALPHA
B BRAVO
C CHARLIE
D DELTA
E ECHO

F	FOXTROTT
G	GOLF
H	HOTEL
I	INDIA
J	JULIETT
K	KILO
L	LIMA
M	MIKE
N	NOVEMBER
O	OSCAR
P	PAPA
Q	QUEBEC
R	ROMEO
S	SIERRA
T	TANGO
U	UNIFORM
V	VICTOR
W	WHISKEY
X	X-RAY
Y	YANKEE
Z	ZOULOU

Se faire entendre et comprendre par des étrangers anglophones

a. Indiquer le chemin

Exemples

Excusez-moi, je crois que je suis perdu. Je cherche la clinique vétérinaire.
Excuse me, I believe I am lost. I am looking for the pet clinic.

C'est à 5 minutes d'ici à pied. Vous allez tout droit. Puis vous tournez à droite à la boulangerie.
It's only 5 minutes walking from here. Go straight on and make a right/turn right at the bakery.

Il y a un centre commercial à côté de la bibliothèque municipale, en face du supermarché.
There's a shopping center / shopping mall next to the public library, opposite the supermarket.

Le cinéma est derrière vous, près de l'église. Il y a un fast-food sur la gauche.
The cinema is behind you, near the church. There's a fast food restaurant on the left.

La station de métro / de bus / la gare / le parking le plus proche est juste là, regardez !
The nearest subway station / bus station / railway station / car park is right there, look.

Pour aller à l'aéroport, vous feriez mieux de prendre un taxi. Cela devrait vous coûter 30 euros.
To get to the airport, you'd better get a taxi/cab. It should be around 30 euros.

Le consulat se trouve à la station de métro « Hotel-de-Ville ». Prenez la ligne 4... Je vous en prie.
The consulate in at the Hotel-de-Ville subway station, on line 4... You're welcome.

b. Donner l'heure

Exemples

À quelle heure cela s'est-il passé ? Avant ou après votre séance de cinéma ?
What time did it happen? Was it before or after your movie?

9 h 00 / 9 heures du matin / du soir.
9 o'clock / 9 am/pm

10 h 15
It's ten fifteen / it's quarter past ten.

13 h 30
It's one thirty / it's half past one.

17 h 45
It's five forty-five / it's quarter to six.

c. S'adresser à des automobilistes

Exemples

Puis-je voir vos papiers, s'il vous plaît ? Sortez du véhicule, je vous prie.
Can / may I see you driving license, please? Step out of the car, please.

Il faut circuler / ralentir / vous arrêter.
You have to / need to move along / slow down / stop the car.

Vous ne devez pas rouler au-dessus de la vitesse maximale autorisée / 70 km/h. Soyez plus prudents.
You are not allowed to / mustn't drive above the legal speed limit / above 70 kilometers per hour. You must be more careful.

Je suis désolé, vous ne pouvez pas / ne devez pas rester sur la station de taxis.
I'm sorry but you can't stay / mustn't stay on the taxi rank.

Avez-vous bu de l'alcool ? Je voudrais vous faire passer un éthylotest.
Did you drink any alcoholic drinks / beverages earlier? I would like you to go through a breath test.

d. S'adresser à des piétons

Exemples

Vous ne pouvez pas vous asseoir ici.
You can't sit here.

Vous ne devriez pas courir comme cela, c'est dangereux.
You should not run like that, it's dangerous.

Peut-être devriez-vous voir un médecin / aller aux urgences ?
Maybe you should see a doctor / go to the ER (Emergency Room)?

Il est interdit de fumer dans ce parc. Regardez ce panneau.
Smoking in this park is forbidden / banned / prohibited / not allowed. Look at the sign.

Un instant, je vous prie. Approchez... puis-je voir cela ?
Please wait a minute! Can you come closer? May I see this?

On ne bouge plus ! Levez les mains !
Don't move / freeze! Hands up!

Sujets inédits corrigés

Sujet n° 1

Difficulté ✗✗✗	Durée 30 minutes

Questions

Cochez la case.

1. **The job market reform makes it ... to fire employees, opponents say.**
   - ❍ a. easily
   - ❍ b. easier
   - ❍ c. easiest

2. **... I understand your position, I can not let you say that.**
   - ❍ a. Despite
   - ❍ b. Nonetheless
   - ❍ c. Even if

3. **It's 2:45.**
   - ❍ a. It's quarter to three.
   - ❍ b. It's three fifteen.
   - ❍ c. It's quarter past two.

4. **The suspect ... last weekend.**
   - ❍ a. has been arrested
   - ❍ b. was being arrested
   - ❍ c. was arrested

5. **French President thanks other participants after ... climate agreements at COP21.**
   - ❍ a. success
   - ❍ b. successful
   - ❍ c. successfully

6. **My plane ... in two hours.**
   - ❍ a. left
   - ❍ b. leaves
   - ❍ c. will left

7. **The lieutenant ... in this station for 6 years.**
   - ❍ a. works

- ❍ **b.** worked
- ❍ **c.** has worked

8 In this high risk facility, there is only one detainee in each ....

- ❍ **a.** cell
- ❍ **b.** prison
- ❍ **c.** cabin

9 I don't understand the reason ... she had to do this. It makes no sense to me.

- ❍ **a.** that
- ❍ **b.** for
- ❍ **c.** why

10 Excuse me, where is the ... bus station please?

- ❍ **a.** near
- ❍ **b.** nearer
- ❍ **c.** nearest

11 Where ...? I couldn't find you anywhere.

- ❍ **a.** were you
- ❍ **b.** you went
- ❍ **c.** have you been

12 They are ... in a meeting and cannot talk to you.

- ❍ **a.** actually
- ❍ **b.** currently
- ❍ **c.** always

13 This ... was damaged during World War II.

- ❍ **a.** sheep
- ❍ **b.** ship
- ❍ **c.** cheap

14 I am sorry but I will need ... more minutes.

- ❍ **a.** a few
- ❍ **b.** a bit
- ❍ **c.** a little

15 Passengers must keep in mind that all ... bag will be destroyed.

- ❍ **a.** unaccompanied
- ❍ **b.** unattended
- ❍ **c.** unexpected

16 You will go back to school when you ... better.

- ❍ **a.** feel
- ❍ **b.** will feel
- ❍ **c.** will be feeling

17 The information ... by the journalists are really important.

- ❍ a. spread
- ❍ b. repeated
- ❍ c. revealed

18 Anything you say or do can and will be ... against you at court.

- ❍ a. held
- ❍ b. remembered
- ❍ c. reused

19 I think you should ... for Class President.

- ❍ a. stand
- ❍ b. run
- ❍ c. present

20 Nobody was talking and yet we could not ... anything.

- ❍ a. distinguish
- ❍ b. listen
- ❍ c. hear

21 The news he received earlier ... quite reassuring.

- ❍ a. will be
- ❍ b. were
- ❍ c. have been

22 The child ran too fast and he twisted his ... .

- ❍ a. knee
- ❍ b. arm
- ❍ c. ankle

23 Their company was ... in 1978.

- ❍ a. funded
- ❍ b. found
- ❍ c. founded

24 It's a high risk operation and everyone must be very ... .

- ❍ a. attentive
- ❍ b. careful
- ❍ c. protective

25 I wish I ... help you, but I really have no idea who she is.

- ❍ a. can
- ❍ b. could
- ❍ c. could have

26 I know it's difficult. ..., I need you to look at these photos.

- ❍ a. However

- b. Moreover
- c. Hence

27 They have ... clients this year.

- a. less
- b. minus
- c. fewer

28 As the saying goes : "You can't have the ... and eat it".

- a. meat
- b. bread
- c. cake

29 She ... already be home. Something is wrong.

- a. would
- b. can
- c. should

30 I'm sorry but you can't smoke here. It's ... .

- a. forgotten
- b. forbidden
- c. forehead

31 Look, someone ... in their garden.

- a. walks
- b. is walking
- c. has been walking

32 He tried to speed up, ... the accident.

- a. hence
- b. so
- c. why

33 I ... to work in this building.

- a. used
- b. use
- c. had used

34 A traffic accident in a cul-de-sac! This is so ... .

- a. unexpected
- b. usual
- c. unfair

35 In the ... event of an earthquake, you must go under your bed.

- a. unlikely
- b. most improbable
- c. almost impossible

36 When ... it ...?

❍ **a.** did / happened
❍ **b.** has / happened
❍ **c.** did / happen

37 A woman is here to see you Doctor Walter. She says she has a(n) ... .

❍ **a.** meeting
❍ **b.** rendez-vous
❍ **c.** appointment

38 Where's the police station? Didn't you ... it was next to the art gallery?

❍ **a.** say
❍ **b.** said
❍ **c.** sayed

39 We want to keep you at the hospital ... your wife comes here.

❍ **a.** before
❍ **b.** until
❍ **c.** so long

40 The children were in the kitchen while the parents ... TV.

❍ **a.** watched
❍ **b.** had been watching
❍ **c.** were watching

41 I parked my car there for a few minutes only and the officer gave me a ... .

❍ **a.** bill
❍ **b.** quote
❍ **c.** ticket

42 I believe she may not be telling the truth. She ... about her children for example.

❍ **a.** denied
❍ **b.** lied
❍ **c.** confused

43 Are you going to blame me ... losing it?

❍ **a.** in
❍ **b.** to
❍ **c.** for

44 The road has been closed because of a huge ... .

❍ **a.** demonstration
❍ **b.** manifestation
❍ **c.** protestation

45 Is he really coming? I hope ... .

❍ **a.** no

❍ **b.** not
❍ **c.** none

46 The building is accessible to people in a … .

❍ **a.** rolling chair
❍ **b.** rocking chair
❍ **c.** wheelchair

47 I believe their studio is located near … the library.

❍ **a.** RIEN
❍ **b.** to
❍ **c.** by

48 … is Alex? He should be here!

❍ **a.** When
❍ **b.** Where
❍ **c.** What

49 … I call the police?

❍ **a.** Shall
❍ **b.** Would
❍ **c.** Might

50 The lady has a criminal … .

❍ **a.** case
❍ **b.** record
❍ **c.** past

Corrigé

❶ **b.** C'est le comparatif de supériorité.

❷ **c.** ; ❸ **a.**

❹ **c.** Simple past car l'action est passée, datée et terminée.

❺ **b.** ; ❻ **b.**

❼ **c.** Present perfect car l'action n'est pas terminée dans le présent.

❽ **a.** ; ❾ **c.** ; ❿ **c.** ; ⓫ **a.**

⓬ **b.** *Currently* est un faux ami qui signifie « en ce moment ».

⓭ **b.**

⓮ **a.** *Minutes* est au pluriel : c'est un dénombrable.

⓯ **b.** ; ⓰ **a.** ; ⓱ **c.** ; ⓲ **a.**

⓳ **b.** Le verbe *to run for* signifie « se présenter ».

⓴ **c.** ; ㉑ **b.** ; ㉒ **c.** ; ㉓ **c.** ; ㉔ **b.** ; ㉕ **b.** ; ㉖ **a.** ; ㉗ **c.**

㉘ **c.** L'expression signifie : « On ne peut pas avoir le beurre et l'argent du beurre ».

㉙ **c.** ; ㉚ **b.**

㉛ **b.** Lorsqu'une phrase comporte des verbes tels que *look, listen...*, on renvoie à une action en cours : on emploie donc le présent *be* + Ving.

㉜ **a.** *Hence* signifie « d'où ».

㉝ **a.** ; ㉞ **a.** ; ㉟ **a.** ; ㊱ **c.** ; ㊲ **c.** ; ㊳ **a.** ; ㊴ **b.**

㊵ **c.** Avec *while* (« pendant que »), on évoque une action qui a duré, donc *past continuous.*

㊶ **c.** *A ticket* signifie « une contravention ».

㊷ **b.** ; ㊸ **c.**

㊹ **a.** Il existe différents mots pour dire « manifestation » en anglais : *demonstration, protest, march...*

㊺ **b.** ; ㊻ **c.**

㊼ **a.** Il ne faut pas confondre *near* (« près de ») et next to (« à côté de »).

㊽ **b.** ; ㊾ **a.** ; ㊿ **b.**

Sujet n° 2

Difficulté ✗✗✗	Durée 30 minutes

Questions

Cochez la case.

1 President Hollande decides to ... his government with eye on 2017 elections.

- ❍ **a.** remaniate
- ❍ **b.** reshuffle
- ❍ **c.** reassign

2 ... time do you need?

- ❍ **a.** How much
- ❍ **b.** How many
- ❍ **c.** How often

3 ... film would you like to see: *Deadpool* **or** *X-Men Apocalypse***?**

- ❍ **a.** Whose
- ❍ **b.** Which
- ❍ **c.** Whom

4 With the migrants problem, an EU official said that the overall functioning of Schengen was ... risk.

- ❍ **a.** at
- ❍ **b.** in
- ❍ **c.** on

5 I don't know if I can come, it depends: ... are the movies? I need to be out by 6 pm.

- ❍ **a.** how often
- ❍ **b.** when
- ❍ **c.** how long

6 Would you like some more wine? / Yes please, just ....

- ❍ **a.** a little
- ❍ **b.** a few
- ❍ **c.** some

7 Who is the ...? It seems like he knows nothing and he's unable to answer any question!

- ❍ **a.** interviewed
- ❍ **b.** interviewee
- ❍ **c.** interviewer

8 I don't understand a word. Sit here and please calm ....

- ❍ **a.** quiet
- ❍ **b.** down
- ❍ **c.** yourself

9 You went to the doctor, ...

- ❍ **a.** hadn't you?
- ❍ **b.** haven't you?
- ❍ **c.** didn't you?

10 Many people wonder ... or not Donald Trump can be the Republican candidate.

- ❍ **a.** if
- ❍ **b.** whether
- ❍ **c.** why

11 The car accident was violent. The children ... be in shocked.

- ❍ **a.** must
- ❍ **b.** may
- ❍ **c.** might

12 I think he ... back from Germany yesterday.

- ❍ **a.** flies
- ❍ **b.** flew
- ❍ **c.** flown

13 You are still sick? I think you ... see a doctor.

- ❍ **a.** can
- ❍ **b.** should
- ❍ **c.** would

14 You must ... a left after the tram station.

- ❍ **a.** turn
- ❍ **b.** make
- ❍ **c.** take

15 She sent her report last week and I haven't received it ... .

- ❍ **a.** already
- ❍ **b.** yet
- ❍ **c.** again

16 They ... taken to another prison last week.

- ❍ **a.** had been
- ❍ **b.** have been
- ❍ **c.** were

17 ... your language young man! You don't talk to an adult like this!

- ❍ **a.** Check
- ❍ **b.** Shut
- ❍ **c.** Watch

18 He's very smart but his brother is even … .
- ❍ **a.** more smart
- ❍ **b.** smartest
- ❍ **c.** smarter

19 I will come to see you when I … to Arcachon next month.
- ❍ **a.** am
- ❍ **b.** would be
- ❍ **c.** will be

20 Does it really belong to Lucy? It doesn't look like it's … .
- ❍ **a.** her
- ❍ **b.** hers
- ❍ **c.** her's

21 Do you have any idea … you are going to stay?
- ❍ **a.** how often
- ❍ **b.** how long
- ❍ **c.** how much

22 The accident took place at … (10:50).
- ❍ **a.** ten fifteen
- ❍ **b.** ten to eleven
- ❍ **c.** fifty past ten

23 … don't you tell me what happened?
- ❍ **a.** Why
- ❍ **b.** What
- ❍ **c.** When

24 The train leaves at 3:20, on … six.
- ❍ **a.** platform
- ❍ **b.** corridor
- ❍ **c.** way

25 He was … to death.
- ❍ **a.** accused
- ❍ **b.** purchased
- ❍ **c.** sentenced

26 Do you know … it would take to get to the post office?
- ❍ **a.** how far
- ❍ **b.** how much
- ❍ **c.** how long

27 Look behind you! The library is … the fitness center and the mall.
- ❍ **a.** before
- ❍ **b.** between
- ❍ **c.** beneath

28 I'm sorry Sir, how do you ... your last name please?

- ❍ a. write
- ❍ b. letter
- ❍ c. spell

29 They took ... my paintings.

- ❍ a. each
- ❍ b. all
- ❍ c. many

30 I promise I will ... you a phone call.

- ❍ a. give
- ❍ b. pass
- ❍ c. take

31 She says the guy has been following her ... several weeks.

- ❍ a. since
- ❍ b. for
- ❍ c. from

32 The program ... be funny in the 90's, but now it's really boring.

- ❍ a. use to
- ❍ b. used to
- ❍ c. was used to

33 ... money was there in your purse Madam?

- ❍ a. How many
- ❍ b. How big
- ❍ c. How much

34 The child is a ... kid.

- ❍ a. runaway
- ❍ b. runover
- ❍ c. runout

35 The line is really bad. I ... hear you, please speak up.

- ❍ a. mustn't
- ❍ b. can't
- ❍ c. am not allowed to

36 But you speak with no accent! You ... be French, I don't believe this.

- ❍ a. mustn't
- ❍ b. shouldn't
- ❍ c. can't

37 The kids said they ... like to see their parents.

- ❍ a. should

- ❍ **b.** could
- ❍ **c.** would

38 **Your nose is ..., I'm taking you to the medical center.**

- ❍ **a.** running
- ❍ **b.** bleeding
- ❍ **c.** sinking

39 **I would like to borrow new books, I'm going to the ... .**

- ❍ **a.** book store
- ❍ **b.** bookshop
- ❍ **c.** library

40 **Don't drive there, it's a ... .**

- ❍ **a.** dead end
- ❍ **b.** no end
- ❍ **c.** dead street

41 **She left the house ... pick up her kids.**

- ❍ **a.** to
- ❍ **b.** for
- ❍ **c.** so that

42 **During my ... at the mall, I met many foreign clients.**

- ❍ **a.** internship
- ❍ **b.** stage
- ❍ **c.** job

43 **I don't need to go to work today, it's a day ... .**

- ❍ **a.** out
- ❍ **b.** away
- ❍ **c.** off

44 **The suspect ... a black cap and sunglasses.**

- ❍ **a.** to wear
- ❍ **b.** wear
- ❍ **c.** is wearing

45 **I would like to participate ... this event.**

- ❍ **a.** at
- ❍ **b.** in
- ❍ **c.** for

46 **Don't you have ... croissants left?**

- ❍ **a.** some
- ❍ **b.** a little
- ❍ **c.** any

47 You can't go this way: you need to make a … .

- ❍ **a.** return
- ❍ **b.** half turn
- ❍ **c.** u-turn

48 There are … in the woods, so don't go there at night.

- ❍ **a.** wolfs
- ❍ **b.** wolfes
- ❍ **c.** wolves

49 I would have told you if I … .

- ❍ **a.** knew
- ❍ **b.** have known
- ❍ **c.** had known

50 Don't leave … your passeport: you will need it!

- ❍ **a.** without
- ❍ **b.** out of
- ❍ **c.** with not

Corrigé

1 **b.** ; 2 **a.** ; 3 **b.**

4 **a.** *to be at risk* = être en danger.

5 **c.**

6 **a.** *A little* s'utilise pour un indénombrable comme le vin.

7 **b.** ; 8 **b.** ; 9 **c.**

10 **b.** *Whether or not* = si oui ou non

11 **a.** *Must* est ici employé pour désigner une forte probabilité.

12 **b.** ; 13 **b.** ; 14 **b.** ; 15 **b.** ; 16 **c.** ; 17 **c.**

18 **c.** *Smart* est un adjectif court, il suffit d'ajouter *-er* pour former le comparatif.

19 **a.** ; 20 **b.** ; 21 **b.** ; 22 **b.** ; 23 **a.** ; 24 **a.**

25 **c.** *Sentenced to death* = condamné à mort.

26 **c.** ; 27 **b.** ; 28 **c.** ; 29 **b.** ; 30 **a.** ; 31 **b.**

32 **b.** *Used to*, suivi d'un verbe, indique une action habituelle dans le passé.

33 **c.** ; 34 **a.** ; 35 **b.** ; 36 **c.** ; 37 **c.** ; 38 **b.**

39 **c.** *Library* est un faux ami qui signifie « bibliothèque ».

40 **a.** ; 41 **a.**

42 **a.** *Internship* signifie « stage » (en entreprise).

43 **c.** ; 44 **c.** ; 45 **b.** ; 46 **c.** ; 47 **c.** ; 48 **c.** ; 49 **c.** ; 50 **a.**

Sujet n° 3

Difficulté ✗✗✗	Durée 30 minutes

Questions

Cochez la case.

1 … time do you have?

- ❍ a. How much
- ❍ b. How many
- ❍ c. How often

2 It's 12:15.

- ❍ a. twelve past fifteen
- ❍ b. quarter to twelve
- ❍ c. quarter past twelve

3 She goes to the beach … week.

- ❍ a. always
- ❍ b. every
- ❍ c. whole

4 Jose is not Swedish, he's … .

- ❍ a. Pole
- ❍ b. Polish
- ❍ c. Polander

5 … film did you prefer: *Gravity* or *Space Cowboys*?

- ❍ a. What
- ❍ b. Whose
- ❍ c. Which

6 He is considering … her as soon as possible.

- ❍ a. marrying
- ❍ b. to marry
- ❍ c. marry

7 Last week, I … to Paris.

- ❍ a. have been
- ❍ b. went
- ❍ c. had come

8 **... do you see them?**

- ❍ **a.** How often
- ❍ **b.** How much
- ❍ **c.** How long

9 **My ... leaves in a few hours.**

- ❍ **a.** fly
- ❍ **b.** plane
- ❍ **c.** board

10 **They will call you when they ... an answer.**

- ❍ **a.** have
- ❍ **b.** will have
- ❍ **c.** would have

11 **We sold 2,500 tickets last week.**

- ❍ **a.** twenty-five thousand
- ❍ **b.** two thousand five hundred
- ❍ **c.** two hundred five thousand

12 **Would you mind my ... the window?**

- ❍ **a.** opening
- ❍ **b.** to open
- ❍ **c.** open

13 **They never called back ... sent an email.**

- ❍ **a.** nor
- ❍ **b.** none
- ❍ **c.** neither

14 **... you ... visited Australia?**

- ❍ **a.** Have/before
- ❍ **b.** Did/already
- ❍ **c.** Have/ever

15 **You give me no choice ... to report you.**

- ❍ **a.** yet
- ❍ **b.** as
- ❍ **c.** but

16 **Mr President, I think they have ... more questions for you.**

- ❍ **a.** a little
- ❍ **b.** a few
- ❍ **c.** any

17 When ... you like to come? What about Monday?

❍ **a.** would
❍ **b.** could
❍ **c.** should

18 He confirmed he had killed his wife ... .

❍ **a.** himself
❍ **b.** him
❍ **c.** herself

19 What about ... to the gym?

❍ **a.** go
❍ **b.** going
❍ **c.** to go

20 Reagan is a ... President of the USA.

❍ **a.** ancient
❍ **b.** precedent
❍ **c.** former

21 Here's my mom's new husband: he's my ... .

❍ **a.** godfather
❍ **b.** stepfather
❍ **c.** half father

22 Can you describe the woman who stole your wallet: ... was she?

❍ **a.** how high
❍ **b.** how tall
❍ **c.** how small

23 Twelve women ... thirty answered the survey!

❍ **a.** on
❍ **b.** as for
❍ **c.** out of

24 Are you ... working at the cafeteria?

❍ **a.** already
❍ **b.** still
❍ **c.** ever

25 They are ... in a meeting. You can't see them now.

❍ **a.** actually
❍ **b.** currently
❍ **c.** ever

26 He's mad at you at the moment but ... he will understand you did that for his own good.

❍ **a.** lately

- ❍ **b.** endly
- ❍ **c.** eventually

27 This … was destroyed during World War II.

- ❍ **a.** sheep
- ❍ **b.** ship
- ❍ **c.** cheap

28 … you are going to London, could you buy something for me there?

- ❍ **a.** Since
- ❍ **b.** Due to
- ❍ **c.** As for

29 I started my own … last year!

- ❍ **a.** society
- ❍ **b.** enterprise
- ❍ **c.** company

30 Oh My God! I ran … Jason last week! It was so good to see him.

- ❍ **a.** over
- ❍ **b.** into
- ❍ **c.** on

31 I have been trying to call you … hours.

- ❍ **a.** for
- ❍ **b.** since
- ❍ **c.** ago

32 You can't stay here. It's … .

- ❍ **a.** not allowed
- ❍ **b.** not able
- ❍ **c.** impossible

33 Many plants have died because of the … .

- ❍ **a.** hot wave
- ❍ **b.** heat wave
- ❍ **c.** high wave

34 The sign "smoke …" means you can't smoke here!

- ❍ **a.** free
- ❍ **b.** not
- ❍ **c.** don't

35 Where's the restaurant? Didn't you … it was next to the Museum?

- ❍ **a.** say
- ❍ **b.** said
- ❍ **c.** sayed

36 Your first name is Lance? You ... be American, right?

❍ **a.** should
❍ **b.** can
❍ **c.** must

37 Students are all expected to attend ... the conference.

❍ **a.** pas de réponse
❍ **b.** to
❍ **c.** at

38 I will love you ... .

❍ **a.** forever
❍ **b.** still
❍ **c.** always

39 I was ... two weeks ago.

❍ **a.** engaged
❍ **b.** applied
❍ **c.** hired

40 I don't want you to do that: you ... stop now!

❍ **a.** should better
❍ **b.** had better
❍ **c.** would better

41 He is ... singer to me.

❍ **a.** not
❍ **b.** none
❍ **c.** no

42 I am so disappointed: ... of my students came to the lecture and I was expecting many more.

❍ **a.** a few
❍ **b.** few
❍ **c.** so few

43 What do you mean you don't know what to do? ... playing cards?

❍ **a.** Why don't
❍ **b.** What if
❍ **c.** How about

44 Their new location is ... the stadium.

❍ **a.** before
❍ **b.** behind
❍ **c.** belong

45 I have no idea ... I should take this job or stay where I am.

- ❍ **a.** whether
- ❍ **b.** whatever
- ❍ **c.** weather

46 You might have been on time if you ... your plane!

- ❍ **a.** did not miss
- ❍ **b.** haven't missed
- ❍ **c.** hadn't missed

47 The police ... .

- ❍ **a.** is investigating
- ❍ **b.** are investigating
- ❍ **c.** was investigating

48 ... they wanted to meet you, they had to stay at work.

- ❍ **a.** Despite
- ❍ **b.** Nevertheless
- ❍ **c.** Although

49 God ... us all.

- ❍ **a.** helps
- ❍ **b.** help
- ❍ **c.** to help

50 The victim was in shock: he could ... breathe.

- ❍ **a.** merely
- ❍ **b.** rarely
- ❍ **c.** hardly

Corrigé

❶ **a.** ; ❷ **c.** ; ❸ **b.**

❹ **b.** Attention, les adjectifs et les noms de nationalité sont parfois différents.

❺ **c.** ; ❻ **a.**

❼ **b.** Action passée, datée et terminée donc *simple past.*

❽ **a.** ; ❾ **b.** ; ❿ **a.** ; ⓫ **b.** ; ⓬ **a.**

⓭ **a.** *Nor* signifie « non plus ».

⓮ **c.** ; ⓯ **c.**

⓰ **b.** Les questions sont dénombrables / quantifiables, donc on utilise *a few.*

⓱ **a.** ; ⓲ **a.** ; ⓳ **b.** ; ⓴ **c.** ; ㉑ **b.** ; ㉒ **b.** ; ㉓ **c.** ; ㉔ **b.**

㉕ **b.** Attention, *actually* est un faux ami qui veut dire « en réalité ».

㉖ **c.** Attention, *eventually* est un faux ami qui veut dire « au final », « à la fin ».

㉗ **b.**

㉘ **a.** Ici, *since* signifie « puisque » (et non « depuis »).

㉙ **c.** ; ㉚ **b.** ; ㉛ **a.** ; ㉜ **a.** ; ㉝ **b.** ; ㉞ **a.** ; ㉟ **a.**

㊱ **c.** Ici le modal *must* est utilisé pour exprimer une forte probabilité.

㊲ **a.** ; ㊳ **a.** ; ㊴ **c.**

㊵ **b.** *You'd better* signifie « vous feriez mieux de ». Le *'d* est la contraction de *had.*

㊶ **c.**

㊷ **b.** On utilisera *few* plutôt que *a few* car le premier exprime une quantité faible et insuffisante (sens négatif), alors que le second exprime une quantité faible par opposition à une quantité qui aurait pu être inférieure (sens neutre).

㊸ **c.** ; ㊹ **b.** ; ㊺ **a.** ; ㊻ **c.** ; ㊼ **b.** ; ㊽ **c.**

㊾ **b.** Attention, au subjonctif on met le verbe à l'infinitif à toutes les personnes.

㊿ **c.** *Hardly* signifie « à peine ».

Sujet n° 4

Difficulté ✗✗✗	Durée 30 minutes

Questions

Cochez la case.

1 The ... is looking for serious and motivated applicants.

- ❍ **a.** employer
- ❍ **b.** employee
- ❍ **c.** employed

2 It's 4 in the afternoon: it's 4 ... .

- ❍ **a.** am
- ❍ **b.** pm
- ❍ **c.** bm '

3 They said the detainee was not in his ... any longer.

- ❍ **a.** jail
- ❍ **b.** cell
- ❍ **c.** box

4 ... would you like to meet: at the bus station?

- ❍ **a.** When
- ❍ **b.** How
- ❍ **c.** Where

5 Laureen and Mike ... with us for 8 years.

- ❍ **a.** have worked
- ❍ **b.** aren't worked
- ❍ **c.** are working

6 We are going to be late: please hurry ...!

- ❍ **a.** more
- ❍ **b.** fast
- ❍ **c.** up

7 The video will be ... in December only: you have to wait a bit more!

- ❍ **a.** exited
- ❍ **b.** going out
- ❍ **c.** released

8 EU stands ... "European Union".

- ❍ a. out
- ❍ B. BY
- ❍ c. for

9 Luke is used to ... late in the evening.

- ❍ a. work
- ❍ b. working
- ❍ c. worked

10 Listen! A phone ... .

- ❍ a. is ringing
- ❍ b. rings
- ❍ c. to ring

11 Temperatures are getting colder: they should go ... zero by the end of the week.

- ❍ a. less
- ❍ b. below
- ❍ c. minus

12 We only have 15 minutes left, do you think it's ...?

- ❍ a. ever
- ❍ b. enough
- ❍ c. much

13 Jason is my only ... .

- ❍ a. children
- ❍ b. daughter
- ❍ c. child

14 Her new job is not very ...: it's 10 minutes away from here!

- ❍ a. distant
- ❍ b. close
- ❍ c. far

15 I got involved in a fight and I was ... .

- ❍ a. blessed
- ❍ b. damaged
- ❍ c. injured

16 Jason is ... his exam tomorrow but he's not so confident. I don't think he has worked as much as he should have.

- ❍ a. passing
- ❍ b. spending
- ❍ c. taking

17 The woman ... so loud, everyone in the bus could hear the conversation.

- ❍ **a.** was speaking
- ❍ **b.** speaks
- ❍ **c.** has spoken

18 Whose bag is this? ...

- ❍ **a.** It's my.
- ❍ **b.** It's hers.
- ❍ **c.** I think it's Kelly.

19 Mike, this is Julie and ... you ... Dana? She's a very good friend of mine too.

- ❍ **a.** would / meet
- ❍ **b.** have / met
- ❍ **c.** did / meet

20 I understand you are not happy so I suggest you go to the customer service, it's on the third ... .

- ❍ **a.** ground
- ❍ **b.** floor
- ❍ **c.** stage

21 I'm going mad with my kids. They ... TV since 6 pm.

- ❍ **a.** are watching
- ❍ **b.** have been watching
- ❍ **c.** may be watching

22 Jake, Steven: listen to me ...! You both need to stop acting like children!

- ❍ **a.** you too
- ❍ **b.** you to
- ❍ **c.** you two

23 I would like to remind you ... something you said last year.

- ❍ **a.** with
- ❍ **b.** about
- ❍ **c.** of

24 Look what I just got at the mall! For 15 dollars only: a real ...!

- ❍ **a.** affair
- ❍ **b.** price
- ❍ **c.** bargain

25 You heard your mother, ...?

- ❍ **a.** didn't you
- ❍ **b.** haven't you
- ❍ **c.** wouldn't you

26 According ... their neighbor, it's quite unusual.

❍ **a.** by
❍ **b.** at
❍ **c.** to

27 You know you're lucky because it ... much worse.

❍ **a.** might be
❍ **b.** could have been
❍ **c.** must have been

28 It's a long walk, it will take you ... 2 hours.

❍ **a.** close
❍ **b.** near
❍ **c.** about

29 I did not have enough time: I wish I ... another 30 minutes!

❍ **a.** have
❍ **b.** have had
❍ **c.** had had

30 I'm sorry but I believe that nothing else ... now.

❍ **a.** could do
❍ **b.** can have been done
❍ **c.** can be done

31 They ... to eat less sugar.

❍ **a.** ought
❍ **b.** should
❍ **c.** can

32 I decided to ... my job because it does not pay well.

❍ **a.** quit
❍ **b.** leave
❍ **c.** fire

33 For Boxing Day, the salesgirl gave me another 25% ... my purchases.

❍ **a.** off
❍ **b.** less
❍ **c.** down

34 Let me know how much money you ... the bank and I will see what I can do.

❍ **a.** must
❍ **b.** owe
❍ **c.** pay back

35 It is very important that she ... informed, you understand?

- a. be
- b. is
- c. is being

36 ... bad weather conditions, I don't see what worse could happen now.

- a. Instead of
- b. Everything but
- c. Apart from

37 Can't you read the sign: it says you ... make phone calls here!

- a. needn't
- b. don't have to
- c. can't

38 They ... after breakfast.

- a. have left
- b. left
- c. were leaving

39 I read my book and now I need to write a ... .

- a. resume
- b. summary
- c. short

40 Can't you do that ... your own.

- a. in
- b. on
- c. by

41 She ... a comment last week and it seems like someone has deleted it: she wants to know why.

- a. read
- b. reads
- c. has read

42 While I thought all of my students would show up, ... of them came to the conference.

- a. a few
- b. few
- c. not a lot

43 Sir, this is a ... street: rollers are not allowed here.

- a. pedestrian
- b. walking
- c. foot

44 It's much more expensive ... we thought.

❍ **a.** than
❍ **b.** that
❍ **c.** as

45 Look, the police officer has just dropped his ... .

❍ **a.** horn
❍ **b.** shuffle
❍ **c.** whistle

46 Turn on the left, we may have a chance to ... traffic congestion.

❍ **a.** escape
❍ **b.** avoid
❍ **c.** run away from

47 I ... know her: I don't even know her name.

❍ **a.** merely
❍ **b.** clearly
❍ **c.** hardly

48 I'm looking forward ... from you.

❍ **a.** to hearing
❍ **b.** to hear
❍ **c.** hearing

49 They often ... to underestimate the threat. That's why they needed the lecture.

❍ **a.** tend
❍ **b.** have a lead
❍ **c.** try

50 Oh my God, you are injured! You need to sit ... . Jake, come here and help this lady.

❍ **a.** attention
❍ **b.** frantically
❍ **c.** carefully

Corrigé

❶ **a.** ; ❷ **b.** ; ❸ **b.** ; ❹ **c.**

❺ **a.** L'action a démarré dans le passé, mais n'est pas terminée dans le présent, on utilise donc le present perfect.

❻ **c.** ; ❼ **c.** ; ❽ **c.**

❾ **b.** Pour exprimer une habitude au présent, on utilise la structure *to be used to* + verbe en *-ing*. Il ne faut pas confondre avec *used to* + base verbale, qui exprime une habitude au passé.

❿ **a.** ; ⓫ **b.** ; ⓬ **b.** ; ⓭ **c.** ; ⓮ **c.** ; ⓯ **c.**

⓰ **c.** Attention à ne pas confondre *to take an exam* (« passer un examen ») et *to pass an exam* (« réussir un examen »).

⓱ **a.** ; ⓲ **b.** ; ⓳ **b.** ; ⓴ **b.**

㉑ **b.** Le present perfect en *-ing* insiste sur la durée d'une action qui a démarré et qui n'est pas encore terminée.

㉒ **c.** ; ㉓ **c.**

㉔ **c.** *Bargain* signifie « une bonne affaire » au sens commercial alors que le mot *affair* désigne une « relation sentimentale » en anglais.

㉕ **a.** ; ㉖ **c.**

㉗ **b.** *Could have been* = « aurait pu être ».

㉘ **c.** ; ㉙ **c.** ; ㉚ **c.**

㉛ **a.** *Should* n'est jamais suivi de *to*. *Ought to* est un modal qui a le même sens.

㉜ **a.** ; ㉝ **a.** ; ㉞ **b.** ; ㉟ **a.** ; ㊱ **c.** ; ㊲ **c.**

㊳ **b.** Pour une action passée, datée et terminée, on utilise le simple past.

㊴ **b.** ; ㊵ **b.** ; ㊶ **a.** ; ㊷ **b.** ; ㊸ **a.** ; ㊹ **a.** ; ㊺ **c.** ; ㊻ **b.** ; ㊼ **c.**

㊽ **a.** *To look forward to* + verbe en *-ing* signifie « il me tarde de... ».

㊾ **a.** ; ㊿ **c.**

Espagnol

COEFFICIENT
1

DURÉE
30
minutes

Méthodologie et conseils

1. Nature de l'épreuve

Aux épreuves écrites d'admissibilité au concours de gendarme figurent les QCM en langues étrangères. Cette épreuve concerne, au choix du candidat, l'anglais, l'allemand, l'espagnol, l'italien, le portugais et l'arabe littéral. Il s'agit d'une suite de cinquante questions dans la langue choisie portant tant sur la grammaire que le vocabulaire ou la syntaxe. L'épreuve en langue étrangère est obligatoire, dure trente minutes et a un coefficient de 1.

Le niveau exigé à cette épreuve correspond au niveau B2 du Cadre européen commun de référence pour les langues (CECR), à savoir un niveau « avancé », « indépendant » ou de « baccalauréat ». Cet aspect n'est pas à négliger et le candidat devra donc s'entraîner afin de se remettre à niveau et de réussir son épreuve.

2. Conseils de préparation

L'un des premiers conseils que l'on peut prodiguer au candidat est d'écouter, de parler à haute voix, et d'essayer de comprendre la langue orale, c'est le point de départ nécessaire pour une remise à niveau efficace et à une progression rapide.

La compréhension orale et la pratique de la langue parlée sont, elles, essentielles. Cette pratique aboutira à une appropriation du lexique et à son enrichissement. Quant à l'écrit, il est indissociable de la préparation à l'examen.

Pour répondre à ces besoins, nous proposerons au candidat des sites qui lui permettront de se préparer sereinement à l'épreuve. Par ailleurs, il trouvera dans cet ouvrage des QCM suivis de corrigés explicatifs et détaillés qui le guideront et le prépareront efficacement.

- Le candidat doit régulièrement écouter les programmes en espagnol et lire la presse écrite. Il s'agit ici de se familiariser avec la langue, de s'habituer à ses sonorités et, finalement, d'intégrer le plus rapidement possible le vocabulaire courant.

Le candidat a à sa disposition de nombreux outils. Des chaînes de télévision sont disponibles sur la TNT mais également sur Internet. Les sites Teledirecto (www.teledirecto.es) et Mitele (www.mitele.es/directo) proposent ainsi toutes les chaînes espagnoles en direct. D'autres sites, comme celui de la RTVE (www.rtve.es), l'équivalent de TF1, offrent tout un éventail de programmes et un flux d'information disponible en continu, ainsi que des liens vers la radio nationale espagnole (RNE). Le site de la chaîne télévisée Antena 3 (www.antena3.com) est aussi largement exploitable. D'autres sites, comme celui de Telediario (telediario.com.gt), diffusent les informations nationales et internationales en direct.

■ Un grand nombre de podcasts sont également disponibles sur les sites de l'académie de Montpellier et du Centre régional de documentation (CRDP) des Pays de la Loire (Nantes).

■ Le site de partage de vidéos YouTube regorge de ressources vidéo en version originale, sous-titrées ou non, ainsi que de vidéos d'apprentissage de la langue. Le site Audio-lingua (www.audio-lingua.eu) propose également des enregistrements dans toutes les langues et au format MP3. Le candidat peut choisir son niveau et la thématique souhaitée.

■ Pour le candidat désireux de progresser et d'enrichir son vocabulaire une lecture régulière de la presse est incontournable. De nombreux journaux sont disponibles sur Internet *(El País, El Mundo, ABC, La Vanguardia, El Periódico)*, pour certains à travers une offre d'articles payants.

■ Finalement, des révisions régulières de la grammaire et du lexique de base semblent indispensables. Il existe un certain nombre de sites qui proposent des exercices de révision ludiques, avec cours et explications adaptés. On retiendra le site Espagnolfacile (www.espagnolfacile.com) qui propose, en plus d'une grande variété d'exercices classés par thèmes, un moteur de recherche et des vidéos de cours adaptées. Le site Babbel (fr.babbel.com) propose également des révisions de base. Le site de l'académie d'Amiens (www.ac-amiens.fr) offre, lui, des exercices interactifs en espagnol. Tous ces sites proposent également des QCM avec autocorrection, l'avantage étant de pouvoir comprendre ses fautes et de réviser les bases et les fondamentaux en cas de besoin.

Une batterie d'outils, très étendue, permet donc à chacun de progresser. Elle est à la disposition du candidat souhaitant s'immerger dans la langue.

3. Planning de révision

La réussite à un examen dépend de la régularité du travail fourni par le candidat, de son efficacité et de son sérieux. Il faut organiser son temps et éviter de le perdre, car il est précieux lors de cette période dite « de révisions ». Il faut essayer de s'imposer des échéances et d'établir un planning en se fixant des objectifs concrets.

Ainsi, concernant les langues étrangères, le candidat doit prévoir une plage horaire quotidienne pour réviser les bases : de vingt minutes au début, jusqu'à trente ou quarante minutes sur la fin et à l'approche de l'examen.

Il pourra prendre comme point de départ le vocabulaire et les expressions proposées dans ce recueil, les **lire à voix haute**, en tenant compte de la **prononciation** de chaque lettre. Cet entraînement permettra au candidat, et ce dès le départ, de se familiariser avec l'accent de la langue étudiée, en l'occurrence l'espagnol. Il doit s'appliquer et se répéter les mots jusqu'à en connaître leur traduction. Cette phase ne peut durer que quelques jours. En parallèle, le candidat doit **écouter** des documents audio ou visionner des vidéos dans la langue cible. Il doit réaliser, enfin, un bilan de ce qu'il a compris, par exemple sous forme de notes. Il n'est pas nécessaire que les documents soient très longs : ils peuvent être, au contraire très courts, ce qui permettra au candidat de s'approprier plus facilement et plus rapidement la langue.

À la fin de la **première semaine de révision**, le candidat devra s'atteler à la révision des règles de grammaire et de syntaxe. Dans cet objectif, il pourra s'entraîner à l'aide de QCM en ligne réalisés en des temps restreints. Pour cela, l'utilisation d'un chronomètre lui sera très utile.

Il pourra commencer par se donner du temps, par exemple en se proposant de traiter une vingtaine de questions en vingt minutes ; en se fixant un objectif de rapidité, il devra cependant diminuer progressivement ce délai de traitement plancher en augmentant le nombre de questions abordées au cours d'un même temps. Il devra également, après avoir pris connaissance des corrections proposées, comprendre ses fautes afin de ne plus les reproduire. Pour pallier ses lacunes, il pourra refaire les QCM moins bien réussis plusieurs jours après la première tentative et constater les éventuels progrès.

Un candidat peu à l'aise avec les langues s'accordera davantage de temps au départ. L'objectif est de comprendre ses fautes afin de ne plus les reproduire.

Ces exercices d'entraînement doivent être réalisés parallèlement à la pratique de la langue orale à travers l'écoute de documents audio ; le candidat ne doit pas perdre de vue que c'est en se plongeant dans la langue étrangère qu'il atteindra son objectif.

Ce travail, mêlant pratique écrite et orale, doit s'effectuer chaque soir. La régularité, primordiale, est l'outil contre l'oubli et le désengagement. En effet, une langue qu'on n'écoute pas, qu'on ne pratique pas, s'oublie. L'accent dans une langue étrangère doit devenir familier et aidera le candidat dans son épreuve écrite.

Le candidat n'ayant aucune occasion d'échanger avec une personne parlant la langue cible se doit de lire à haute voix les exercices écrits qu'il s'engagerait à effectuer, de l'énoncé aux phrases proposées. De nombreux sites, comme Espagnolfacile rappellent les règles de grammaire dans les corrigés des QCM. La lecture à haute voix facilitera en tout cas l'intégration des informations, qu'elles concernent des cours en français sur la grammaire espagnole ou des articles de la presse hispanophone.

Deux semaines environ avant l'examen, le candidat devra pouvoir réaliser un QCM de cinquante questions en vingt-cinq minutes, car il est toujours moins stressant d'arriver à un examen en sachant qu'on est capable de le faire en moins de temps que celui requis. On est alors plus à l'aise, plus détendu et davantage maître de ses facultés.

Les sujets proposés dans ce recueil pourront faire partie de ces révisions de dernières semaines : le candidat doit être capable de les faire plus rapidement que les temps donnés et de s'auto-évaluer grâce aux corrections proposées.

4. Se faire comprendre et comprendre l'autre

Cette partie contient des rappels de base qui faciliteront les échanges et permettront d'établir le dialogue. Le contenu ne suffira en aucun cas à préparer l'examen. En effet, le candidat peut prendre ces données comme point de départ dans ses révisions mais se doit absolument de les étoffer en suivant les conseils méthodologiques précédemment énoncés.

Pour l'apprentissage de la prononciation de l'espagnol, le site Golondrina (http://www.golondrina.net/essentiels/alphabet/) s'avérera particulièrement utile. YouTube propose par ailleurs des vidéos concernant l'alphabet espagnol.

Dialoguer avec des étrangers hispanophones

a. Salutations et formules de politesse

Exemples :
Bonjour
Buenos días (le matin)
Buenas tardes (l'après-midi)
Buenas noches (le soir)

Au revoir
Adiós / Hasta luego

S'il vous plaît
Por favor

Merci / Merci beaucoup
Gracias / Muchísimas gracias

Non merci
No gracias

Je vous en prie, asseyez-vous.
Le ruego, siéntese.

Bonne journée
Buen día

b. Problèmes de compréhension linguistique

Exemples :
Je suis désolé(e) mais je ne parle pas très bien espagnol.
Lo siento pero no hablo muy bien el español.

Je suis désolé(e) mais je ne comprends pas.
Lo siento pero no entiendo.

Je ne comprends pas.
No entiendo / No comprendo.

Pouvez-vous parler moins vite, s'il vous plaît ?
¿ Por favor, puede usted hablar más despacio ?

Pouvez-vous parler plus fort, s'il vous plaît ?
¿ Por favor, puede usted hablar más alto ?

Pouvez-vous répéter, s'il vous plaît ?
¿ Por favor, puede usted repetir ?

Pouvez-vous patienter, je vais chercher un interprète ?
¿ Puede usted esperar, por favor ? Voy a buscar a un intérprete.

c. Poser une question

Exemples :
Quel est votre prénom ? Quel est votre nom de famille,
¿Cuál es su nombre ? ¿ Cuál es su apellido ?

Comment l'écrivez-vous ?
¿Cómo lo escribe usted ?

Quelle est votre nationalité ?
¿Cuál es su nacionalidad ?

Où habitez-vous ? Quelle est votre adresse ?
¿Dónde vive usted? ¿Cuál es su dirección ?

Quel âge avez-vous ? Quelle est votre date de naissance ?
¿Cuántos años tiene usted ? ¿Cuál es su fecha de nacimiento ?

Combien de temps allez-vous rester ?
¿Cuánto tiempo va a quedar usted ?

Quelle est votre profession ?
¿Cuál es su profesión ?

Avez-vous une pièce d'identité ?
¿Tiene usted su documentación ?
¿Tiene Usted su carné de identidad ?

Je voudrais connaître le nom de la ville / du pays ?
¿ Me gustaría conocer el nombre de la ciudad / del país ?

Se faire entendre et comprendre par des étrangers hispanophones

a. Déclaration de perte, disparition

Exemples :
Je crois que j'ai perdu mon portefeuille/mes papiers d'identité/mon passeport/mon sac/mon téléphone portable/mon permis de conduire.
Pienso haber perdido mi cartera/mi documentación/mi pasaporte/mi bolso de mano/ mi móvil/mi carné de conducir.

On m'a volé mon sac/mon portfeuille.
Me robaron mi bolso/mi cartera.

Je voudrais signaler un vol/un vol avec effraction/une agression/un viol.
Quisiera señalar un robo/un robo con efracción/una agresión/una violación.

Il s'agit de mon mari/ma fille/mon fils. Il/elle a disparu.
Se trata de mi marido/mi hija/mi hijo. Ha desaparecido.

J'ai besoin d'aide. Aidez-moi !
Necesito ayuda. Ayúdenme !

b. Dépôt de plainte

Exemples :
Je veux déposer une plainte.
Quiero poner una denuncia.

Que s'est-il passé ? Pouvez-vous m'expliquer ?
¿Qué pasó ? ¿Puede usted explicármelo ?

On a essayé de me violer.
Han intentando violarme.

Il a essayé de me voler mon sac/me frapper.
Intentó robarme el bolso/golpearme.

Il m'a sequestrée pendant plusieurs jours.
Me secuestró durante varios días.

Pouvez-vous me décrire l'agresseur ?
¿Puede usted describirme a su agresor ?

Il portait un bonnet/une cagoule/un chapeau/un blouson noir.
Llevaba un gorro/un pasamontañas/un sombrero/una cazadora negra.

L'agresseur avait une arme/un couteau/un revolver.
El agresor tenía una arma/un cuchillo/una pistola.

c. Donner des indications

Expression de l'heure

Exemples :
À quelle heure cela s'est-il passé ?
¿A qué hora pasó el acontecimiento ?

Quelle heure est-il s'il vous plaît ?
¿Qué hora es, por favor?

du matin : *de la mañana*
de l'après-midi : *de la tarde*
du soir : *de la noche*

À l'heure de midi.
Al mediodía.

Vers minuit.
Hacia la medianoche.

Il est 11 h 30.
Son las once y media.

Il est 13 h 15.
Es la una y cuarto.

Indiquer un chemin

Exemples :
Vous semblez perdu.
Usted parece perdido.

Dites-moi où vous voulez vous rendre.
Dígame a dónde quiere ir usted.

La Tour Eiffel est à vingt minutes à pied / en voiture.
La Torre Eiffel queda a veinte minutos andando / en coche.

Prenez le métro jusqu'à Auber et faites le changement à cette station.
Coja usted el metro hasta Auber y haga trasbordo en esta estación.

L'hôpital est derrière ce bâtiment, vous tournez à gauche et vous prenez la rue qui descend.
El hospital está detrás de este edificio, gire a la izquierda y coja la calle que baja.

Vous pouvez allez tout droit, vous trouverez la bibliothèque au bout de cette avenue.
Puede Usted seguir todo recto, la biblioteca estará al final de esta avenida.

Suivez la direction de...
Siga con dirección a/hasta...

Vous devez faire demi-tour.
Usted tiene que dar la vuelta.

Le cinéma/la mairie/la Poste/le commissariat/l'église.
El cine/el ayuntamiento/Correos/la comisaría/la iglesia.

L'hôpital/la pharmacie.
El hospital/la farmacia.

L'aéroport/départ/arrivée.
El aeropuerto/salida/llegada.

La station de bus/la station de taxi.
La estación de autobuses/la estación de taxis.

Au feu/au carrefour.
Al semáforo/al cruce

Allez tout droit *Siga todo recto*
Tournez à gauche *Gire a la izquierda*
Tournez à droite *Gire a la derecha*

S'adresser à des automobilistes

Exemples :
Arrêtez-vous. Votre permis et les papiers de la voiture, s'il vous plaît.
Párese. Su carné de conducir y los papeles del coche, por favor.

Vous rouliez trop vite, vous ne respectiez pas la limite de vitesse.
Usted andaba demasiado rápido, no ha respetado el límite de velocidad.

Avez-vous bu ? Je vais vous faire passer un test d'alcoolémie.
¿Usted ha bebido ? Tiene que soplar en el etilómetro.

Il est strictement interdit de circuler sur cette voie.
Está totalmente prohibido circular en este carril.

Vous ne pouvez pas passer par là.
Usted no puede pasar por ahí.

Je suis désolé, mais vous ne devez pas stationner sur l'emplacement des bus. Circulez !
Lo siento, pero usted no debe estacionarse en la parada del autobús.¡Circule !

Avancez votre véhicule jusque là.
Avance su coche hasta aquí.

S'adresser à des piétons

Exemples :
Vous ne devez pas traverser quand le feu est rouge pour les piétons.
No debe cruzar cuando el semáforo está en rojo para los peatones.

Il est interdit de s'asseoir ici.
Está prohibido quedarse sentado aquí.

Il est interdit de fumer dans l'aéroport.
Está prohibido fumar en el aeropuerto.

Il est dangereux de courir parmi cette foule.
Es peligroso correr entre la muchedumbre.

Ne bougez plus, tournez-vous et suivez bien les ordres.
No se mueva usted, dése la vuelta y siga las órdenes.

Descendez du mur !
¡Baje de la pared !

Laissez le passage!
¡Deje el paso !

Sujets inédits corrigés

Sujet n° 1

Difficulté ✗✗✗	Durée 30 minutes

Questions

Cochez la case.

1 El terror ... París con la serie de atentados del 13 de noviembre.

❍ **a.** golpeó ❍ **b.** será ❍ **c.** se pasa

2 Las víctimas supervivientes se quedarán ... por estos hechos horrorosos.

❍ **a.** chocados y traumatizados
❍ **b.** chocadas y alegres
❍ **c.** chocadas y traumatizadas

3 El 19 de marzo, en Bruselas, la ... del yihadista Salah Abdeslam fue un éxito para las fuerzas de intervención antiterroristas.

❍ **a.** convocación ❍ **b.** detención ❍ **c.** provocación

4 Se terminó la ... de los 130 fallecidos de la masacre de la noche del 13 de noviembre.

❍ **a.** búsqueda ❍ **b.** identificación ❍ **c.** desaparición

5 Con el plan Vigipirate, las consignas de seguridad en los edificios públicos ... muy estrictas.

❍ **a.** son ❍ **b.** están ❍ **c.** estarán

6 En el ... de Molenbeek, en la ... de Bruselas, se desarrolló una verdadera operación de captura.

❍ **a.** barrio/villa ❍ **b.** calle/villa ❍ **c.** barrio/ciudad

7 La detención de los terroristas en Bélgica ... una colaboración estrecha de las fuerzas francesa y belga.

❍ **a.** sorpresa ❍ **b.** supuso ❍ **c.** supone

8 Las personas heridas y las familias nunca podrán olvidar ... ocurrió durante esa noche sangrienta.

❍ **a.** lo que ❍ **b.** él ❍ **c.** en qué

9 En Bélgica, hoy 22 de marzo por la mañana, ... explotar bombas en diferentes lugares de la capital.

❍ **a.** han ❍ **b.** hacen ❍ **c.** acaban de

10 **Hoy, los ciudadanos belgas también sufrieron atentados de ... terroristas.**

❍ **a.** presuntos ❍ **b.** preferidos ❍ **c.** presupuestos

11 **No sé, el hombre vino por detrás y me robó la ... .**

❍ **a.** zapato ❍ **b.** camiseta ❍ **c.** cartera

12 **«¿Sabes si Mario ... hablar con Juan de la denuncia hecha ayer al puesto?»**

❍ **a.** ha puesto ❍ **b.** ha pedido ❍ **c.** ha podido

13 **... un año que se fue a Francia para trabajar en la ingeniería.**

❍ **a.** Hace ❍ **b.** Dentro ❍ **c.** Desde hace

14 **Hay ... personas en esta conferencia. Apenas cuarenta, se esperaban unos cien participantes.**

❍ **a.** demasiadas ❍ **b.** muchas ❍ **c.** pocas

15 **El año (1975) ... fue el principio de la transición democrática en España.**

❍ **a.** mil novecientos sesenta y cinco
❍ **b.** mil novecientos setenta y cinco
❍ **c.** mil nuevecientos setente y cinco

16 **Puedes utilizar ... tipos de transporte para llegar ahí : el autobús, el metro, el taxi...**

❍ **a.** alguno ❍ **b.** varias ❍ **c.** diferentes

17 **... quiso nunca decirnos la verdad.**

❍ **a.** Si ❍ **b.** No ❍ **c.** Ni

18 **Luis vivía ... Madrid, se mudó ... necesidad a Barcelona.**

❍ **a.** en/par ❍ **b.** a/para ❍ **c.** en/por

19 **Me pidió que le ... al hospital.**

❍ **a.** acompañase ❍ **b.** acompañé ❍ **c.** acompaña

20 **... malo de vivir en el centro: hay mucha inseguridad.**

❍ **a.** Le ❍ **b.** Lo ❍ **c.** El

21 **¿Te preguntó por mí? - ... porque le dije que íbamos a vernos.**

❍ **a.** Uno ❍ **b.** Tampoco ❍ **c.** Quizá

22 **Me ... salir con ellos este fin de semana para visitar el Louvres, me ... este museo.**

❍ **a.** gusta/encantar ❍ **b.** gustaría/encanta ❍ **c.** preferiría/gustar

23 **¿... estabas ayer anoche? Te llamé por teléfono y no me contestaste.**

❍ **a.** Qué ❍ **b.** Cuál ❍ **c.** Dónde

24 Esta ciudad ... insoportable por el ruido y la inseguridad.

❍ **a.** se está poniendo ❍ **b.** está hecha ❍ **c.** es terrible

25 9 h 45.

❍ **a.** Son las nueve menos cuarto.

❍ **b.** Son las diez menos cuarto.

❍ **c.** Son las nueve y media.

26 No sé por qué ... María hoy, está muy mal y no puede trabajar.

❍ **a.** ha venido ❍ **b.** ha visto ❍ **c.** he llagado

27 ... quince años que no lo veo.

❍ **a.** Hace ❍ **b.** Hoy ❍ **c.** Hay

28 Le ... si quería venir conmigo para denunciar lo que había visto. No me contestó de inmediato.

❍ **a.** pedi ❍ **b.** pregunté ❍ **c.** di

29 Los jóvenes españoles dedican por lo menos (2 h 30) ... diarias a diferentes redes sociales.

❍ **a.** doce horas ❍ **b.** dos horas y media ❍ **c.** doce y medio

30 Reservó habitaciones en ... hoteles por todo el país porque ha de viajar por toda Europa.

❍ **a.** ningún ❍ **b.** pocos ❍ **c.** varios

31 No cruces la calle sin mirar a ambos lados, es ... .

❍ **a.** peligroso ❍ **b.** peligro ❍ **c.** pelo

32 Cuando ... le diré la verdad.

❍ **a.** vuelva ❍ **b.** volé ❍ **c.** volver

33 ... mí me gusta mucho ir... paseo...la ciudad.

❍ **a.** A/ne/por ❍ **b.** A/de/por ❍ **c.** De/en/por

34 Necesitaba que me ... a resolver este problema.

❍ **a.** ayuder ❍ **b.** ayudara ❍ **c.** ayudo

35 El hombre ... hablábamos el otro día está en la cárcel.

❍ **a.** del que ❍ **b.** que ❍ **c.** qui

36 Es Juana ... quiere marcharse, yo no.

❍ **a.** de ❍ **b.** quien ❍ **c.** la

37 ¡... yo, ábreme la puerta, por favor!
❍ a. Estoy ❍ b. Soy ❍ c. Pienso

38 ... sentándome cuando me llamó.
❍ a. Estara ❍ b. Estaba ❍ c. Seré

39 Es necesario ... hábil para poder entrar en esta casa sin llaves.
❍ a. ser ❍ b. estar ❍ c. tomar

40 A los jóvenes ahora, todo ... está permitido.
❍ a. el ❍ b. la ❍ c. les

41 Eso es totalmente inaceptable y un ... .
❍ a. error ❍ b. problem ❍ c. falta

42 Había que comprobar sus ... para saber si decía la verdad.
❍ a. faltas ❍ b. antecedentes penales ❍ c. antecedentes judiciales

43 Tú no estás de acuerdo con la decisión, pues yo ... . Es efectivamente injusta.
❍ a. no ❍ b. también ❍ c. tampoco

44 Me voy al ... para comprar tabaco.
❍ a. cocina ❍ b. estanco ❍ c. parque

45 Los policías ... controlando la plaza durante la manifestación.
❍ a. eran ❍ b. estaban ❍ c. es

46 Lo que pasó era ... grave teniendo en cuenta los hechos de la mañana.
❍ a. muy ❍ b. mucho ❍ c. pero

47 Resulta que es la ... denuncia de robo en dos días.
❍ a. docena ❍ b. décima ❍ c. diez

48 Hoy ... solo en casa, voy a aprovechar para hacer todo lo que me dé la gana.
❍ a. estoy ❍ b. soy ❍ c. eres

49 Esta plaza ... muy hermosa, además ... cerca de la playa.
❍ a. es/está ❍ b. ser/estar ❍ c. es/es

50 Ya no me ... tus proyectos, nunca los conseguirás, no eres capaz.
❍ a. ilusionan ❍ b. caen ❍ c. salen

Corrigé

❶ **a** *golpeó* > *golpear* = frapper, au passé simple, fait terminé dans le passé.

❷ **c**, on choisira *chocadas y traumatizadas*, deux adjectifs en *-as* qui se rapportent aux victimes = *víctimas*, féminin pluriel.

❸ **b**, *detención* = arrestation.

❹ **b**, le mot *identificación* est le seul qui convient dans la phrase. En effet, *búsqueda* signifie « recherche » et *desaparición* = « disparition ».

❺ **a**, *son*, verbe « être » (*ser*), utilisé ici au présent pour décrire une situation.

❻ **c**, *el barrio* = le quartier, *la ciudad* = la ville.

❼ **b**, *supuso* > *suponer* = supposer, au passé simple.

❽ **a**, *lo que* = ce que, est un neutre très utilisé en espagnol.

❾ **c**, *acaban de* = viennent de, action venant de s'achever.

❿ **a**, *presuntos* = présumés, est le seul mot possible.

⓫ **c** Lexique : *la cartera* = « le portefeuille ».

⓬ **c** La forme *ha podido* résulte de la conjugaison du verbe *poder* (pouvoir) au passé composé. *Pedido* est le participe passé de *pedir* (demander) et *puesto* celui de *poner* (mettre).

⓭ **a** Suivie d'une indication de durée, la forme impersonnelle *hace*, du verbe *hacer* (faire), est employée pour signaler le temps écoulé : *Hace un año* = « Cela fait un an ».

⓮ **c** Les adjectifs quantificateurs *demasiado, mucho* et *poco* s'accordent en genre et en nombre, tandis que *bastante* s'accorde seulement en nombre. Compte tenu du sens de la phrase, *pocas* (peu de) s'impose ici.

⓯ **b** Les chiffres et les nombres sont à connaître et à revoir (voir les leçons du site Internet www.espagnolfacile.com).

⓰ **c** La proposition diferentes est le bon choix ; adjectif féminin, *varias* ne peut être choisi.

⓱ **b** *No quiso* = « Il ne voulut pas » / « Il n'a pas voulu ».

⓲ **c** Les prépositions : *a, en, con, para, por*, etc. Leur utilisation est à maîtriser. Ici, *en* exprime l'endroit où vivait la personne et *por* la raison de son déménagement.

⓳ **a** L'espagnol respecte scrupuleusement la concordance des temps : la proposition principale étant conjuguée au passé simple, la proposition subordonnée doit être conjuguée à l'imparfait du subjonctif.

⓴ **b** *Lo malo* = « Ce qui est gênant ».

㉑ **c** Signifiant l'éventualité ou la probabilité d'une action, l'adverbe *quizá* (peut-être) ne peut être suivi que d'un verbe au subjonctif.

㉒ **b** Les verbes *gustar* (aimer) et *encantar* (adorer) sont utilisés, dans le cadre de tournures dites affectives, pour parler de choses que l'on aime, que l'on apprécie. Transitifs, ils peuvent s'accorder en nombre avec un complément d'objet direct, comme dans la seconde proposition *(este museo)*. La forme *me gustaría* (j'aimerais) exprime cependant une volonté soumise à condition.

㉓ **c** *Dónde* (où) fait partie des adverbes interrogatifs.

㉔ **a** Employé à la forme pronominale, le verbe *poner* traduit la transformation : *se está poniendo* = « elle est en train de devenir ».

㉕ **b** Les Espagnols divisent plus facilement que les Français chaque journée en deux parties de douze heures. L'accord du verbe utilisé, *ser* (être), dépend du nombre d'heures écoulées.

㉖ **a** *Por qué ha venido* = « Pourquoi est-elle venue ? »

27 **a** Suivie d'une indication temporelle, la forme impersonnelle *hace* (il y a) exprime l'écoulement du temps.

28 **b** Le verbe *preguntar* est employé pour introduire une question. Il ne peut être remplacé par *pedir*, même si ce second verbe peut également se traduire en français par « demander ».

29 **b** Les chiffres, exprimant ici une durée, doivent être parfaitement connus.

30 **c** L'adjectif de quantité *vario* s'accorde en genre et en nombre, comme dans cet exemple : *varios hoteles* = « un certains nombre d'hôtels ».

31 **a** Lexique : *el peligro* = « le danger », *peligroso* = « dangereux ».

32 **a** Suivi d'un verbe au subjonctif, l'adverbe interrogatif *cuándo* (quand) introduit, dans une proposition subordonnée, un futur.

33 **b** Dans cette phrase, la préposition *a* s'impose devant le pronom personnel *(mí)*. Lexique : *ir de paseo* = « aller se balader ».

34 **b** Sur la concordance des temps, voir la phrase et l'explication **19.**

35 **a** S'inscrivant dans une proposition relative, *del que a* pour équivalents français « duquel », « dont » ou « de celui ».

36 **b** Le pronom relatif *quien* renvoie au sujet de l'action, *Juana*.

37 **b** *Soy yo* = « C'est moi. »

38 **b** Construit avec l'auxiliaire *estar*, le gérondif traduit une action en cours de réalisation.

39 **a** Rappel : l'espagnol compte deux verbes « être ». *Ser* est celui utilisé pour parler des qualités inhérentes à une personne.

40 **c** Traduction : *todo les está permitido* = « tout leur est permis ».

41 **a** Lexique : *un error* = « une erreur », *una falta* = « une faute ».

42 **b** Lexique : *antecedentes penales* = « casier judiciaire ».

43 **c** Les adverbes *tampoco* (non plus) et *también* (également) doivent être bien distingués. Le premier s'emploie logiquement dans les phrases négatives.

44 **b** Lexique : *el estanco* = « le bureau de tabac ».

45 **b** *estar controlando* = « être en train de contrôler ».

46 **a** Rappel de quelques adverbes : *muy* = « très », *mucho* = « beaucoup », *demasiado* = « trop ».

47 **b** Les adjectifs ordinaux : *el primero, el segundo, el tercero, el cuarto... el décimo*.

48 **a** Le verbe *estar* (être) s'emploie pour situer quelque chose ou quelqu'un dans l'espace.

49 **a** Les deux verbes « être », *ser* et *estar*, ont des utilisations différentes : tandis que le second est employé pour situer dans le temps ou dans l'espace, le premier est notamment utilisé pour décrire les qualités d'une personne.

50 **a** Comme *gustar*, le verbe *ilusionar* (enchanter), employé dans le cadre de tournures dites affectives, s'accorde avec un complément d'objet direct, ici *tus proyectos*.

Sujet n° 2

Difficulté ✗✗✗	Durée 30 minutes

Questions

Cochez la bonne case.

1 Las autoridades no se enteraron de inmediato de la huída del yihadista Abdeslam ... Bélgica.

❍ **a.** in ❍ **b.** sobre ❍ **c.** hacia

2 En enero, el terrorista abatido por los policías al intentar irrumpir en una ... era miembro del Estado Islámico.

❍ **a.** célula ❍ **b.** comisaría ❍ **c.** ayuntamiento

3 Según fuentes policiales, el hombre arrestado en Disneyland, a principios de 2016, ... en posesión de dos armas y de un Corán.

❍ **a.** era ❍ **b.** poseía ❍ **c.** estaba

4 El GIGN está compuesto por profesionales del ..., éstos intervinieron de modo eficaz en las detenciones.

❍ **a.** asalto ❍ **b.** intervención ❍ **c.** terror

5 El ministro de Interior ... al GIGN la operación final para la neutralización de los terroristas en Saint-Denis.

❍ **a.** cargó ❍ **b.** tenía puesto ❍ **c.** había encargado

6 Entrenados como tropas de élite, el FI *(Force d'Intervention)* **... de un centenar de soldados agrupados en secciones.**

❍ **a.** se compone ❍ **b.** se tiene ❍ **c.** se dirige

7 Los miembros del RAID *(Recherche, Assistance, Intervention, Dissuasion)* **se han ganado rápidamente una excelente ... como unidad de intervención.**

❍ **a.** prestigio ❍ **b.** reputación ❍ **c.** crédito

8 Los del RAID son conocidos como "las panteras negras", ... a la insignia de unidad y los uniformes negros que usan en las operaciones.

❍ **a.** teniendo que ❍ **b.** dando de ❍ **c.** debido a

9 El nacimiento de estos grupos de intervención viene del esfuerzo ... combatir el número creciente de delitos y atentados terroristas.

❍ **a.** dentro ❍ **b.** por ❍ **c.** en

⑩ **Los disparos oídos en las calles ... al Bataclán sorprendieron y asustaron a los vecinos.**

❍ **a.** nombradas ❍ **b.** lejanas ❍ **c.** cercanas

⑪ **<u>Traduire</u> : Il est 15 h 45.**

❍ **a.** Son las dieciséis menos cuarto de la tarde.

❍ **b.** Son las tres y cuarto de la tarde.

❍ **c.** Son las cuatro menos cuarto de la tarde.

⑫ **... verano ... en la Costa Dorada.**

❍ **a.** Este/estaré ❍ **b.** Esto/soy ❍ **c.** Esa/estoy

⑬ **Para el viaje, sólo ... dos maletas.**

❍ **a.** estamos ❍ **b.** hemos ❍ **c.** tenemos

⑭ **Leo le pregunta a Lucas si ... hablar con él.**

❍ **a.** puede ❍ **b.** tiene ❍ **c.** es

⑮ **Necesito un coche ... visitar esta región.**

❍ **a.** por ❍ **b.** para ❍ **c.** en

⑯ **... necesario que me ... esta carta para explicar la situación.**

❍ **a.** Es/escribisis ❍ **b.** Es/escribir ❍ **c.** Era/escribieras

⑰ **Me acogen en este hotel ... un mes y sin reservación. ¡Qué oportunidad! Y además no es caro.**

❍ **a.** en ❍ **b.** dentro ❍ **c.** por

⑱ **... a Alemania con Erasmus el año que viene, es mi proyecto.**

❍ **a.** Iré ❍ **b.** Voy ❍ **c.** Iba

⑲ **En la calle, la gente estaba en efervescencia, no se sabía lo que ... .**

❍ **a.** es pasar ❍ **b.** estaba pasando ❍ **c.** está pasando

⑳ **Los artistas ... viaja este hombre son famosos.**

❍ **a.** con quienes ❍ **b.** con el ❍ **c.** del que

㉑ **¿... estás? Espero que estés bien.**

❍ **a.** Qué ❍ **b.** Cuáles ❍ **c.** Cómo

㉒ **A usted ... madrugar cada mañana y salir de casa muy temprano. Preferiría ir al trabajo más tarde.**

❍ **a.** me gusta ❍ **b.** le encanta ❍ **c.** le disgusta

23 A José y a Manuel les hace ... dinero para pasarlo bien.

❍ **a.** daba ❍ **b.** falta ❍ **c.** gana

24 En la frontera con Rusia ... mostrar el pasaporte.

❍ **a.** es necesario ❍ **b.** no hace falta ❍ **c.** es terrible

25 Con suerte, ... ganar el concurso.

❍ **a.** tendré ❍ **b.** podríamos ❍ **c.** habriamos

26 «- ¿Te ... ir al cine? - Con mucho gusto, gracias.»

❍ **a.** gustaría ❍ **b.** diría ❍ **c.** gusta

27 En ... tiempo, las mujeres no lleveban pantalones.

❍ **a.** este ❍ **b.** aquel ❍ **c.** ese

28 Me ... que le acompañara a la comisaría.

❍ **a.** dio ❍ **b.** preguntó ❍ **c.** pidió

29 ... mucho tiempo que no la veo.

❍ **a.** Habe ❍ **b.** Fue ❍ **c.** Hace

30 El mercado se sitúa ... de estos edificios, desde aquí no se puede ver.

❍ **a.** detrás ❍ **b.** delante ❍ **c.** en

31 Con este calor, tengo ... sed.

❍ **a.** mucho ❍ **b.** mucha ❍ **c.** poca

32 No me lo vendió ... me lo regaló.

❍ **a.** pero ❍ **b.** sin que ❍ **c.** sino que

33 ¡Qué película ... interesante!

❍ **a.** tan ❍ **b.** si ❍ **c.** también

34 ... en un año a preparar las oposiciones. Quiero conseguir el diploma.

❍ **a.** Hablo ❍ **b.** Tengo ❍ **c.** Volveré

35 Con el talento que tiene, este chico ... futbolista.

❍ **a.** es ❍ **b.** se hará ❍ **c.** se forma

36 La lluvia sigue ... desde la una de la madrugada, está todo mojadísimo.

❍ **a.** dada ❍ **b.** caer ❍ **c.** cayendo

37 Siempre pienso ... ella cuando miro esta foto del último verano.

❍ **a.** en ❍ **b.** a ❍ **c.** de

38 Ya es muy tarde, ... de ti para volver a casa e ir a dormir.

❍ **a.** me digo ❍ **b.** me despido ❍ **c.** me voy

39 El muchacho ... muy simpático y alegre. ¡Qué gusto!

❍ **a.** es ❍ **b.** está ❍ **c.** sera

40 No te preocupes, no hay ... .

❍ **a.** problema ❍ **b.** problemo ❍ **c.** problem

41 Señora, ¿... quiere denunciar al ladrón?

❍ **a.** Ella ❍ **b.** Su ❍ **c.** usted

42 Tal vez ... enfermo, y por eso no ha venido.

❍ **a.** está ❍ **b.** haya caido ❍ **c.** es

43 Si nadie sube, ... subo yo. No me da la gana.

❍ **a.** no ❍ **b.** también ❍ **c.** tampoco

44 Te oigo muy bien, pero no te ... .

❍ **a.** entiendo ❍ **b.** comprender ❍ **c.** digo

45 ¿... vas tan de prisa? ¿Me lo puedes decir?

❍ **a.** Por que ❍ **b.** Cuál ❍ **c.** Adónde

46 En la carretera, ... respetar el código.

❍ **a.** hay que ❍ **b.** no es necesario ❍ **c.** es

47 Les pregunté ... los vecinos qué les había pasado.

❍ **a.** dos ❍ **b.** a ❍ **c.** de

48 ... al diez de junio y parece que no ha llegado el verano.

❍ **a.** Estamos ❍ **b.** Somos ❍ **c.** Sero

49 Por la tarde, ... deporte en el polideportivo.

❍ **a.** doy ❍ **b.** pongo ❍ **c.** hago

50 Durante los tres ... meses del año, hace demasiado frío.

❍ **a.** primers ❍ **b.** primeras ❍ **c.** primeros

Corrigé

❶ **c**, *hacia* = vers, préposition de lieu. La préposition *sobre,* qui signifie « sur », ne peut pas être utilisée ici.

❷ **b**, *la comisaría* est la seule possibilité par rapport au contexte. Rappel : *ayuntamiento* = mairie, *célula* = cellule.

❸ **c**, *estaba en posesión*, on utilise *estar* pour un état passager.

❹ **a**, question facile de lexique, *el asalto* = l'assaut.

❺ **c**, *encargar* = charger quelqu'un de quelque chose, ici, au plus-que-parfait : *había encargado* = avait chargé.

❻ **a**, *componerse* = se composer de.

❼ **b**, *la reputación* est la seule possibilité, les deux autres mots proposés sont des synonymes mais ils sont masculins donc ne conviennent pas ici.

❽ **c**, *debido a* = dû à ; attention : *teniendo que* se traduit par « en devant » et *dando* par « en donnant ».

❾ **b**, *por* est la bonne réponse, cette préposition se traduit ici par « pour » et suggère la cause.

❿ **c**, *cercanas* se traduit par « proches » et correspond au contexte, *lejanas* est son contraire, quant à *nombradas* = nommées, ne convient pas ici.

⓫ **c** L'heure s'exprime avec le verbe *ser*, qui s'accorde alors en fonction du nombre d'heures écoulées. Les Espagnols divisent plus facilement que les Français chaque journée en deux parties de douze heures.

⓬ **a** Dans cette phrase, *este* est un adjectif démonstratif : *este verano* = « cet été ». Le verbe *estar* est employé ici pour décrire une situation provisoire, le séjour estival du locuteur sur la Costa Dorada.

⓭ **c** Le verbe *tener*, l'un des verbes « avoir », est utilisé pour exprimer la possession. *Haber*, l'autre verbe « avoir », s'emploie presque exclusivement comme auxiliaire.

⓮ **a** Compte tenu du sens de la phrase, *puede*, du verbe *poder* (pouvoir), est la seule réponse possible.

⓯ **b** <u>Les prépositions</u> : *a, en, con, para, por...* Leur utilisation doit être maîtrisée. Dans l'exemple, *para* permet d'exprimer un objectif.

⓰ **c** Le recours au subjonctif s'impose après les expressions *es preciso que, es necesario que* ou encore *es importante que*. L'espagnol respecte strictement la concordance des temps. Aussi, la proposition principale étant à l'imparfait, la proposition subordonnée doit être à l'imparfait du subjonctif.

⓱ **c** La préposition *por* permet dans cette phrase de signaler une durée.

⓲ **a** Le verbe *ir* (aller) est proposé à trois temps de l'indicatif : le futur (*a*), le présent (*b*), l'imparfait (c). Seule la proposition au futur est porteuse de sens.

⓳ **b** <u>Traduction</u> : *lo que estaba pasando* = « ce qui était en train de se passer ». La construction *estar* + gérondif (rad+*ando*, rad+*iendo*) traduit une action en cours.

⓴ **a** Le pronom relatif composé *con quien* s'accorde en nombre : *con quienes* = « avec lesquels/ lesquelles ».

㉑ **c** <u>Les pronoms et adverbes interrogatifs</u> : *qué* (que, quoi), *dónde* (où), *cuándo* (quand), *cuánto(s)/a(s)* (combien), *por qué* (pourquoi, lorsque le locuteur exprime la cause), *para qué* (pourquoi lorsque le locuteur exprime le but), *quién(es)* (qui), *cuál(es)* (quel(s)/le(s)).

㉒ **c** Les verbes *encantar, gustar* et *disgustar* sont utilisés, dans le cadre de tournures dites affectives, pour parler des goûts et préférences. Ils s'accordent en nombre avec leurs compléments d'objets directs (COD), généralement des noms.

㉓ **b** La construction *hacer falta* (avoir besoin de) a notamment pour synonyme *necesitar*. Les deux s'accordent avec un complément d'objet direct (COD), ici *dinero*.

24 **a** La Russie ne faisant pas partie de l'Union européenne, la proposition **a** apparaît la seule possible.

25 **b** Le conditionnel de *poder* (*podríamos*) est ici utilisé pour exprimer une hypothèse.

26 **a** Traduction : *¿Te gustaría?* = « Aimerais-tu ? »

27 **b** L'emploi de l'adjectif démonstratif *aquel* (en ce temps-là) permet de souligner l'éloignement dans le temps.

28 **c** Même s'ils peuvent tous les deux se traduire par « demander », les verbes *pedir* et *preguntar* ne sont pas des synonymes. Comme dans l'exemple, le premier s'emploie pour exprimer une demande.

29 **c** Suivie d'une indication temporelle, la forme impersonnelle *hace* permet d'exprimer l'écoulement du temps.

30 **a** Lexique : *detrás de* = « derrière ».

31 **b** L'adjectif de quantité *mucho* s'accorde avec *sed* (soif), nom féminin singulier.

32 **c** La construction *no... sino que* est utilisée lorsqu'une seconde proposition rectifie ou contredit la première.

33 **a** L'exclamation, reposant sur la construction « *qué* + nom + *tan* + adjectif », permet de souligner la qualité du film. Traduction : *¡Qué película tan interesante!* = « Quel film intéressant ! ».

34 **c** La construction verbale *volver a* + infinitif est utilisée pour exprimer la répétition, le recommencement.

35 **b** Il existe plusieurs traductions de « devenir ». Conjugué à la forme pronominale, le verbe *hacer* (*hacerse*) offre l'une d'entre elles. Son emploi suppose un changement volontaire et durable. Traduction : *se hará* = « il deviendra ».

36 **c** Suivi du gérondif, l'emploi du verbe *seguir* traduit une action qui se prolonge dans le temps. Traduction : *la lluvia sigue cayendo* = « la pluie continue de tomber ».

37 **a** À la différence du français « penser », qui est suivi de la préposition *à*, le verbe *pensar* se construit avec la préposition *en*.

38 **b** *despedirse de alguien* = « prendre congé de quelqu'un ». Les autres propositions ne sont pas compatibles avec le sens de la phrase.

39 **a** Le verbe *ser* est le verbe « être » utilisé pour parler des qualités inhérentes à une personne.

40 **a** Lexique : bien qu'il se termine par un *a*, *problema* (problème) est un nom masculin.

41 **c** *Usted*, qui équivaut de fait grammaticalement à une troisième personne du singulier, est le pronom du vouvoiement singulier. Pouvant être facilement sous-entendu, il est utilisé dans des cas marqués par une certaine solennité.

42 **b** Permettant d'introduire une hypothèse, la locution adverbiale *tal vez* (peut-être) est normalement toujours suivie du mode subjonctif.

43 **c** Les adverbes de comparaison *tampoco* (non plus) et *también* (également) doivent être bien distingués.

44 **a** Lexique : *entender* = « comprendre », *oir* = « entendre ».

45 **c** Concernant les pronoms et adverbes interrogatifs, voir la phrase et l'explication **21**.

46 **a** La construction *Hay que* (il faut) est utilisée pour l'expression de l'obligation.

47 **b** Comme dans cet exemple, l'emploi de la préposition *a* est notamment requis devant les compléments d'objet indirects (COI) désignant des personnes.

48 **a** Le verbe *estar*, l'un des deux verbes « être », est utilisé pour situer l'action de personnes dans l'espace ou dans le temps.

49 **c** Lexique : *hago* = « je fais », d*oy* = « je donne », *pongo* = « je mets ».

50 **c** Les adjectifs ordinaux : *el primero, el segundo, el tercero, el cuarto...* Ils s'accordent en genre et en nombre.

LANGUES ÉTRANGÈRES
Espagnol

Sujet n° 3

Difficulté ✗✗✗	Durée 30 minutes

Questions

Cochez la bonne case.

1 Los bomberos ... llevando al herido al hospital.

❍ **a.** son ❍ **b.** están ❍ **c.** es

2 Vivió en casa de sus ... hasta los cuarenta años.

❍ **a.** padres ❍ **b.** poderes ❍ **c.** pateres

3 «No ... verlo ahora, ¡me decepcionó tanto! Es imposible para mí.»

❍ **a.** soy ❍ **b.** puede ❍ **c.** quiero

4 El Campeonato Europeo de Fútbol ... por la Roja.

❍ **a.** gana ❍ **b.** es gano ❍ **c.** fue ganado

5 No entiendo que no ... inquietudes.

❍ **a.** tengas ❍ **b.** haya ❍ **c.** tienes

6 Il est 0 h 40.

❍ **a.** Son las medianoche y cuarenta.
❍ **b.** Son las doce y veinte.
❍ **c.** Es la una menos veinte de la medianoche.

7 Por la noche, ... ser prudente en las calles de la ciudad.

❍ **a.** tener que ❍ **b.** hay que ❍ **c.** es que

8 ... anoche no tuve tiempo de hacerlo, pero lo haré ..., no te preocupes.

❍ **a.** Hay/hoy ❍ **b.** Hoy/mañana ❍ **c.** Ayer/mañana

9 ¿... preguntas te parecen suficientes para tener todas las informaciones?

❍ **a.** Cuál ❍ **b.** Cuántas ❍ **c.** Qué

10 Lo podemos comprar ... te gusta.

❍ **a.** si ❍ **b.** ni ❍ **c.** ti

11 Salió ... por la calle depués de haber cometido el robo.

❍ **a.** breve ❍ **b.** correr ❍ **c.** corriendo

12 No sabía cómo iba a reaccionar ... lo ocurrido.

❍ **a.** a ❍ **b.** desde ❍ **c.** de

13 **Ella lo cogió de ... para llevárselo muy lejos de aquel lugar.**
❍ **a.** la mano ❍ **b.** al mano ❍ **c.** el mano

14 **Hemos quedado ... del cine a las dos. En efecto, la película empieza a las dos y media. Así será más fácil para todos.**
❍ **a.** a ❍ **b.** detrás ❍ **c.** delante

15 **Puedes ... en la silla, te doy permiso.**
❍ **a.** correr ❍ **b.** sentarte ❍ **c.** te sentar

16 **... podría ... amar otro sitio que aquel donde nací.**
❍ **a.** Ni/no ❍ **b.** No/no ❍ **c.** No/nunca

17 **Señora, no puede pasar con su coche en la calle, está ... a la circulación.**
❍ **a.** cerrada ❍ **b.** abierta ❍ **c.** hecha

18 **Me ... las novelas pero me ... los libros históricos.**
❍ **a.** gustas/encantas ❍ **b.** gustan/encantan ❍ **c.** gusto/encanto

19 **Estudió ... durante el año, por eso no logró sus exámenes.**
❍ **a.** poco ❍ **b.** mucho ❍ **c.** demasiado

20 **... no tomó en cuenta fue la dificultad del trabajo pedido.**
❍ **a.** Le que ❍ **b.** La ❍ **c.** Lo que

21 **La Plaza Mayor, en Madrid, puede ser un lugar ... agitado cuando hay manifestaciones.**
❍ **a.** muy ❍ **b.** poco ❍ **c.** lo mucho

22 **Después de sus estudios, ... médico, pero la profesión le resultó difícil.**
❍ **a.** es ❍ **b.** fuimos ❍ **c.** se hizo

23 **« ¡Es imprescindible que ...! Lo que tengo que decirte es muy importante.»**
❍ **a.** escucharso. ❍ **b.** me escuches. ❍ **c.** escùchame.

24 **«No quiero venir ... a su casa, prefiero quedarme aquí. ¿Lo comprendes?»**
❍ **a.** con ❍ **b.** sin ❍ **c.** contigo

25 **Le ... que me llevara a los toros.**
❍ **a.** pedí ❍ **b.** pido ❍ **c.** sé

26 **Somos (126) ... en la sala y esperamos el discurso de bienvenida.**
❍ **a.** ciento veinte y séis ❍ **b.** ciento veintiséis ❍ **c.** cien veinte séis

27 **Se pasaba día y noche ... en Internet y nunca estudiaba.**
❍ **a.** hablanda ❍ **b.** chatear ❍ **c.** chateando

28 **Tuvo que irse del país ... no tener papeles, lo llevaron a la frontera.**
❍ **a.** a ❍ **b.** para ❍ **c.** por

29 **Le pregunté si ... ayudarme a encontrar al desaparecido.**
❍ **a.** pudiera ❍ **b.** pueda ❍ **c.** poder

30 **Mañana, durante la manifestación, nos ... para luchar contra el proyecto.**
❍ **a.** unir ❍ **b.** uniremos ❍ **c.** unimos

31 **«Señor, no puede aparcar ... coche aquí. Está prohibido.»**
❍ **a.** su ❍ **b.** tu ❍ **c.** mi

32 **... se dio cuenta del subterfugio.**
❍ **a.** No por ❍ **b.** Todavía ❍ **c.** Ni siquiera

33 **No te ..., haré lo que pueda.**
❍ **a.** preocupas ❍ **b.** preocupes ❍ **c.** preocupar

34 **Me ... para Madrid para asistir a una reunión muy importante.**
❍ **a.** voy ❍ **b.** veo ❍ **c.** ires

35 **«Mis abuelos viven en la ... casa de esta calle, no ves, es la casa azul que está un poco más lejos.»**
❍ **a.** primero ❍ **b.** ocho ❍ **c.** octava

36 **Los vencedores ... posar para los fotógrafos con su copa.**
❍ **a.** vuelven a ❍ **b.** hacer ❍ **c.** dan

37 **Te comportas como si todo ... igual.**
❍ **a.** dire ❍ **b.** te diera ❍ **c.** darte

38 **«¡No me mires así! Los pasteles están ... la nevera, sírvelos tú que ya he trabajado bastante.»**
❍ **a.** dentro de ❍ **b.** debajo de ❍ **c.** sin

39 **«¡La lección es ...! Me la aprendí de memoria en muy poco tiempo.»**
❍ **a.** difícil ❍ **b.** facilísima ❍ **c.** larguísima

40 **Quedamos en la pizzería que ... al lado del ayuntamiento.**
❍ **a.** en ❍ **b.** es ❍ **c.** está

41 **Podrás encontrar la estación de metro a unos cincuenta metros a ... .**
❍ **a.** recto ❍ **b.** la derecha ❍ **c.** el derecho

42 Por la mañana, me levanto y me voy directamente al ... para tomar una ducha y vestirme después.

❍ **a.** dormitorio ❍ **b.** servicio ❍ **c.** cuarto de baño

43 ... voy aprovechar del día para hacer todo lo que debo hacer sin nunca tener tiempo de hacerlo.

❍ **a.** Hoy ❍ **b.** Hay ❍ **c.** Oy

44 ... único que me gustaba era la Historia.

❍ **a.** Él ❍ **b.** Lo ❍ **c.** La

45 En Versalles, ... los jardines son maravillosos, fueron creados por Le Nôtre.

❍ **a.** todos ❍ **b.** pocos ❍ **c.** demasiados

46 Esta vez ... podrá escapar, ... que deberá justificar su comportamiento.

❍ **a.** si/es ❍ **b.** no/no ❍ **c.** no/sino

47 «Españoles ... patria era un sueño.»

❍ **a.** la ❍ **b.** cuya ❍ **c.** que

48 La ciudad de Barcelona ... hermosa, sobre todo el Barrio Gótico que ... muy famoso.

❍ **a.** está/es ❍ **b.** estoy/soy ❍ **c.** es/es

49 Es mi historia, la ... únicamente.

❍ **a.** mina ❍ **b.** mía ❍ **c.** ma

50 «¿Adónde ... usted? La oficina está por aquí. Sígame.»

❍ **a.** va ❍ **b.** ve ❍ **c.** ir

Corrigé

❶ **b.** Il est primordial de bien connaître les deux verbes être en espagnol : *ser* et *estar*. En effet, leur emploi n'est pas le même, ici, par exemple, on utilisera *estar* devant le gérondif, cette structure correspondant à la forme progressive, qui sert à décrire le déroulement d'une action (être en train de).

❷ **a.** Question de vocabulaire : *los padres* (les parents) est le mot qui convient ici ; en effet, *los poderes* signifient « les pouvoirs » ; quant à *pateres*, c'est un mot latin.

❸ **c.** Ici, on choisira *quiero* pour exprimer le fait de ne pas vouloir, *no quiero* = je ne veux pas. La réponse **b.** est à exclure car la personne employée n'est pas la bonne et le sens ne conviendrait pas ici. Rappel : *poder* = pouvoir ; *querer* = vouloir.

❹ **c.** *fue ganada* = a été gagnée, exprime la voix passive. Cette dernière est formée du verbe *ser* suivi du participe passé qui s'accorde en genre et en nombre avec le sujet du verbe.

❺ **a.** *tengas* est une forme du verbe *tener* (avoir) au subjonctif. Ici, l'infinitif à la forme négative *no entender* (ne pas comprendre) introduit une proposition complétive au subjonctif. Il en est de même pour les constructions verbales *no creer* (ne pas croire) ou *no pensar* (ne pas penser).

❻ **c.** L'heure s'exprime avec le verbe *ser* (être) L'espagnol divise la journée en deux fois douze heures : de 1 heure du matin à 12 heures (ou midi) et de 1 heure de l'après-midi à 12 heures (ou minuit). Attention : Il est midi (pile) : *Es mediodía* ; Il est minuit (pile) : *Es medianoche*. À « *mediodía* » *et* « *medianoche* » on ne peut en aucun cas ajouter des minutes : les expressions correspondent à des moments de la journée.

❼ **b.** *hay que + infinitif* (il faut+infinitif) correspond à l'obligation impersonnelle**.** *tener que* (devoir) renvoie à l'obligation personnelle ; on ne peut pas l'utiliser ici, la phrase exprimant une généralité. De plus, elle est proposée à l'infinitif.

❽ **c.** Les adverbes de temps : *anteayer* (avant-hier), *anoche* (hier soir), *ayer* (hier), *hoy* (aujourd'hui), *mañana* (demain), *pasado mañana* (après-demain), *al día siguiente* (le lendemain, le jour suivant). Ici, les temps verbaux guident le lecteur : le premier des verbes est au passé et le second au futur.

❾ **b.** Les mots interrogatifs doivent être maîtrisés : *qué* (que, quoi), *dónde* (où), *cuándo* (quand), *cuánto(s)/a(s)* (combien), *por qué* (pourquoi signifiant « pour quelle raison »), *para qué* (pourquoi signifiant « dans quel but »), *quién(es)* (qui), *cuál(es)* (quel(s)/le(s)).

❿ **a.** La réponse **a.** s'impose. En effet, *ni* correspond à une négation et *ti* se traduit par « toi ».

⓫ **c.** Le gérondif *corriendo* se traduit ici par « en courant ». Elle donne une indication relative à la manière.

⓬ **b.** Les prépositions en espagnol : *a, en, de, con, desde, por, para, sin, sobre*... Ici, *desde lo ocurrido* = depuis que cela s'était produit.

⓭ **a.** Les mots féminins en espagnol se terminent généralement par la lettre « a » et les mots masculins par la lettre « o » ; ***la mano*** fait partie des exceptions.

⓮ **c.** Les prépositions/adverbes de lieu sont à maîtriser : *detrás de* (derrière), ***delante de* (devant)**, *al lado de* (à côté de), *a la derecha* (à droite), *a la izquierda* (à gauche), etc.

⓯ **b.** Les formes pronominales sont très utilisées en espagnol. À l'infinitif, le pronom dit enclitique vient se coller à la fin du verbe, contrairement au français. Ici, *sentarte* = t'asseoir. La réponse *a*, *correr* (courir), est à exclure car elle ne peut correspondre au sens de la phrase.

16 **c.** La négation se construit généralement en espagnol avec le verbe précédé de *no* (non) ; ici, *no* est combiné à *nunca* (jamais), un autre terme négatif, placé cette fois derrière le verbe.

17 **a.** Le participe passé (avec les radicaux *ado* et *ido*) s'accorde en genre et en nombre lorsqu'il est utilisé comme adjectif. Ici, c'est parce que la route est fermée (*está cerrada*) que la femme ne peut pas y passer en voiture.

18 **b.** Les verbes *gustar* (aimer quelque chose) et *encantar* (adorer) sont des tournures dites affectives. Le verbe s'accorde avec le complément placé derrière. Ici, il s'agit de deux pluriels (*las novelas, los libros*) ; les deux verbes doivent donc se conjuguer à la troisième personne du pluriel.

19 **a.** Les adjectifs indéfinis : *poco(s)/a(s), alguno(s)/a(s), ninguno(s)/a(s), bastante(s), mucho(s)/a(s), cierto(s)/a(s), tanto(s)/a(s), demasiado(s)/a(s)*... Ils fournissent des informations sur la quantité, l'intensité et l'identité du nom qu'ils déterminent. Ils s'accordent en genre et en nombre.

20 **c.** *lo* est l'article neutre, *lo que* se traduisant par « ce que », « ce qui ». Ici, *Lo que no tomó en cuenta* = Ce qu'il n'a pas pris en compte.

21 **a.** *muy* sert à intensifier un adverbe ou un adjectif.

22 **c.** *Hacerse* est une des traductions possibles du verbe « devenir ». Il en existe de nombreuses en espagnol. Elles n'ont pas toutes la même valeur. Ici, il s'agit d'une transformation définitive.

23 **b.** Après *es imprescindible que*, on utilise le mode subjonctif. Ici, le subjonctif présent du verbe *escuchar* (écouter) est *escuches*.

24 **c.** La préposition *con* (avec) se construit irrégulièrement avec les pronoms « toi » et « moi » : *contigo, conmigo*. Comme en français, on dit en revanche : *con vosotros* (avec vous), *con él* (avec lui), *con ellas* (avec elles), etc.

25 **a.** Verbes de demande : *pedir* (demander ou ordonner), *preguntar* (demander dans le sens de « poser une question »). La réponse **a.** est la bonne car il faut tenir compte des temps de conjugaison ; la phrase étant au passé, la réponse **b.**, qui propose *pedir* au présent, est à exclure.

26 **b.** La numérotation en espagnol est à revoir et à connaître.

27 **c.** pasarse + complément de temps + gérondif : passer son temps à + infinitif. Le gérondif se forme de la façon suivante : verbes en -ar : le radical + ando ; verbes en -er et -ir : le radical + iendo. Ici, chateando est la bonne réponse : « Il passait ses jours et ses nuits à chater sur Intenet. »

28 **c.** La préposition *por* est celle qui traduit la cause. Dans l'exemple, c'est parce qu'elle n'a pas de papiers que la personne est renvoyée à la frontière.

29 **a.** La concordance des temps est très rigoureuse en espagnol. De ce fait, on retrouve des verbes à l'imparfait du subjonctif dans une proposition subordonnée au passé. Ici, *poder* (pouvoir) se conjugue *pudiera*.

30 **b.** Futur de l'indicatif : infinitif + *-é, -ás, -á, -emos, -éis, -án*. Ici, *nos uniremos* = nous nous unirons. Le choix se porte sur le verbe au futur. Le présent ne peut être choisi car le marqueur temporel *mañana* nous indique qu'il s'agit d'une action future.

31 **a.** Les adjectifs possessifs : *mi(s), tu(s), su(s), nuestro/a(s), vuestro/a(s), su(s)*. Ici, on choisira *su* (votre), le possessif utilisé lorsque l'on vouvoie une personne.

32 **c.** *Ni siquiera* = même pas.

33 **b.** *No + subjonctif* exprime la défense. Ici, *no te preocupes* = ne t'inquiète pas.

34 **a.** Le présent de l'indicatif des verbes réguliers et irréguliers est très important et doit être bien révisé ; en effet, les verbes les plus utilisés (être, avoir, vouloir, faire, aller, pouvoir) sont très souvent irréguliers. Ici *ir* = *aller*. Attention *: Me voy* ---> je vais *; Veo* ---> je vois.

35 **c.** Les numéros ordinaux : *primero, segundo, tercero, cuarto, quinto, sexto*... s'accordent en genre et en nombre dans la plupart des cas. C'est donc *octava* qui s'impose ici : *la octava casa*.

36 **a.** *volver a + infinitif* exprime en espagnol la réitération, le fait de refaire quelque chose. *vuelven a posar* = posent à nouveau.

37 **b.** *como si + imparfait du subjonctif*. *como si te diera igual* = comme si cela t'était égal.

38 **a.** *dentro de* = à l'intérieur de.

39 **b.** *facilísima* est la bonne réponse. Les autres propositions ne correspondent pas au sens de la phrase. Le suffixe *ísimo/ísima* est un augmentatif.

40 **c.** *estar*, un des deux verbes être espagnols avec *ser*, sert à situer dans l'espace et le temps.

41 **b.** *a la derecha* = à droite.

42 **c.** Les pièces de la maison : *el cuarto de baño* = la salle de bain ; *el dormitorio* = la chambre à coucher ; *la cocina* = la cuisine.

43 **a.** Attention : *hoy* = aujourd'hui ; *hay* = il y a.

44 **b.** *lo* est l'article neutre espagnol. On l'utilise pour donner une valeur de substantif à un adjectif. Ici, *lo único* = la seule chose. La réponse **a**, *Él* (il), est à exclure car elle renvoie à une personne.

45 **a.** Voir QCM **19**.

46 **c.** La conjonction de coordination *sino*, utilisée après la négation *no*, s'emploie à la place de *pero* (mais) seulement si la seconde partie de la phrase vient rectifier la première partie qui est à la forme négative.

47 **b.** *cuyo(s), cuya(s)* sont des équivalents du pronom relatif « dont ». Ils s'accordent en genre et en nombre avec le nom qui les suit et excluent l'article devant ce nom. La phrase se traduit de la façon suivante : « Des Espagnols dont la patrie était un rêve. »

48 **c.** On utilise *ser* toutes les fois où il s'agit de décrire.

49 **b.** Les pronoms possessifs : *mío/a, tuyo/a, suyo/a, nuestro/a, vuestro/a, suyo/a*...
Ici, *la mía* = la mienne.

50 **a.** *va* est le verbe *ir* (aller) à la troisième personne du singulier du présent de l'indicatif. Utlisée avec *usted* (vous), la forme constitue ici une formule de politesse.

Sujet n° 4

Difficulté ✗✗✗	Durée 30 minutes

Questions

1 ¡Ten cuidado con tu velocidad! Pienso que ... sobrepasar los 50 kilómetros por hora en esta carretera.

❍ **a.** no tienes que ❍ **b.** tienes que ❍ **c.** hay

2 Me voy a la ... para comprar libros, los necesito para mis exámenes.

❍ **a.** cocina ❍ **b.** librería ❍ **c.** biblioteca

3 Claro que no puede ver la comisaría : está ... ayuntamiento. Desde aquí no se ve.

❍ **a.** detrás del ❍ **b.** delante ❍ **c.** dentro del

4 Lo siento, señora, no puede irse ... no he comprobado su identidad.

❍ **a.** así ❍ **b.** mientras ❍ **c.** al

5 ¿... son sus datos personales? ¿Puede usted aclararlos por favor?

❍ **a.** Cuántas ❍ **b.** Qué ❍ **c.** Cuáles

6 Il est 13 h 35.

❍ **a.** Son las dos menos veinticinco de la tarde.
❍ **b.** Es la una y media de la tarde.
❍ **c.** Es la una y treinta y cinco minutos.

7 Al ladrón no se le veía la cara porque llevaba un ... .

❍ **a.** pantalón ❍ **b.** pasamontañas ❍ **c.** camiseta

8 No ... lo que estás diciendo, tienes que hablar más alto.

❍ **a.** oigo ❍ **b.** entiendo ❍ **c.** comprendo

9 Lamento decírselo, pero no hemos recibido ... respuesta en cuanto a su caso. Tendrá que esperar algunos días más.

❍ **a.** cuantas ❍ **b.** unas ❍ **c.** ninguna

10 Nos dijo que era el ... policía de su unidad, el más eficaz.

❍ **a.** muy ❍ **b.** mejor ❍ **c.** menor

11 Tiene ... a permanecer callado.

❍ **a.** el derecho ❍ **b.** la derecha ❍ **c.** el directo

12 Es importante que ... lo que diga el guardia.

❍ **a.** hacer ❍ **b.** haces ❍ **c.** hagas

13 El ... no provenía de la situación creada sino de la persona afectada.

❍ **a.** problemo ❍ **b.** problema ❍ **c.** probleme

14 Toda la humanidad tiene ... en la lucha.

❍ **a.** preocupo ❍ **b.** interés ❍ **c.** desinterés

15 Durante el verano, aproveché pasar ... Barcelona ... llegar finalmente a Alicante donde vive mi familia.

❍ **a.** por/para ❍ **b.** per/por ❍ **c.** en/a

16 No sé, es que el hombre vino por detrás y me robó mi ... .

❍ **a.** zapato ❍ **b.** camiseta ❍ **c.** cartera

17 Debes permanecer aquí ... que vengan tus padres a buscarte.

❍ **a.** hasta ❍ **b.** desde ❍ **c.** hace

18 Había que comprobar sus ... para saber si decía la verdad.

❍ **a.** faltas ❍ **b.** antecedentes penales ❍ **c.** antecedentes judiciales

19 Tú no estás de acuerdo con la decisión, pues yo ... . Es efectivamente injusta.

❍ **a.** no ❍ **b.** también ❍ **c.** tampoco

20 (1975) ... fue el principio de la transición democrática en España.

❍ **a.** mil novecientos sesenta y cinco
❍ **b.** mil novecientos setenta y cinco
❍ **c.** mil nuevecientos setente y cinco

21 No me contestó por correo electrónico ... por mensaje telefónico. No tengo ninguna noticia.

❍ **a.** ni ❍ **b.** no ❍ **c.** si

22 Eso es totalmente inaceptable y un ... .

❍ **a.** error ❍ **b.** problem ❍ **c.** falta

23 ... acontecimiento pasó hace mucho tiempo, existe prescripción.

❍ **a.** Es ❍ **b.** Aquel ❍ **c.** Este

24 Le pedí que se ... pero no lo hizo.

❍ **a.** collar ❍ **b.** callar ❍ **c.** callara

25 Ya llegó a la comisaría. ... pasar al despacho del teniente.

❍ **a.** Hágale ❍ **b.** Le hace ❍ **c.** Haz

26 A ella le ... salir por la noche pero queda peligroso.

❍ **a.** encantas ❍ **b.** encanto ❍ **c.** encanta

27 Los policías ... controlando la plaza durante la manifestación.

❍ **a.** eran ❍ **b.** estaban ❍ **c.** es

28 Lo que pasó era ... grave teniendo en cuenta los hechos de la mañana.

❍ **a.** muy ❍ **b.** mucho ❍ **c.** pero

29 He aquí la obra ... me siento orgulloso.

❍ **a.** dela ❍ **b.** de ❍ **c.** de la que

30 Resulta que es la ... denuncia de robo en dos días.

❍ **a.** docena ❍ **b.** décima ❍ **c.** diez

31 «..., se irá de viaje a Alemania, por negocios me dijo.»

❍ **a.** La semana próxima ❍ **b.** Ayer ❍ **c.** Ahora

32 Reservó en ... hoteles por todo el país porque no se quedará sólo en Berlín.

❍ **a.** ningun ❍ **b.** pocos ❍ **c.** varios

33 ... malo de vivir en el centro : hay mucha inseguridad.

❍ **a.** Le ❍ **b.** Lo ❍ **c.** El

34 A los jóvenes ahora, todo ... está permitido.

❍ **a.** la ❍ **b.** elo ❍ **c.** les

35 Pero no lo entiendo señor, ¿adónde va ...?¿Puede decírmelo?

❍ **a.** tú ❍ **b.** usted ❍ **c.** vos

36 Hoy ... solo en casa, voy a aprovechar para hacer todo lo que me dé la gana.

❍ **a.** estoy ❍ **b.** soy ❍ **c.** eres

37 ... quince años que no lo vi.

❍ **a.** Hace ❍ **b.** Hay ❍ **c.** Hoy

38 ¿Te preguntó por mí?. ... porque le dije que íbamos a vernos.

❍ **a.** Uno ❍ **b.** Tampoco ❍ **c.** Quizá

39 «Después del asalto, voy ... bien, no me encuentro muy afectado. ¡Mejor para mí !»

❍ **a.** ver ❍ **b.** bastante ❍ **c.** poco

40 Esta ciudad ... insoportable por el ruido y la falta de seguridad.

❍ **a.** se está poniendo ❍ **b.** esta hecha ❍ **c.** es terrible

41 Puedes utilizar ... tipos de transporte para llegar ahí : el autobús, el metro, el taxi...

❍ **a.** alguno ❍ **b.** varias ❍ **c.** diferentes

42 Le ... si quería venir conmigo para denunciar lo que había visto. No me contestó de inmediato.

❍ **a.** pedí ❍ **b.** pregunté ❍ **c.** di

43 Los jóvenes latinoamericanos dedican (1 h 30) ... diaria a diferentes redes sociales.

❍ **a.** una hora y cuarto ❍ **b.** una hora y media ❍ **c.** una hora en punto

44 No puede ser, la cartera no me pertenece, es la ... .

❍ **a.** ti ❍ **b.** tua ❍ **c.** tuya

45 No ... lo que es, pero parece algo importante.

❍ **a.** sé ❍ **b.** sabo ❍ **c.** sepa

46 ¿... la viste? ¿Era antes de las dos de la tarde o depués?

❍ **a.** Cuál ❍ **b.** Adónde ❍ **c.** Cuándo

47 Los futbolistas de la Roja ... a favor de los más desfavorecidos.

❍ **a.** juego ❍ **b.** han jugado ❍ **c.** he jugado

48 Este sitio ... muy bonito, además ... cerca de la playa.

❍ **a.** es/está ❍ **b.** ser/estar ❍ **c.** es/es

49 ... quiso nunca decirnos la verdad.

❍ **a.** Si ❍ **b.** No ❍ **c.** Ni

50 Me pregunto siempre ... estaba escondido el ladrón en la casa. ¿En qué cuarto se encontraba?

❍ **a.** qué ❍ **b.** cuándo ❍ **c.** dónde

Corrigé

❶ **a.** *tener que + infinitif* correspond à l'obligation personnelle et se traduit par le verbe « devoir ». Ici, on choisira la forme négative de l'obligation. *No tienes que* = tu ne dois pas.

❷ **b.** Question de vocabulaire : *la librería* (la librairie) est le bon choix.

❸ **a.** Les prépositions/adverbes de lieu sont à maîtriser : ***detrás de* (derrière)**, *delante de* (devant), *al lado de* (à côté de), *a la derecha* (à droite), *a la izquierda* (à gauche), etc.

❹ **b.** *mientras* est utilisé pour exprimer la simultanéité de deux actions.

❺ **c.** Les mots interrogatifs doivent être maîtrisés : *qué* (que, quoi), *dónde* (où), *cuándo* (quand), *cuánto(s)/a(s)*(combien), *por qué* (pourquoi dans le sens de « pour quelle raison », *para qué* (pourquoi dans le sens de « dans quel but »), *quién(es)*(qui), *cuál(es)*(quel(s)/le(s))... Ici, *¿**cuáles** son (...)?* = quelles sont (...) ?

❻ **c.** L'heure s'exprime avec le verbe *ser* (être) L'espagnol divise la journée en deux fois douze heures : de 1 heure du matin à 12 heures (ou midi) et de 1 heure de l'après-midi à 12 heures (ou minuit). Attention : Il est midi (pile) : *Es mediodía* ; Il est minuit (pile) : *Es medianoche.* À « *mediodía » et « medianoche »* on ne peut en aucun cas ajouter des minutes : les expressions correspondent à des moments de la journée."

❼ **b.** Question de vocabulaire : *un pasamontañas* = une cagoule.

❽ **a.** Attention *entender* est un faux ami : il signifie « comprendre ». *Oír* signifie « entendre ».

❾ **c.** Les adjectifs indéfinis : *poco(s)/a(s), alguno(s)/a(s), ninguno(s)/a(s), bastante(s), mucho(s)/a(s), cierto(s)/a(s), tanto(s)/a(s), demasiado(s)/a(s)*... Ils fournissent des informations sur la quantité, l'intensité et l'identité du nom qu'ils déterminent. Ils s'accordent en genre et en nombre.

❿ **b.** Les comparatifs irréguliers : *mejor* (meilleur), *peor* (pire), *mayor* (majeur), *menor* (mineur).

⓫ **a.** *Tener el derecho :* Vous avez le droit.

⓬ **c.** Après *es importante que,* on utilise le mode subjonctif. Ici, le subjonctif présent du verbe hacer ---> *haga, hagas, haga, hagamos, hagáis, hagan.*

⓭ **b.** Les mots féminins en espagnol se terminent généralement par la lettre « a » et les mots masculins par la lettre « o ». ***el problema*** fait partie des exceptions.

⓮ **b.** *Tener interés :* avoir un intérêt

⓯ **a.** Les prépositions en espagnol : *a, en, de, con, desde, por, para, sin, sobre*... Ici, *por* s'utilise pour exprimer la cause, *para* le but.

⓰ **c.** Rappel de vocabulaire : *la cartera :* le portefeuille

⓱ **a.** *hasta* = jusqu'à ; *desde* = depuis.

⓲ **b.** Question de vocabulaire : *antecedentes penales* = casier judiciaire.

⓳ **c.** *tampoco* se traduit par « non plus » ; *también*, qui signifie « aussi », ne peut pas être utilisé ici.

⓴ **b.** La numérotation est à revoir et à connaître parfaitement.

㉑ **a.** La conjonction de coordination *ni* s'emploie en espagnol comme elle s'emploie en français.

㉒ **a.** *error* se traduira ici par « injustice ».

㉓ **b.** Il existe en espagnol de nombreux démonstratifs qui varient selon le locuteur et l'éloignement dans le temps et l'espace. *aquel*, qui rend compte de l'éloignement dans le temps, doit être ici choisi.

㉔ **c.** Concordance des temps : Passé simple dans la principale, imparfait du subjonctif dans la subordonnée.

㉕ **a.** *Hágale* (faites-le) est l'impératif du verbe *hacer* (faire) à la deuxième personne du pluriel (vouvoiement).

26 **c.** Le verbe *encantar* (adorer quelque chose) s'emploie ici dans le cadre d'une tournure dite affective. Il s'accorde avec le complément placé derrière. Deux terminaisons sont possibles : une au singulier, une au pluriel.

27 **b.** Il faut connaître les deux verbes « être » en espagnol : *ser* et *estar*. En effet, leur emploi n'est pas le même. Ici on utilisera *estar* devant le gérondif, cette structure correspondant à la forme progressive qui sert à décrire le déroulement d'une action (être en train de).

28 **a.** *muy* sert à intensifier un adverbe ou un adjectif. Attention, *mucho* signifie « beaucoup ».

29 **c.** *de la que*, pronom relatif, se traduit par « dont ».

30 **b.** Les numéros ordinaux : *primero, segundo, tercero, cuarto, quinto, sexto*... s'accordent en genre et en nombre dans la plupart des cas. C'est donc *décima* (dixième) qui s'impose ici : *la décima denuncia*.

31 **a.** Les marqueurs temporels : *anteayer* (avant-hier), *anoche* (hier soir), *ayer* (hier), *hoy* ('aujourd'hui), *mañana* (demain), *pasado mañana* (après-demain), *al día siguiente* (le lendemain, le jour suivant), *la semana próxima* (la semaine prochaine), etc.

32 **c.** Voir **QCM 9** sur les adjectifs indéfinis. *varios* = plusieurs.

33 **b.** *lo*, l'article neutre, est utilisé pour donner une valeur de substantif à un adjectif : *Lo malo de vivir en el centro* = Le mauvais côté de vivre en centre ville.

34 **c.** *les* est un pronom personnel complément. Ici, *Todo les está permitido* = Tout leur est permis.

35 **b.** Il s'agit du vouvoiement de politesse : *usted* (vous) + 3ᵉ personne du singulier.

36 **a.** Le verbe *estar* est ici employé pour décrire un état passager correspondant à une circonstance : *estoy* = je suis.

37 **a.** Lorsque la forme verbale « il y a » est suivie d'un élément temporel, elle est traduite en espagnol par le verbe *hacer* à la troisième personne du singulier, c'est-à-dire *hace*.

38 **c.** *Quizá* exprime la conjecture et se traduit par « peut-être ». Il existe d'autres adverbes du même type : *tal vez, acaso, a lo mejor*...

39 **b.** *bastante* = assez.

40 **a.** Le verbe *ponerse* est un équivalent de « devenir » ; ici, il rend compte d'une transformation déterminante.

41 **c.**

42 **b.** Verbes de demande : *pedir* (demander ou ordonner), *preguntar* (demander dans le sens de « poser une question »). Le choix doit se porter ici sur *preguntar*, conjugué au passé simple. Attention, *di* est le verbe *dar* à la 1ʳᵉ personne du passé simple (j'ai donné).

43 **b.** Expression de l'heure

44 **c.** Les pronoms possessifs : *mío/a, tuyo/a, suyo/a, nuestro/a, vuestro/a, suyo/a*...
la tuya = la tienne.

45 **a.** Présent de l'indicatif des verbes irréguliers : *saber* (savoir) ---> *sé* (je sais).

46 **c.** *Cuándo* = quand.

47 **b.** Passé composé en espagnol.

48 **a.** Différents emplois de *ser* et *estar* : *ser* pour décrire ; *estar* pour situer, ici, dans l'espace.

49 **b.** La négation en espagnol : *no + verbe*. Ici, *no* est combiné à *nunca* (jamais), un autre terme négatif, placé cette fois derrière le verbe.

50 **c.** *Dónde* : où

PARTIE 5

Compréhension de textes

DURÉE
40
minutes

Méthodologie et conseils

1. Libellé de l'épreuve

Cette épreuve consiste à répondre à des affirmations sur 15 textes. Vous aurez le choix entre trois possibilités : vrai, faux, impossible à dire.

Vous aurez donc à vérifier 90 affirmations en 40 minutes.

Cette épreuve a pour objectif d'évaluer la capacité de lecture et de compréhension rapides des candidats.

Durée de l'épreuve : 40 minutes.

2. L'épreuve

A. Les sujets

Ils seront variés et de tous ordres, très souvent pris dans les faits divers de la presse quotidienne, nationale ou régionale. Vous pourrez ainsi trouver des événements lies à :

- la circulation routière ;
- des secours lors d'accidents dus à un incendie, une fuite de gaz, une noyade, une chute, une avalanche, etc. ;
- des vols de voitures, de matériaux, etc. ;
- des actes violents comme braquages de banques, de commerces, de transports de fonds, etc.
- des faits divers impliquant des particuliers : tapages nocturnes, altercations, agression, etc. ;
- des opérations de maintien de l'ordre, etc. ;
- des recherches d'individus portés disparus, en cavale, des enfants perdus ou kidnappés, etc. ;
- des catastrophes naturelles : inondations, tempêtes, glissements de terrain, secousses sismiques, etc.

Ces textes courts (une dizaine de lignes) seront donc en relation avec une actualité tout à fait contemporaine, dont vous aurez eu plus ou moins connaissance lors de vos lectures de la presse.

B. Méthode

C'est une **épreuve de lecture rapide et de compréhension** qui demande avant tout de la concentration et de l'entraînement.

Lisez d'abord le texte proposé **en entier** sans chercher à le retenir. Ayez-en une rapide vue d'ensemble.

Vous déterminerez ainsi plus facilement le thème abordé et le type d'informations données.

Ne cherchez pas à confronter tout de suite le texte à la série de phrases que vous devez identifier comme vraies, fausses ou impossible à dire... ce serait beaucoup trop long et... risqué. Cela vous obligerait à un va-et-vient peu efficace entre le texte et les affirmations sans avoir pris connaissance de l'ensemble. Vous n'avez que 40 minutes pour faire ce travail. Cela passe très vite et il ne faut pas paniquer !

Lire rapidement un texte vous permet de stocker plus facilement des informations. Lire lentement n'est pas forcément une aide à la compréhension parce que cela ralentit les relations établies entre chaque phrase et la prise d'informations en général.

Les phrases ne doivent pas être lues isolément.

Elles forment un tout, c'est-à-dire un paragraphe qui a une unité de pensée. Vous devez être concentré.

Vous avez lu, vous avez compris les informations proposées, vous les avez encore en mémoire : maintenant prenez connaissance des 6 propositions.

Si vous êtes d'emblée sûr de pouvoir répondre, alors faites-le et faites ainsi confiance à votre mémoire immédiate. Sinon, reportez-vous au texte et cherchez très rapidement le passage concerné. Confrontez-le alors soigneusement à la proposition.

Vous avez la possibilité de faire une rapide recherche dans le texte, mais cela suppose que vous situiez vite le passage concerné, afin de ne pas perdre trop de temps. Lisez alors en diagonale.

Soyez très attentif à la formulation des phrases qui vous sont données, chaque mot compte. Parfois l'information peut sembler juste dans son ensemble, mais l'emploi d'un terme plutôt qu'un autre fera qu'elle devient fausse ou impossible à dire!

Exemple : il y a une nuance entre des personnes « portées disparues » et des personnes « décédées ». Dans le premier cas, on peut les retrouver vivantes et éventuellement blessées.

Autre exemple : un raz-de-marée n'est pas une tornade, un tremblement de terre n'est pas un glissement de terrain, etc.

Une **solide connaissance en vocabulaire** est nécessaire. Ne négligez pas cet aspect de l'épreuve.

Faites attention à **l'exactitude des chiffres** dans les propositions de choix. Mais là, la discrimination visuelle est un peu plus aisée, les chiffres se distinguent facilement dans un texte.

Ne restez **pas bloqué** sur un texte, s'il vous semble plus difficile que les autres. Passez au suivant, vous aurez peut-être le temps d'y revenir.

Entraînez-vous avant l'épreuve, vous devez connaître votre vitesse de réponses... justes ! Mettez-vous dans les conditions de l'épreuve avec un chronomètre, et analysez le résultat.

Sujets inédits corrigés

Sujet n° 1

Difficulté ✗✗✗	Durée 45 minutes à 1 heure

Durée de chaque exercice : 3 à 4 minutes.

Consigne pour ce sujet

Répondez aux questions suivantes en cochant soit **a.** pour « vrai », soit **b.** pour « faux », soit enfin **c.** « ID » pour impossible à dire.

Texte n° 1

La presse quotidienne est pratiquement unanime à célébrer l'hommage national rendu vendredi aux 130 victimes des attentats du 13 novembre, symboles de la « génération Bataclan », qui suscite une « ferveur inédite », marquée notamment par une floraison de drapeaux tricolores. Deux semaines après les tueries de Paris et de Saint-Denis, la France rend en effet un hommage « national et solennel », présidé par François Hollande, vendredi, aux Invalides, aux 130 morts et quelque 350 blessés dénombrés lors de ces attaques djihadistes.

« Touchée au premier chef, la "génération Bataclan"... reste debout », affirme Laurent Joffrin dans *Libération*. « La société retrouve le sens de la communion, l'instinct de la solidarité, la volonté de rester ferme sur ses valeurs », écrit aussi *Libé*

[...]

« Pour cette génération Bataclan, il est hors de question de ne point être au rendez-vous », abonde Philippe Marcacci de *L'Est républicain*. « Ce serait faire injure à cette jeunesse prise pour cible et fauchée sur l'autel de la barbarie », explique l'éditorialiste. Plus sceptique, Patrick Apel-Muller dans *L'Humanité* remarque que « l'appel aux Français à pavoiser leurs habitations [...] suscite des sentiments mitigés », car « l'injonction rappelle des images des États-Unis, et certains estiment qu'il n'y a qu'un pas du patriotisme au Patriot Act ».

[...]

Le Point, 27 novembre 2015.

Questions

❶ L'hommage a eu lieu trois semaines après les attentats.

❍ **a.** vrai ❍ **b.** faux ❍ **c.** ID

❷ **Tous les habitants de la capitale ont accroché le drapeau français aux fenêtres.**

❍ **a.** vrai ❍ **b.** faux ❍ **c.** ID

❸ **C'est Manuel Valls, Premier ministre, qui a présidé la cérémonie.**

❍ **a.** vrai ❍ **b.** faux ❍ **c.** ID

❹ **Laurent Joffrin a écrit un article sur ce sujet dans le journal *Libération*.**

❍ **a.** vrai ❍ **b.** faux ❍ **c.** ID

❺ **On appelle désormais les victimes la « génération Bataclan ».**

❍ **a.** vrai ❍ **b.** faux ❍ **c.** ID

❻ **La presse a presque été unanime à célébrer l'hommage national rendu aux victimes des attentats du 13 novembre.**

❍ **a.** vrai ❍ **b.** faux ❍ **c.** ID

Texte n° 2

La course-poursuite avec hélicoptère dans le Hainaut-Cambrésis s'est terminée sur une interpellation.

Un important dispositif de sécurité s'est mis en place vers 15 h 30 ce mardi, de la frontière belge, à Quiévrechain et jusqu'à Iwuy dans le Cambrésis. Une course-poursuite, avec renfort d'hélicoptère et le déclenchement du plan Épervier, s'était engagée pour intercepter un véhicule qui avait forcé un barrage à 170 km/h au péage d'Hordain.

Le scénario s'est éclairci en fin d'après-midi ce mardi. Selon nos informations, tout aurait en fait commencé sur l'A1, puis l'A2, dans le sens Paris-Bruxelles. Après qu'un automobiliste a signalé une voiture suspecte sur l'autoroute, avec trois hommes à bord. Dont un ressemblant à Salah Abdeslam, recherché dans le cadre de l'enquête sur les attentats de Paris. Dès lors, les policiers se seraient engagés à la poursuite de cette Citroën Xsara, de couleur verte, sur l'A2.

La voiture est alors sortie vers Crespin et Quiévrechain, soit quelques kilomètres avant la frontière belge. Là, les forces de l'ordre ont perdu la trace de la Xsara. Un important dispositif policier a été mis sur pied pour retrouver la voiture. Plusieurs témoins nous ont alors confirmé le survol d'un hélicoptère au-dessus de ces communes, ainsi que la présence de forces de l'ordre, cagoulées et armées.

[…]

C'est que la voiture avait fait demi-tour et repris l'autoroute A2, avant d'être flashée au niveau de la sortie vers Bouchain (Denaisis). Outre l'hélicoptère, de très nombreux policiers et gendarmes du Valenciennois et du Cambrésis s'étaient déployés, armés, aux entrées et sorties de l'autoroute, et sur les ponts enjambant l'A2, comme à Douchy-les-Mines (Denaisis), Trith-Saint-Léger (Valenciennois). Mais aussi près de la zone du val de Calvigny (Cambrésis), où des contrôles routiers ont été menés.

Finalement à 17 heures, le véhicule suspect a été intercepté à Roye par le peloton de surveillance et d'intervention de la gendarmerie dans la Somme. Il n'y avait plus qu'un seul homme à bord du véhicule. Et cet homme n'est pas Salah Abdeslam.

[…]

Ce vent de panique a bien soufflé aussi en Belgique. Face à l'afflux de messages inquiets sur les réseaux sociaux, nos confrères de *La Province* ont interviewé le bourgmestre d'Hensies, Éric Thiébaut, président de la zone police. Ce dernier a alors rassuré la population de la région de Quiévrain-Thulin, démentant que le véhicule pourchassé avait franchi la frontière.

– *La Voix du Nord*, 17 novembre 2015.

Questions

❶ La course poursuite a eu lieu dans le sens Bruxelles-Paris.

❍ **a.** vrai ❍ **b.** faux ❍ **c.** ID

❷ Un hélicoptère de la gendarmerie a survolé l'autoroute.

❍ **a.** vrai ❍ **b.** faux ❍ **c.** ID

❸ Un des hommes dans la voiture ressemblait à Salah Abdeslam.

❍ **a.** vrai ❍ **b.** faux ❍ **c.** ID

❹ Cet homme est recherché dans l'enquête sur les attentats de Paris.

❍ **a.** vrai ❍ **b.** faux ❍ **c.** ID

❺ La voiture qui a fait l'objet d'une course poursuite est une Citroën Sara.

❍ **a.** vrai ❍ **b.** faux ❍ **c.** ID

❻ Le véhicule a forcé un barrage au péage d'Hordain.

❍ **a.** vrai ❍ **b.** faux ❍ **c.** ID

Texte n° 3

Légitime défense justifiée par « une crise sans précédent », ou escalade dans le surarmement ? À la suite des attentats survenus à Paris et du plan d'urgence décrété par François Hollande, qui prévoit notamment la mobilisation de milliers de policiers, des syndicats ont demandé que les policiers soient armés de manière plus systématique et règlementaire, notamment lors de leurs jours de repos.

« Toutes les mesures doivent être prises pour garantir la sécurité de nos collègues et maintenir leur possibilité d'intervention, y compris dans les moments où ils ne sont pas en service, par le port permanent de leur arme (de service) individuelle », demande ainsi l'Unsa-police, troisième syndicat de gardiens de la paix, dans un communiqué. Des mesures justifiées par le fait que « la France est dans une crise sans précédent ».

L'armement des policiers en débat

De son côté, le SCPN, syndicat majoritaire chez les commissaires de police, réclame lui « l'aménagement, pour ceux de nos collègues qui le souhaitent, de la possibilité réglementaire d'être porteurs de leur arme de service en tout temps et en tous lieux », qui « doit se concrétiser très rapidement ». Le syndicat s'appuie notamment sur l'exemple de ce commissaire de police de l'Eure, qui se trouvait au Bataclan vendredi soir au moment de l'attentat, qui a été gravement blessé par les tirs des assaillants. Il ajoute qu'un gardien de la paix parisien hors service, se trouvant à la terrasse d'un café ciblé par une attaque, a été tué.

Patrice Ribeiro, secrétaire général de Synergie (second syndicat d'officiers), a déclaré pour sa part que les « policiers volontaires doivent pouvoir être armés » quand ils sont hors service. Il cite en référence l'attaque déjouée dans le Thalys, en août, et argue que « pour empêcher les meurtres de masse, il faut être en mesure de neutraliser dans les premières minutes les terroristes ». Les policiers en repos doivent en théorie laisser leur arme dans leur service ou chez eux, mais cette pratique fluctue en fonction des spécialités.

Métro news, 15 novembre 2015

Questions

1 Manuel Valls a décrété un plan d'urgence à la suite des attentats survenus à Paris.

❍ **a.** vrai ❍ **b.** faux ❍ **c.** ID

2 Tous les syndicats de policiers ont demandé l'armement systématique des policiers lors de leurs jours de repos.

❍ **a.** vrai ❍ **b.** faux ❍ **c.** ID

3 Un commissaire de police a été tué au Bataclan.

❍ **a.** vrai ❍ **b.** faux ❍ **c.** ID

4 Le syndicat SCPN est majoritaire chez les commissaires de police.

❍ **a.** vrai ❍ **b.** faux ❍ **c.** ID

5 Il y a eu une attaque déjouée dans le train Thalys en septembre 2015.

❍ **a.** vrai ❍ **b.** faux ❍ **c.** ID

6 La règle est que tous les policiers doivent déposer leur arme dans leur service.

❍ **a.** vrai ❍ **b.** faux ❍ **c.** ID

Texte n° 4

L'armement des policiers est revenu dans le débat à la suite des attentats de janvier et du risque terroriste. Tout comme celui de la légitime défense, un autre sujet sensible, sur lequel le ministre de l'Intérieur a promis récemment. « Le soir de Noël a été calme. Pourvu que la nuit de la Saint-Sylvestre se déroule sans incidents ! » Au ministère de l'Intérieur, Bernard Cazeneuve met la dernière main au dispositif de surveillance du réveillon du 31 décembre. Des dizaines de policiers et de gendarmes ont été invités à renoncer à déposer un congé, en cette fin d'année, pour pouvoir sécuriser un maximum de lieux. Le cauchemar des attentats du 13 novembre est dans toutes les têtes.

« Ce n'est pas une fête de l'an neuf comme les autres », assure-t-on à la préfecture de police de Paris, où 80 % des agents seront sur le pont. « J'ai clairement indiqué à la mairie de Paris que le risque était élevé dans la période que nous traversons », a confié le préfet Cadot, qui a la responsabilité de l'ensemble des forces de l'ordre dans la région Île-de-France.

À Beauvau, on ne fait pas état d'une menace précise, à cette heure, mais le ministre a diffusé à l'ensemble de ses troupes des consignes claires. Elles ont pris la forme de plusieurs notes et télégrammes égrainés ces derniers jours. Les autorités entendent visiblement tirer les enseignements des récentes attaques des terroristes islamistes en France, qui sont autant d'échecs pour le système de sécurité nationale.

Dans l'une de ces notes, en date du 21 décembre, le directeur général de la Police nationale éclaire la « conduite à tenir en cas de tuerie de masse ». Il y est indiqué qu'« en rupture avec des pratiques mises en œuvre jusque-là au sein de la Police nationale », il est désormais préconisé « une action des primo-intervenants sans attendre l'arrivée des policiers spécialistes de l'intervention. » « Il s'agit, en effet, ajoute ce préfet, de sauver des vies en déstabilisant le schéma d'action des agresseurs par l'action des policiers. » Au Bataclan, on s'en souvient, le 13 novembre, deux policiers de la BAC, arrivés les premiers, ont tué l'un des assaillants. Sans leur intervention exemplaire, il y aurait eu davantage de victimes.

L'armée en renfort

« Il y aura plus de policiers et de gendarmes sur le terrain au soir du 31 qu'à Noël, d'autant que l'armée vient en renfort », assure le patron de l'Unsa-police. Comme le 24 décembre, les autorités vont privilégier les « patrouilles dynamiques ». En clair, des équipes mobiles de fonctionnaires et de militaires, chargés d'opérer des rondes et des contrôles aléatoires dans des lieux d'affluence, mais aussi autour des sites sensibles. Rien qu'à Paris la police s'attend à devoir gérer un flux de plus de 600 000 personnes en une seule soirée sur les Champs-Élysées.

À la tête du syndicat de police Synergie-officiers, Patrice Ribeiro met en garde : « Il ne faut pas se focaliser sur des dates butoir, car la menace terroriste va s'installer dans la durée. » Lui insiste sur l'« effet d'usure » qui guette dans les unités, à mesure que les missions s'accumulent, entre la gestion des risques et l'encadrement des grands événements. Et de citer, pêle-mêle, « la crise des migrants, le plan alerte attentat, Notre-Dame-des-Landes, la COP21... ». Sans oublier le show permanent des délégations diplomatiques à Paris et la sécurité renforcée des autorités, de François Hollande à ses ministres. Le 31 décembre n'a pas commencé que la police se projette déjà dans la sécurisation de l'Euro 2016 ou la nouvelle crise migratoire prévue au printemps. Avec des promesses en termes de moyens et déjà des retards prévisibles dans leur allocation. En France, la sécurité vit trop souvent d'effets d'annonce.

Le Figaro, 30 décembre 2015

Questions

❶ 80 % des policiers et des gendarmes ont renoncé à leurs congés pendant les fêtes de fin d'année.

❍ **a.** vrai ❍ **b.** faux ❍ **c.** ID

❷ C'est la mairie de Paris qui a la responsabilité des forces de l'ordre.

❍ **a.** vrai ❍ **b.** faux ❍ **c.** ID

❸ Bernard Cazeneuve est préfet de police.

❍ **a.** vrai ❍ **b.** faux ❍ **c.** ID

❹ La soirée de Noël a été calme.

❍ **a.** vrai ❍ **b.** faux ❍ **c.** ID

❺ C'est le ministre de l'Intérieur qui a envoyé des consignes.

❍ **a.** vrai ❍ **b.** faux ❍ **c.** ID

❻ Le système de sécurité nationale n'a pas été suffisamment performant.

❍ **a.** vrai ❍ **b.** faux ❍ **c.** ID

Texte n° 5

Le 2 juillet 2012, un conducteur de 19 ans avait tué un jeune à scooter sur la 6009. Le chauffard avait alors poursuivi sa route. Il comparaissait vendredi devant le tribunal à Perpignan. Il a écopé de trois ans de prison, dont un avec sursis.

Que s'est-il passé dans la tête de Kevin ? Pourquoi ce conducteur de 19 ans a-t-il poursuivi sa route alors qu'il venait de percuter un scooter sur la départementale 6009 dans la nuit du 2 juillet 2012 ? Comment expliquer qu'il ait délibérément abandonné sa voiture sous des arbres en pleine nature avant de retourner chez lui à pied ? Un comportement d'autant plus choquant que Yoan, 21 ans, a perdu la vie dans ce terrible accident. Alors vendredi à la barre, pour la première fois, Kevin s'est expliqué devant les proches de la victime.

« J'avais passé la soirée chez des amis, puis nous sommes allés en discothèque à Port-La Nouvelle », raconte-t-il, à peine audible. Kevin consommera alcool et cannabis, même si cela ne sera pas retenu comme circonstance aggravante. « Au retour, j'ai raccompagné une copine à Roquefort, puis je suis rentré vers Sigean. » La collision se produira en descente, dans un virage.

« J'ai paniqué. J'ai vu le scooter au moment où j'ai commencé à mordre la ligne blanche. Je n'ai pas eu le temps de freiner. » L'enquête démontrera en effet que c'est bien la Volkswagen de Kevin qui s'est déportée sur la voie opposée. Plus encore, l'intéressé avoue qu'il roulait à ce moment-là à 100 km/h dans cette portion limitée à 50… et qu'il avait mis sa voiture au point mort. « Pour économiser du carburant. C'est une ânerie, mais, à l'époque, j'avais l'habitude de faire comme ça. » Avec ce que cela implique en termes de perte de contrôle. « Au moment de l'accident, tout s'est déroulé très vite. Je n'ai pas vu ce qui s'est passé. Je me suis arrêté, j'ai regardé derrière, j'ai paniqué. » Kevin reprend alors la route… sans même sortir de son véhicule.

[…]

Mais Kevin, à cet instant, ne songe qu'à rouler. Sans éclairage, et avec un pare-brise explosé. « Je passais la tête par la portière pour voir quelque chose. Tout ce que je voulais, c'était m'éloigner le plus possible du lieu de l'accident. » Il laissera sa Volkswagen dans un bois proche de Sigean. « Elle s'est arrêtée d'elle-même. » […]

Après une fin de nuit et une matinée à gamberger, Kevin se rend au travail. Déterminé, dit-il, à se présenter à la gendarmerie à la fin de son service. Sa décision était-elle vraiment prise ou a-t-elle été encouragée par son père, comme le pense le procureur Laurent Dagues ? Le tribunal a dû trancher.

Trois ans de prison, dont un avec sursis.

Le Midi libre, 30 janvier 2016.

Questions

1 L'accident a eu lieu la nuit.

❍ a. vrai ❍ b. faux ❍ c. ID

2 Le motard roulait à une vitesse réglementaire.

❍ a. vrai ❍ b. faux ❍ c. ID

3 Kevin s'est déporté sur la voie opposée.

❍ a. vrai ❍ b. faux ❍ c. ID

4 Le motard accidenté avait 21 ans.

❍ a. vrai ❍ b. faux ❍ c. ID

5 Kevin a caché sa voiture dans un village voisin.

❍ a. vrai ❍ b. faux ❍ c. ID

6 Kevin a écopé de trois ans de prison, dont un avec sursis.

❍ a. vrai ❍ b. faux ❍ c. ID

Texte n° 6

Dans une interview à paraître mercredi dans *Le Parisien-Aujourd'hui en France*, Bernard Cazeneuve a annoncé : « Le nombre d'accidents corporels a baissé de 3,6 %, mais la mortalité est en hausse de 2,4 %, avec 3 464 personnes tuées. » Radars embarqués, limitation de vitesse à 80 km/h, zéro alcool pour les conducteurs novices... plus de 80 mesures annoncées en un an et rien n'y fait. Les chiffres de la mortalité routière en 2015, dévoilés mardi soir par le ministre de l'Intérieur, ont poursuivi leur hausse.

L'époque où la tendance évoluait à la baisse semble lointaine. Pour la première fois en trente-cinq ans, la mortalité sur les routes françaises augmente deux années de suite. En 2014, après douze années de baisse, la Sécurité routière avait déjà enregistré une hausse de 3,5 %, soit 3 384 morts, par rapport à 2013…

[…]

Rien de surprenant pour les spécialistes, qui ont noté une augmentation des bilans mensuels publiés par la Sécurité routière.

[…]

Et, en la matière, les mesures prises ont été prolifiques en 2015 avec, entre autres, l'abaissement de 0,5 à 0,2 g/l du taux légal d'alcoolémie pour les conducteurs novices, la possibilité pour les maires d'abaisser la vitesse sur tout ou partie de leur agglomération à 30 km/h, la modernisation du parc de 4 200 radars ou encore l'interdiction du port de l'oreillette au volant. L'État avait également lancé l'expérimentation sur trois tronçons de l'abaissement de 90 à 80 km/h de la vitesse autorisée et les tests salivaires dans 11 départements pour dépister et lutter contre l'usage de stupéfiants.

[…]

Le Point, 26 janvier 2016.

Questions

1 Plus de 80 mesures ont été prises en un an pour la sécurité routière.

❍ **a.** vrai ❍ **b.** faux ❍ **c.** ID

2 C'est la mortalité qui baisse et non le nombre d'accidents.

❍ **a.** vrai ❍ **b.** faux ❍ **c.** ID

3 Bernard Cazeneuve prépare de nouvelles mesures de sécurité routière.

❍ **a.** vrai ❍ **b.** faux ❍ **c.** ID

4 Une nouvelle campagne de sensibilisation va être lancée.

❍ **a.** vrai ❍ **b.** faux ❍ **c.** ID

5 Les services de la Sécurité routière publient des bilans trimestriels.

❍ **a.** vrai ❍ **b.** faux ❍ **c.** ID

6 L'État avait lancé des mesures expérimentales.

❍ **a.** vrai ❍ **b.** faux ❍ **c.** ID

Texte n° 7

Discrets et anonymes, les hommes en noir du Raid (Recherche assistance intervention dissuasion) et de la BRI (Brigade de recherche et d'intervention) sont sur le devant de la scène depuis vendredi dernier. Ces policiers d'élite ont mené l'assaut dans le Bataclan pour neutraliser les deux derniers terroristes, après que l'un d'eux a été abattu par un policier de la BAC. Ils ont également été au cœur de l'opération à Saint-Denis mercredi, essuyant des tirs nourris durant près de sept heures.

L'an dernier, lors des attentats à Paris, le Raid mais aussi la BRI et le GIGN (Groupement d'intervention de la Gendarmerie nationale) étaient intervenus ensemble à Vincennes et à Dammartin-en-Goële, en Seine-et-Marne, pour maîtriser Amedy Coulibaly et les frères Kouachi.

Quelles sont leurs missions, quels sont leurs différents rôles ?

[...]

Le Raid, groupement d'intervention policière

Composé d'environ 200 agents divisés en groupes d'intervention spécialisés, le Raid a pour mission de lutter contre le grand banditisme et le terrorisme. Il a mené de nombreuses opérations spectaculaires depuis sa création en 1985, de la prise d'otage avec « Human Bomb » en 1993 à Neuilly-sur-Seine au siège de l'appartement de Mohamed Merah en 2012.

Le Raid intervient généralement en « zone police », c'est-à-dire en milieu urbain, tandis que le GIGN est sollicité en « zone gendarmerie », qui correspond plus souvent à des secteurs ruraux. Le GIGN peut aussi être appelé à l'étranger, comme lors de la prise d'otages d'un bus scolaire par des militants indépendantistes à Djibouti, en 1976, qui s'était soldé par la mort des quatre terroristes.

Le GIGN, force militaire

Les 359 hommes et les 21 femmes qui composent les équipes du GIGN sont recrutés parmi les forces vives de la gendarmerie, après une batterie de tests intensifs. Ils suivent ensuite une formation de neuf mois, pendant lesquels « ils apprennent le respect de la vie », explique Christian Prouteau, le fondateur de cette unité, à BFMTV.com, qui préfère sans hésitation « la reddition d'un preneur d'otages à l'intervention armée ».

La BRI, unité d'enquête et d'intervention

Contrairement aux autres unités d'élite, les policiers de la Brigade de recherche et d'intervention, au nombre d'une cinquantaine, ont en plus la compétence pour participer activement au travail d'enquête. Communément appelée « l'antigang », la BRI cumule ainsi les fonctions de police judiciaire – surveillance, filature, collecte de preuves – et les interventions spéciales, principalement à Paris.

BFMTV.com, 19 novembre 2015.

Questions

1 Deux unités d'élite ont mené l'assaut au Bataclan.

❍ **a.** vrai ❍ **b.** faux ❍ **c.** ID

2 Le GIGN intervient plutôt en zone rurale.

❍ **a.** vrai ❍ **b.** faux ❍ **c.** ID

3 Toutes les unités d'élite sont mixtes.

❍ **a.** vrai ❍ **b.** faux ❍ **c.** ID

4 Elles participent toutes au travail d'enquête.

❍ **a.** vrai ❍ **b.** faux ❍ **c.** ID

5 Les interventions à l'étranger relèvent des compétences de la BRI.

❍ **a.** vrai ❍ **b.** faux ❍ **c.** ID

6 Chaque unité de la BRI est composée de 200 hommes.

❍ **a.** vrai ❍ **b.** faux ❍ **c.** ID

Texte n° 8

La 8e enquête annuelle dite de « victimation » est rendue publique ce mardi 9 décembre. Celle-ci consiste à interroger les ménages sur les faits de délinquance dont ils disent avoir été victimes, et qui ne sont pas toujours suivis de plainte. Selon ses instigateurs, à savoir l'Observatoire national de la délinquance et des réponses pénales (ONDRP), et l'Insee, le rapport reflète exactement l'insécurité ressentie, ou non, par la population.

Premier enseignement de l'enquête : la « hausse significative » des vols et tentatives avec violence ou menaces. Quelque 360 000 Français disent en avoir été victimes en 2014, contre 270 000 en 2012, soit une augmentation de 33 %. Principales cibles des malfaiteurs, selon ce que les personnes interrogées ont déclaré : les femmes de moins de 30 ans, victimes de vols violents à l'arraché pour leur téléphone portable ou leur sac à main.

Les vols de vélos en hausse

Autre hausse qui n'a pas encore trouvé son explication, celle des vols de vélos : 400 000 en 2014, contre 300 000 en 2012.

En revanche, on note une « stabilisation » des atteintes aux biens – 7,1 millions – comprenant notamment les cambriolages, qui, selon l'enquête de l'année dernière, avaient explosé.

600 000 cambriolages de résidences principales ont été déclarés – 1 600 par jour – lors de cette enquête, un niveau toujours « élevé » selon l'ONDRP, qui pense cependant que « la tendance s'est inversée ». Le gouvernement a récemment annoncé, en s'en félicitant, une baisse de 4,3 %.

Les violences, « pour la quatrième année consécutive », sont « stables », observe encore l'ONDRP : autour de 2 millions, selon ce que déclarent les Français. « Stabilité » aussi des violences physiques et sexuelles, avec près de 2 millions de victimes âgées de plus de 18 ans.

Pas de forte dégradation de la délinquance

Corollaire de ces chiffres jugés dans l'ensemble « plutôt stables », le sentiment d'insécurité n'a pas varié contrairement aux autres années : quelque 17 % des Français interrogés disent l'être chez eux en 2014, pas plus que l'année précédente. Et ils sont un peu plus de 21 % à le ressentir dans leur quartier, en baisse de 1 % par rapport à 2013.

Ces chiffres font dire à l'ONDRP que « toute personne ayant la perception d'une forte dégradation [de la délinquance] à l'échelle de la France est contredit » par les résultats de cette enquête, qui tranche avec les statistiques officielles.

Ces conclusions reposent sur une enquête menée sur plus de 15 000 personnes, âgées de 14 ans et plus, interrogées en 2014.

L'OBS avec l'AFP, 9 décembre 2014.

Questions

1 L'augmentation des vols et tentatives avec violence est en hausse de 33 % en deux ans.

❍ **a.** vrai ❍ **b.** faux ❍ **c.** ID

2 Le nombre de vélos volés a triplé en deux ans.

❍ **a.** vrai ❍ **b.** faux ❍ **c.** ID

3 Les cambriolages de résidences secondaires ont baissé.

❍ **a.** vrai ❍ **b.** faux ❍ **c.** ID

4 Il s'agit de la 8e enquête de « victimation ».

❍ **a.** vrai ❍ **b.** faux ❍ **c.** ID

5 Deux organismes officiels sont à l'origine de cette enquête.

❍ **a.** vrai ❍ **b.** faux ❍ **c.** ID

6 Les faits de délinquance recensés ne sont pas suivis de plainte dans 80 % des cas.

❍ **a.** vrai ❍ **b.** faux ❍ **c.** ID

Texte n° 9

Près de quatre ans après la disparition du petit Mathis, à Caen, s'est ouvert, lundi 1er juin, le procès de son père, jugé pour enlèvement et séquestration de mineur. Dans la salle d'audience de la cour d'assises du Calvados, la mère de l'enfant, Nathalie Barré, ainsi qu'une dizaine de ses proches et les parents de l'accusé, attendent de Sylvain Jouanneau, 41 ans, qu'il dise où se trouve Mathis, et s'il est toujours vivant.

[...]

Le 2 septembre 2011, M. Jouanneau est allé chercher son fils de 8 ans à l'école, conformément à son droit d'hébergement. Mais l'homme, qui a effectué plusieurs séjours en hôpital psychiatrique par le passé, ne l'a pas ramené à sa mère le dimanche, comme il aurait dû le faire.

Le mercredi suivant, le camping-car de l'accusé est retrouvé à Villers-Bocage, à 35 kilomètres de Caen, avec son passeport. Le lendemain, le 10 septembre, c'est sa Peugeot 206 break qui est découverte à 5 kilomètres de Bayonne. Aucune trace de sang n'est mise en évidence dans les véhicules.

[…]

Ce maçon, dont le casier judiciaire est vierge, a été arrêté le 9 décembre 2011 près d'Avignon.

[…]

Sylvain Jouanneau a dit, durant l'enquête, avoir confié Mathis à des personnes dont il affirme ne pas vouloir trahir la confiance en disant où se trouve l'enfant. Selon une source judiciaire, M. Jouanneau a écrit en 2011 que Mathis était *« en sécurité »* avec des personnes en lesquelles il disait avoir *« toute confiance »*, et que « [ses] *frères musulmans* » prendraient en charge l'avenir de Mathis s'il devait arriver quelque chose à son père.

[…]

Il risque une peine de trente ans de prison. Son procès doit durer quatre jours, mais il n'est pas exclu qu'il se prolonge jusqu'à vendredi. Par ailleurs, une information judiciaire distincte, ouverte contre X pour meurtre en avril 2013, est toujours en cours. Car malgré les nombreuses recherches en France comme à l'étranger, y compris dans les milieux sectaires, Mathis reste introuvable.

Le Monde, 1er juin 2015.

COMPRÉHENSION DE TEXTES

Questions

1 Le procès s'est ouvert le 1er juin 2014.

❍ **a.** vrai ❍ **b.** faux ❍ **c.** ID

2 L'enfant enlevé est toujours vivant.

❍ **a.** vrai ❍ **b.** faux ❍ **c.** ID

3 Le père de l'enfant est électricien.

❍ **a.** vrai ❍ **b.** faux ❍ **c.** ID

4 Le père risque une peine de prison de trente ans.

❍ **a.** vrai ❍ **b.** faux ❍ **c.** ID

5 Le père a été arrêté le 9 novembre 2011.

❍ **a.** vrai ❍ **b.** faux ❍ **c.** ID

6 Cela fait quatre ans que l'enfant a disparu.

❍ **a.** vrai ❍ **b.** faux ❍ **c.** ID

Texte n° 10

Prostré sur sa chaise, les yeux baissés, le jeune homme respire le mal-être. « Je suis timide », s'excuse-t-il. Timide ? Le président du tribunal correctionnel et le procureur de la République de Bobigny ont peine à le croire et le lui font savoir.

« Sur Facebook, vous n'aviez rien de timide », lance le ministère public. Pendant trois ans, de 2012 à 2015, ce garçon longiligne aux lunettes trop grandes pour lui a harcelé nuit et jour, via le réseau social Facebook, une de ses anciennes camarades de classe de maternelle de Noisy-le-Grand, âgée comme lui de 30 ans. [...]

Il a utilisé seize fausses identités.

Un amour qui se transforme en calvaire pour la jeune femme. Pour mettre fin à ce cauchemar qui hante ses nuits, la jeune femme bloque le compte Facebook de son interlocuteur. Mais son bourreau se cache derrière différentes identités. « En trois ans, vous avez utilisé 16 pseudos. Pourquoi dissimuler votre identité si vous êtes amoureux ? », questionne le président. « La timidité... », continue le prévenu dans un murmure. [...]

Excédé par le comportement « larmoyant et plaintif » du jeune homme, le procureur de la République requiert à son encontre dix-huit mois de prison avec sursis et mise à l'épreuve après avoir asséné : « Ce harcèlement a duré trois ans, avec une déferlante de messages. Ce n'est pas d'amour qu'il s'agit. »

Jeudi soir, le jeune homme, dont le casier était jusque-là vierge, a été condamné à un an de prison avec sursis et mise à l'épreuve de deux ans. Il a l'obligation de se soigner et ne peut en aucun cas entrer en contact avec la victime ou sa famille.

Le Parisien, 29 janvier 2016.

Questions

1 Le harcèlement a duré 3 ans et demi.

❍ **a.** vrai ❍ **b.** faux ❍ **c.** ID

2 Le jeune homme harcelait une ancienne camarade de l'école primaire.

❍ **a.** vrai ❍ **b.** faux ❍ **c.** ID

3 Ils ont tous les deux le même âge.

❍ **a.** vrai ❍ **b.** faux ❍ **c.** ID

4 Le casier judiciaire du jeune homme n'était pas vierge.

❍ **a.** vrai ❍ **b.** faux ❍ **c.** ID

5 L'accusé doit suivre un traitement en hôpital psychiatrique.

❍ **a.** vrai ❍ **b.** faux ❍ **c.** ID

6 L'accusé fait l'objet d'une mesure d'éloignement.

❍ **a.** vrai ❍ **b.** faux ❍ **c.** ID

Texte n° 11

Deux fourgons fortement sécurisés transportant des bijoux ont été braqués dans la nuit de mardi à mercredi par une quinzaine d'individus, qui ont raflé pour 9 millions d'euros de valeurs, sur l'autoroute A6, au péage d'Avallon (Yonne), a-t-on appris de source proche du dossier.

Joint par l'AFP, le parquet d'Auxerre a précisé qu'il n'y avait pas de victimes. De même source, on ajoute que la juridiction interrégionale spécialisée (Jirs) de Paris est saisie de l'enquête.

Selon la société d'autoroute Paris-Rhin-Rhône (APRR), l'attaque n'a pas occasionné de dégâts au péage d'Avallon. Les fourgons ont été retrouvés abandonnés dans un terrain à proximité du péage, selon cette source.

Un dispositif de recherches a été mis en place dans le département de l'Yonne et les départements limitrophes pour retrouver les braqueurs qui ont pris la fuite, avec un appui de la section aérienne de la gendarmerie.

Pour l'heure, le montant du préjudice de ce braquage, qui a eu lieu peu après minuit dans le sens Paris-Lyon, est estimé à 9 millions d'euros, selon la source proche du dossier.

Selon la Direction centrale de police judiciaire (DCPJ), il y a eu cinq attaques de fourgons blindés en 2013, six en 2012. « Ces agressions se sont soldées par des échecs dus au professionnalisme accru des convoyeurs de fonds et à la qualité des échanges entre services français et étrangers dans le cadre de la coopération internationale », d'après un récent rapport.

La Voix du Nord, 11 mars 2015.

Questions

1 Les deux fourgons ont été attaqués par une dizaine d'individus.

❍ **a.** vrai ❍ **b.** faux ❍ **c.** ID

2 Les postes de péage de Mâcon ont été endommagés.

❍ **a.** vrai ❍ **b.** faux ❍ **c.** ID

3 La section aérienne de la gendarmerie a été appelée en renfort.

❍ **a.** vrai ❍ **b.** faux ❍ **c.** ID

4 9 millions d'euros ont été dérobés.

❍ **a.** vrai ❍ **b.** faux ❍ **c.** ID

5 En 2012, six attaques de fourgons blindés ont eu lieu dans la région de Lyon.

❍ **a.** vrai ❍ **b.** faux ❍ **c.** ID

6 Il y a désormais une coopération internationale.

❍ **a.** vrai ❍ **b.** faux ❍ **c.** ID

Texte n° 12

Il s'agit de la pire attaque terroriste qui ait jamais frappé la France. Six attaques ont eu lieu simultanément à Paris et à Saint-Denis, vendredi 13 novembre.

Un bilan provisoire fait état d'au moins 129 morts et 352 blessés, dont beaucoup dans un état grave, selon le procureur de la République de Paris, François Molins, mais il pourrait s'alourdir. Sept terroristes sont morts, tous après avoir actionné leur ceinture explosive.

L'organisation État islamique a revendiqué ces meurtres, samedi. François Hollande a promis que « *la France* sera[it] impitoyable à l'*égard des barbares* ». Il a décrété un deuil national de trois jours et a annoncé que « *tous les dispositifs* » de sécurité seraient renforcés à leur niveau maximal.

Le procureur François Molins a évoqué 3 équipes de terroristes, qui ont mené « *des actions coordonnées* ». Elles étaient équipées du même type d'armes, et surtout portaient toutes des gilets explosifs de même genre, composés de TATP (peroxyde d'acétone) et d'un dispositif avec les mêmes piles et boutons-poussoirs.

L'un des sept terroristes tués, un Français né en 1985, a été identifié grâce à des traces qu'il a laissées dans le carnage du Bataclan. Le procureur de Paris a précisé qu'il était originaire de Courcouronnes, dans l'Essonne. Il était connu de la justice pour des délits de droit commun pour lesquels il a été condamné à huit reprises, sans jamais être incarcéré. Il avait fait l'objet d'une « fiche S » pour radicalisation en 2010, mais n'avait « *jamais été impliqué dans un dossier de filière ou d'association de malfaiteurs terroriste* ».

M. Molins a confirmé qu'un passeport syrien avait été retrouvé à proximité d'un des kamikazes de Saint-Denis, sans que le lien avec son propriétaire ait encore été formellement établi. Il appartient à un Syrien né en 1990, qui n'était pas connu des services de renseignement français.

L'analyse des images de vidéosurveillance et des témoignages ont mis les enquêteurs français sur la piste de deux véhicules : une Seat noire et une Polo de la même couleur immatriculée en Belgique. Ce dernier véhicule avait été loué par un Français résidant en Belgique.

L'homme a été contrôlé ce matin à la frontière belge à bord d'un autre véhicule dans lequel se trouvaient deux autres personnes résidant dans la région de Bruxelles. Les trois hommes, qui n'étaient pas connus des services de renseignement français, ont été interpellés par la police belge, laquelle a également ouvert plusieurs enquêtes. Des perquisitions sont toujours en cours près de Bruxelles, en lien avec ce volet de l'enquête.

Le Monde.fr, 13 novembre 2015.

Questions

❶ Six attaques ont eu lieu à des moments différents.

❍ **a.** vrai ❍ **b.** faux ❍ **c.** ID

❷ Sept terroristes sont morts.

❍ **a.** vrai ❍ **b.** faux ❍ **c.** ID

❸ L'État islamique a revendiqué ces actions par un communiqué.

❍ **a.** vrai ❍ **b.** faux ❍ **c.** ID

4 Le deuil national sera de trois jours.

❍ **a.** vrai ❍ **b.** faux ❍ **c.** ID

5 Tous les terroristes portaient des gilets bourrés d'explosifs.

❍ **a.** vrai ❍ **b.** faux ❍ **c.** ID

6 Un des terroristes était français.

❍ **a.** vrai ❍ **b.** faux ❍ **c.** ID

Texte n° 13

Lors de la tragique soirée des attentats du 13 novembre, les unités anti-commandos de la Brigade de recherches et d'intervention (BRI) et du Raid (Recherche assistance intervention et dissuasion) étaient les premiers sur place. Et pour cause : la capitale est une zone police et leur terrain privilégié de missions. Quant au Groupe d'intervention de la Gendarmerie nationale (GIGN), il était bien présent lui aussi sur Paris ce soir-là. Sa mission était d'intervenir en appui en cas de sur-attentat si le Raid était débordé par ses objectifs.

De plus, la protection des palais nationaux, comme l'Assemblée et le Sénat ou encore le palais de justice de Paris, relève des forces de gendarmerie. Des institutions qui sont réputées être des cibles potentielles pour les terroristes. Le GIGN a d'ailleurs récemment renouvelé ses entraînements dans les palais nationaux en cas de prise d'otages. Et il a réactualisé également la connaissance des plans de ces bâtiments, tout comme ceux des centres commerciaux, mais aussi des gares et aéroports et autre lieux non dévoilés. Une initiative reprise après l'attaque du centre commercial du West Gate à Nairobi (Kenya) en septembre 2013.

Le premier groupe d'alerte du GIGN a quitté sa base de Satory (Yvelines) à 22 h 40. Cinq minutes plus tôt, le commandant des gendarmes d'élite avait déjà pris la direction de Paris en liaison avec les autorités politiques et judiciaires. À 23 h 10, les gendarmes étaient positionnés dans la caserne des Célestins, celle de la Garde républicaine, située boulevard Henri-IV à deux pas de la Bastille. Là, les gendarmes ont achevé de parfaire leur équipement lourd pour faire face à toute éventualité.

[…]

Le GIGN peut être appelé à déployer ses équipes d'intervention en Europe en cas d'attentats dans des pays proches. Tout comme certaines équipes étrangères de forces spéciales de police, rôdées et reconnues, peuvent venir en France et intervenir si besoin lors de crises majeures particulièrement graves. Ces unités d'intervention parlent « le même langage opérationnel, elles ont la même culture et les mêmes réflexes. Elles ont su s'entraîner ensemble et elles se connaissent », prévient un ancien responsable du GIGN.

Le GIGN est depuis les attentats toujours en alerte maximum, tout comme ses hélicoptères et avions de transport.

Le Parisien, 15 décembre 2015.

COMPRÉHENSION DE TEXTES

Questions

❶ **Trois unités d'intervention étaient présentes sur les lieux le 13 novembre.**

❍ **a.** vrai ❍ **b.** faux ❍ **c.** ID

❷ **Le GIGN a pour mission d'appuyer le Raid.**

❍ **a.** vrai ❍ **b.** faux ❍ **c.** ID

❸ **Paris est en zone police.**

❍ **a.** vrai ❍ **b.** faux ❍ **c.** ID

❹ **L'attentat du West Gate à Nairobi a eu lieu après les attentats à Paris.**

❍ **a.** vrai ❍ **b.** faux ❍ **c.** ID

❺ **Le GIGN n'intervient qu'en France.**

❍ **a.** vrai ❍ **b.** faux ❍ **c.** ID

❻ **La protection de tous les endroits sensibles de la capitale relève de la compétence des forces de gendarmerie.**

❍ **a.** vrai ❍ **b.** faux ❍ **c.** ID

Texte n° 14

Les violents orages qui ont frappé lundi soir le Sud-Ouest ont fait deux morts et entraîné d'importants dégâts, principalement à Montauban, où la rentrée scolaire a dû être reportée à jeudi. Le calme était toutefois progressivement revenu dans le grand Sud-Ouest, selon Météo France.

L'un des deux morts est une jeune femme de 29 ans, décédée à Montbeton (Tarn-et-Garonne). Comme les deux blessés graves, elle a été victime de la chute d'un arbre sur son véhicule, selon la préfecture.

Dans un communiqué, le ministre de l'Intérieur, Bernard Cazeneuve, fait état de deux morts, deux blessés graves et dix plus légers.

En Charente, un chauffeur routier bulgare de 35 ans, sorti de son camion sur un parking à 27 kilomètres au sud d'Angoulême, a été foudroyé, selon les pompiers.

Rien que dans le Lot, les rafales de vent ont atteint jusqu'à 153 km/h. Elles ont aussi touché 25 départements durant la nuit, selon M. Cazeneuve.

Si les vignes semblent avoir été épargnées dans le Lot, il n'en est pas de même pour les autres produits agricoles.

Les intempéries ont entraîné de fortes perturbations à l'aéroport de Toulouse et dans l'ensemble des réseaux routiers et ferroviaires.

Dans le Tarn-et-Garonne, la préfecture a fait état de « dégâts matériels [...] très importants : arbres arrachés, toitures détruites, [...] nombreuses routes coupées et habitations inondées ».

Une députée du département, Valérie Rabault, a évalué les dommages à plus de 10 millions d'euros.

Brigitte Barèges, maire LR de Montauban, a décrit des « trombes d'eau », une « tempête tropicale ».

Principale conséquence : la rentrée scolaire est reportée à jeudi à Montauban, et les transports scolaires sont suspendus dans l'ensemble du département.

[…]

Les agents de la mairie notamment et des volontaires vérifiaient l'état des bâtiments. Dans les autres communes, les établissements scolaires ont ouvert en fonction de leur état.

[…]

Coupés durant la nuit, les accès à Montauban par voie ferrée ont recommencé à fonctionner, a indiqué la SNCF. Vers 10 heures, le transport ferroviaire entre Montauban et Agen a repris, tout comme entre Toulouse et Montauban, selon son porte-parole, Éric Paulet. Le trafic devait être rétabli dans l'après-midi entre Montauban et Cahors.

Selon la SNCF, les orages ont provoqué de « sévères dégâts sur les installations ferroviaires », avec « certaines barrières de passages à niveau [...] brisées » et « des unités d'alimentation haute tension [...] mises hors service ».

[…]

Enfin l'ERDF a indiqué qu'à 22 heures, il restait 25 000 foyers privés d'électricité dans le Sud-Ouest, sur 104 000 lundi soir à 23 h 30, dont Midi-Pyrénées et Pyrénées-Atlantiques. Dans le Tarn-et-Garonne, 24 000 foyers restaient sans électricité et 1 000 dans le Lot. ERDF prévoit un retour à la normale dans le Lot à la mi-journée mercredi et dans la soirée pour le Tarn-et-Garonne.

Quelque 550 techniciens ERDF et salariés d'entreprises partenaires œuvraient sur l'ensemble des territoires touchés.

La préfecture du Tarn-et-Garonne a également annoncé mardi soir que « la mise en œuvre d'un dispositif de calamité agricole sera examiné dès vendredi » et que la chambre de commerce et d'industrie du Tarn-et-Garonne se mobilisait également pour répondre aux besoins des entreprises sinistrées.

[…]

Ladépêche.fr, 1er septembre 2015.

COMPRÉHENSION DE TEXTES

Questions

1 De violents orages ont frappé le Sud-Ouest et le Sud-Est de la France.

❍ **a.** vrai ❍ **b.** faux ❍ **c.** ID

2 C'est le ministre de l'Intérieur qui a annoncé le nombre de victimes.

❍ **a.** vrai ❍ **b.** faux ❍ **c.** ID

3 L'alerte météo a été donnée très rapidement.

❍ **a.** vrai ❍ **b.** faux ❍ **c.** ID

4 Le réseau ferroviaire a été sévèrement touché.

❍ **a.** vrai ❍ **b.** faux ❍ **c.** ID

5 Les coupures d'électricité ont particulièrement touché le département du Lot.

❍ **a.** vrai ❍ **b.** faux ❍ **c.** ID

6 La préfecture du Tarn-et- Garonne a annoncé qu'on indemniserait rapidement les entreprises sinistrées.

❍ **a.** vrai ❍ **b.** faux ❍ **c.** ID

Texte n° 15

Un homme de 28 ans a été arrêté jeudi vers 13 h 20 à son arrivée dans un hôtel de Disneyland Paris (Seine-et-Marne) et placé en garde à vue après avoir été surpris en possession d'une valise contenant deux pistolets automatiques de calibre 7, deux chargeurs approvisionnés et un Coran. Il était toujours en garde à vue ce vendredi matin.

C'est le portique de détection aux rayons X, situé à l'entrée de l'hôtel New York, situé au bord du lac de Disney Village, qui s'est déclenché et a donné l'alerte lorsque l'individu l'a franchi pour prendre sa réservation. Il a été appréhendé par le service de sécurité de l'établissement puis remis à la police. Il n'aurait pas opposé de résistance.

L'homme avait réservé une chambre pour deux personnes. À 16 h 30, un périmètre de sécurité a été installé autour de son Opel, stationnée sur le parking de l'hôtel, et les démineurs ont été mobilisés pour l'inspecter. « Un dispositif policier assure la sécurité aux alentours », a constaté sur place *Le Parisien*. En début de soirée, après la fouille, le monospace noir a été évacué par une dépanneuse.

[...]

Une jeune femme qui accompagnait le propriétaire des armes a été identifiée dans la soirée de jeudi, contactée et convoquée par la brigade criminelle de Versailles, chargée de l'enquête. Une personne interpellée en fin d'après-midi en région parisienne et présentée comme la compagne du suspect ne l'était pas et a été relâchée.

[...]

Lors de son interrogatoire, il a expliqué qu'il craignait pour sa sécurité et qu'il possédait des armes pour être en mesure de se protéger. Ces pistolets de petit calibre dateraient des années 1980, selon LCI.

[...]

« Je souligne que les services de sécurité de Disney et les forces de l'ordre ont été immédiatement réactives pour que cette personne soit mise hors d'état de nuire, si tant est qu'elle ait eu l'intention de nuire, ce que l'on ne sait pas », a déclaré Jean-Luc Marx, préfet de Seine-et-Marne. « Lors du contrôle de sécurité habituel à l'entrée d'un hôtel, des armes ont été découvertes dans le bagage d'un individu au passage dans le détecteur à rayons X. La police a été aussitôt avertie, et l'individu a été arrêté. Euro Disney collabore étroitement avec la police. La sécurité de nos visiteurs et de notre personnel est notre priorité absolue », a indiqué François Banon, vice-président chargé des relations extérieures à Disneyland Paris.

Le syndicat Unsa du personnel de Disneyland Paris a réclamé la réunion en urgence du Comité d'hygiène, de sécurité et des conditions de travail (CHSCT) pour évoquer la sécurité du personnel.

[…]

Le Parisien, 28 janvier 2016.

Questions

1 L'incident a eu lieu dans un hôtel près de Paris.

❍ **a.** vrai ❍ **b.** faux ❍ **c.** ID

2 La police est intervenue en premier.

❍ **a.** vrai ❍ **b.** faux ❍ **c.** ID

3 L'homme était arrivé à l'hôtel par les transports en commun.

❍ **a.** vrai ❍ **b.** faux ❍ **c.** ID

4 Ses armes étaient destinées à sa propre sécurité, selon ses dires.

❍ **a.** vrai ❍ **b.** faux ❍ **c.** ID

5 Un véhicule trouvé sur les lieux appartenait à sa complice.

❍ **a.** vrai ❍ **b.** faux ❍ **c.** ID

6 Le président de Disneyland-Paris a fait une déclaration à la presse.

❍ **a.** vrai ❍ **b.** faux ❍ **c.** ID

Corrigés

Texte 1

❶ **b.** faux ❷ **c.** ID ❸ **b.** faux ❹ **a.** vrai ❺ **a.** vrai ❻ **a.** vrai

Texte 2

❶ **b.** faux ❷ **c.** ID ❸ **a.** vrai ❹ **a.** vrai ❺ **b.** faux ❻ **a.** vrai

Texte 3

❶ **b.** faux ❷ **c.** ID ❸ **b.** faux ❹ **a.** vrai ❺ **b.** faux ❻ **b.** faux

Texte 4

❶ **b.** faux ❷ **b.** faux ❸ **b.** faux ❹ **a.** vrai ❺ **a.** vrai ❻ **a.** vrai

Texte 5

❶ **a.** vrai ❷ **c.** ID ❸ **a.** vrai ❹ **a.** vrai ❺ **b.** faux ❻ **a.** vrai

Texte 6

❶ **a.** vrai ❷ **b.** faux ❸ **c.** ID ❹ **c.** ID ❺ **b.** faux ❻ **a.** vrai

Texte 7

❶ **a.** vrai ❷ **a.** vrai ❸ **c.** ID ❹ **b.** faux ❺ **b.** faux ❻ **b.** faux

Texte 8

❶ **a.** vrai ❷ **b.** faux ❸ **c.** ID ❹ **a.** vrai ❺ **a.** vrai ❻ **c.** ID

Texte 9

❶ **b.** faux ❷ **c.** ID ❸ **b.** faux ❹ **a.** vrai ❺ **b.** faux ❻ **a.** vrai

Texte 10

❶ **b.** faux ❷ **b.** faux ❸ **a.** vrai ❹ **b.** faux ❺ **c.** ID ❻ **c.** ID

Texte 11

❶ **b.** faux ❷ **b.** faux ❸ **a.** vrai ❹ **a.** vrai ❺ **c.** ID ❻ **a.** vrai

Texte 12

❶ **b.** faux ❷ **a.** vrai ❸ **c.** ID ❹ **a.** vrai ❺ **a.** vrai ❻ **a.** vrai

Texte 13

❶ **a.** vrai ❷ **a.** vrai ❸ **a.** vrai ❹ **b.** faux ❺ **b.** faux ❻ **c.** ID

Texte 14

❶ **b.** faux ❷ **a.** vrai ❸ **c.** ID ❹ **a.** vrai ❺ **b.** faux ❻ **c.** ID

Texte 15

❶ **a.** vrai ❷ **b.** faux ❸ **b.** faux ❹ **a.** vrai ❺ **b.** faux ❻ **b.** faux

Sujet n° 2

Difficulté ✗✗✗	Durée 45 minutes à 1 heure

Durée de chaque exercice : 3 à 4 minutes.

Consigne

Pour répondre, écrivez V (Vrai), F (Faux) ou ID (impossible à dire) en face de chaque phrase.

1 Une explosion s'est produite ce vendredi matin au Crowne Plaza, place du Capitole à Toulouse. L'hôtel 5 étoiles a été entièrement évacué, tandis que, selon les premières constatations, la déflagration serait due à une défaillance électrique. Aucun blessé n'est à déplorer. Un court-circuit sur un poste de transformation ERDF a provoqué un arc électrique qui s'est accompagné d'un bruit tel qu'il a été ressenti comme une forte détonation par les clients et les passants. 80 occupants de l'hôtel ont dû quitter les lieux, selon le directeur général Didier Vincent.

Par ailleurs, environ 200 riverains étaient privés d'électricité ce vendredi matin en raison d'un du court-circuit.

Le Crowne Plaza est l'un des établissements les plus prestigieux de Toulouse et comprend 162 chambres. Les people de passage dans la Ville rose ont l'habitude d'y séjourner, à l'image de Mylène Farmer lors d'une de ses tournées en 2009.

ladepeche.fr

- ❍ **a.** Une explosion s'est produite au Crowne Plaza de Cannes.
- ❍ **b.** On a évacué tout le quartier.
- ❍ **c.** 80 occupants de l'hôtel ont été blessés.
- ❍ **d.** Les clients ont cru à un attentat.
- ❍ **e.** Les riverains ont été privés d'électricité pendant une journée.
- ❍ **f.** L'hôtel avait été inauguré en 2009.

2 Une collision entre deux voitures s'est produite hier soir vers 20 h 40 rue du Marais à Schiltigheim. L'accident a fait un mort et trois blessés, dont deux ont été grièvement touchés.

Un jeune homme de 21 ans, assis à l'arrière de l'un des véhicules, est décédé.

Lors de la publication de cet article, hier soir peu après 22 heures, il n'était pas possible de déterminer si le pronostic vital était engagé pour deux passagers qui étaient grièvement touchés, selon les premières informations recueillies auprès des secours. Ce vendredi en fin d'après-midi, l'un d'eux était toujours hospitalisé en réanimation chirurgicale, dans un état jugé préoccupant. Le second, opéré de la rate, serait dans un état moins inquiétant.

Deux autres personnes ont été plus légèrement blessées, dont l'un des conducteurs. Tous ont été transportés par les pompiers au CHU de Strasbourg-Hautepierre. Ils sont âgés d'une vingtaine d'années.

L'un des conducteurs n'était plus dans son véhicule à l'arrivée des secours mais à proximité du lieu de l'accident qui se situe au niveau de l'arrêt de tram « Le Marais », à l'intersection de la rue du Marais et de la rue de Bretagne.

Les deux conducteurs sont actuellement en garde à vue. Les gendarmes cherchent à déterminer les circonstances de la collision, qui restent pour l'heure indéterminées.

Les Dernières Nouvelles d'Alsace

❍ **a.** Le passager, assis à côté du conducteur a été tué.
❍ **b.** Les pompiers de Mulhouse sont intervenus très rapidement.
❍ **c.** Les deux conducteurs impliqués dans la collision sont en garde à vue.
❍ **d.** Un des conducteurs était en état de choc.
❍ **e.** On ne connaît pas les circonstances de l'accident.
❍ **f.** Un appel à témoins a été lancé.

❸ Les migrants se battent dans leur foyer : 18 mois fermes

Dans une maison d'accueil pour migrants à Pacé, une bagarre dégénère le 6 novembre 2012 entre Tchétchènes et Mongols. Plusieurs personnes sont blessées, dont certaines grièvement. Hier, le tribunal correctionnel a jugé deux personnes pour violences avec armes. À la barre, seul était présent un Tchétchène. S'il reconnaît se trouver sur les lieux, il ne se souvient pas avoir détenu une arme.

L'altercation aurait débuté au rez-de-chaussée, où deux Tchétchènes attendaient un Mongol, armés de bâtons et de barres de fer. Ce dernier sort son couteau pour se défendre et s'enfuit. Il remonte dans sa chambre, avec sa femme. Le groupe de personnes le suit. La porte de la chambre est forcée. « Des personnes sont entrées dans ma chambre. Ils m'ont frappé avec des barres de fer et un marteau. Des hommes ont aussi tabassé ma femme. » Pour se défendre, il prend un couteau de cuisine. Mais il est tout de même maîtrisé, frappé, et s'évanouit.

Le prévenu tchétchène avoue être monté dans la chambre également, mais « pour essayer de calmer tout de monde ». Le tribunal condamne le Mongol à douze mois de prison avec sursis. Le Tchétchène est condamné à deux ans de prison, dont six mois de sursis avec interdiction de séjour en Ille-et-Vilaine pendant cinq ans.

ouest-france.fr

❍ **a.** La bagarre a impliqué des Croates et des Tchétchènes.
❍ **b.** Dix personnes ont été blessées.
❍ **c.** Le tribunal correctionnel a jugé deux personnes pour violences avec armes.
❍ **d.** Un homme a été condamné à deux ans de prison ferme.
❍ **e.** Les faits se sont déroulés dans un foyer récemment construit.
❍ **f.** Cet établissement se trouve à Pacsé.

❹ Un dealer de paka violent interpellé à Outumaoro

Dimanche dernier, les gendarmes de l'escadron 22/3 du Havre, qui servent, depuis le 30 octobre dernier, en détachement de surveillance et d'intervention au profit de la brigade de Faa'a, ont interpellé en flagrant délit de vente de produits stupéfiants, un dealer sur la zone de Outumaoro.

À l'arrivée des militaires sur le site, le groupe s'est dispersé. Dans la panique, l'un des revendeurs a abandonné son sac à dos, qui contenait une belle quantité de *pakalolo,* conditionnée en sticks et en boîtes d'allumettes… et une carte professionnelle. Celle-ci a évidemment permis l'identification facile du mis en cause. Recherché par les gendarmes mobiles, il a été retrouvé dans une propriété voisine.

Remis à un officier de police judiciaire de la brigade de Faa'a, il a été placé en garde à vue. Une perquisition réalisée chez lui a permis de découvrir plus de 750 pieds de *pakalolo*, qui ont été arrachés et détruits par les gendarmes.

L'auteur a été présenté à un magistrat et a fait l'objet d'une comparution immédiate. Bien connu de la justice, le dealer de 27 ans compte plus de huit condamnations pour « violences et infractions liées aux produits stupéfiants » à son actif. Jugé en comparution immédiate, hier, il a écopé de trente mois d'emprisonnement, dont douze mois ferme. À l'issue de l'audience, il a été immédiatement écroué à la maison d'arrêt de Nuutania.

ladepeche.fr

- ❍ **a.** Les gendarmes de l'escadron 23/2 du Havre ont interpellé en flagrant délit de vente de produits stupéfiants, un dealer sur la zone d'Outumaoro.
- ❍ **b.** Les produits étaient conditionnés dans plusieurs types de contenants.
- ❍ **c.** On a découvert plus de 750 pieds de pakalolo, qui ont été arrachés et détruits par les gendarmes.
- ❍ **d.** Le mis en cause a fait l'objet d'une comparution immédiate.
- ❍ **e.** Le jeune homme n'était pas connu de la justice.
- ❍ **f.** Il a été condamné à trente mois de prison, dont un an ferme.

❺ Incendies à Larmor-Baden : les habitants vivent dans la psychose

Dans la nuit de samedi à dimanche, les flammes ont ravagé un bar. Le 7e feu non élucidé dans cette commune. La piste criminelle est privilégiée.

Reportage

Dimanche matin, sur le marché de Larmor-Baden, au cœur du golfe du Morbihan, commerçants et consommateurs ne parlent que de l'incendie qui a ravagé durant la nuit le bar-brasserie, près du port. L'établissement saisonnier était fermé depuis quinze jours, mais, à leur arrivée, pompiers et gendarmes ont découvert qu'une vitre avait été brisée, sans doute pour y jeter un objet incendiaire.

Car la piste criminelle est privilégiée : c'est le 7e incendie depuis un an dans cette commune résidentielle, aux portes de Vannes.

Le dernier a endommagé un garage, voici quinze jours. Auparavant, trois habitations, le bureau de poste et une voiture avaient été successivement la proie des flammes. Toujours en pleine nuit, sans faire de victime. Et aucun de ces sinistres n'a été élucidé.

« Quand on a quitté les lieux à 3 h 45, toute la rue était noire et calme. Ce sont les employés chargés de ranger les tables qui ont donné l'alerte, en voyant des flammes vers 4 heures », explique un Larmorien dont les enfants fêtaient leur mariage dans une salle communale, attenante à la brasserie.

« Folles rumeurs »

[...]

Car un véritable climat de psychose s'est installé dans cette commune. Les rumeurs les plus folles courent et enflent : on parle d'un déséquilibré, de jeunes en fête ou encore de règlements de comptes entre Larmoriens de souche et d'adoption...

[...]

« Je remarque que ces incendies ont toujours lieu quelques heures après une manifestation dans la commune. Samedi, il y avait ce mariage et la fête marquant l'inauguration de la piscine du camping », souligne le buraliste au centre du bourg.

À deux pas de là, Odile Cayrel, la tenancière du bar-PMU, vit aussi dans la crainte : dans la nuit de samedi à dimanche, son établissement a eu une vitre brisée par un pavé et des bouteilles y ont été vidées de leur contenu. « C'est la deuxième fois depuis mars 2011. Et je ne peux pas m'empêcher de faire un rapprochement avec l'incendiaire de la brasserie. »

ouest-france.fr

- ❍ **a.** Il s'agit du 7e incendie depuis un an dans la commune de Larmor-Baden.
- ❍ **b.** Le bar-brasserie était situé près de l'église.
- ❍ **c.** Il était fermé depuis quinze jours parce que les propriétaires étaient en vacances.
- ❍ **d.** L'incendie s'est déclaré vers 3 h 45 du matin.
- ❍ **e.** Le maire a demandé aux gendarmes de patrouiller jour et nuit.
- ❍ **f.** Les incendies ont toujours eu lieu en pleine nuit.

❻ Haute-Vienne : une radio irrite la gendarmerie en débusquant les radars mobiles

Flash FM, une radio indépendante de Haute-Vienne qui s'est fait une spécialité de débusquer les radars mobiles via les appels de ses auditeurs, agace les gendarmes, pour lesquels ces annonces entravent la lutte contre les cambriolages

Basée à Feytiat, dans la périphérie de Limoges, cette radio, fondée en 2002 et qui emploie six personnes, donne une large part aux appels de ses 26 300 auditeurs quotidiens (chiffre Médiamétrie) qui signalent radars mobiles et présence des gendarmes le long des routes de Haute-Vienne.

Une recette qui a permis à Flash FM de devenir la première radio indépendante du département mais qui, selon le colonel Anne Fougerat, commandant le groupement de gendarmerie de la Haute-Vienne, « empêche la gendarmerie de faire son travail, notamment dans la lutte contre les cambriolages. L'annonce systématique de la présence de militaires sur le terrain sans distinguo entre les opérations "vitesse" et les opérations de "lutte contre les cambriolages" compromettent notre travail et la sécurité des citoyens », a déploré l'officier.

« Folles rumeurs »

[...]

Car un véritable climat de psychose s'est installé dans cette commune. Les rumeurs les plus folles courent et enflent : on parle d'un déséquilibré, de jeunes en fête ou encore de règlements de comptes entre Larmoriens de souche et d'adoption...

« Les cambrioleurs au courant de la présence des gendarmes »

« Nous avons eu dans plusieurs enquêtes l'occasion de constater que les cambrioleurs savent que cette radio annonce notre présence et, bien sûr, qu'en conséquence ils l'écoutent assidument », a-t-elle insisté, indiquant que, récemment, les gendarmes avaient ainsi été contraints « de lever deux importants dispositifs de lutte contre les cambriolages » mis en place près de Limoges, au motif que « notre position avait été révélée par des auditeurs ».

Pour la radio : « pas de lien tangible entre ses annonces et la recrudescence des effractions ». Le colonel Fougerat a sollicité l'arbitrage de Michel Garrandaux, procureur de la République de Limoges, qui a écrit à la radio, jugeant lui aussi que les signalements « entravent la lutte contre les cambriolages ». Une corrélation douteuse pour Denis Granger, journaliste à Flash FM, pour qui « il n'y a pas de lien tangible entre nos annonces et la recrudescence des effractions. [...] La dernière vague de cambriolages remonte au week-end de la Toussaint, trois jours durant lesquels nous n'avons pas relayé la position des gendarmes dans le département. »

« Toutes les radios locales font les mêmes annonces que nous avec le soutien de leurs auditeurs », note encore Denis Granger, qui assure que sa radio continuera de donner aux auditeurs « ce qu'ils viennent chercher : une info-service, qui ne cause de tort à personne ».

AFP

- ❍ **a.** La radio Flash FM est basée dans le département de la Vienne.
- ❍ **b.** Cette radio ne fait que signaler la présence de radars mobiles et des gendarmes.
- ❍ **c.** Ce sont les auditeurs qui fournissent les renseignements.
- ❍ **d.** La radio Flash FM a été fondée en 2012.
- ❍ **e.** Le procureur de la République de Limoges a demandé l'arrêt des appels des auditeurs.
- ❍ **f.** Le journaliste Denis Granger conteste le lien entre les annonces et l'augmentation des infractions.

7 Vaucluse : une bombe de près de 500 kg découverte dans la Durance

Largué par l'US Air Force il y a soixante-dix ans, l'engin est quasi-intact. Un périmètre de sécurité a été établi.

« C'est un beau bébé », glisse l'un des spécialistes du déminage dépêché en urgence, hier, par la sécurité civile. Il n'en dira pas plus. Car la découverte faite, dimanche, par un promeneur dans le lit de la Durance, quelque part entre Cavaillon et Cadenet, n'a rien d'anodin.

Une bombe de 1 000 livres, soit près de 500 kilos, gisait là depuis la Seconde Guerre mondiale, vraisemblablement larguée par un appareil de l'US Air force vers la fin du conflit (voir plus bas). Or, malgré soixante-dix années passées sous les alluvions, l'engin mis à nu à la faveur d'une crue est encore presque intact, ainsi que sa charge, équivalente à près de 250 kg de TNT...

« On ne peut pas la manquer », frémit un gendarme venu inspecter la « bête », longue de près de 1,80 m. D'où la discrétion et les infimes précautions prises dès sa découverte par les secours. Car un tel engin ne se désamorce pas en un tour de main – du moins, en toute sécurité.

« On envisage d'abord de travailler à distance, mais si ça s'avère impossible, on monte d'un cran dans l'échelle de risque », indique un spécialiste du déminage. Jusqu'au désamorçage manuel, forcément le plus périlleux.

Cette phase de préparation devrait prendre encore plusieurs jours et nécessiter l'accord des préfectures du Vaucluse et des Bouches-du-Rhône. « La bombe est en zone rurale et ne présente pas de danger immédiat, on peut donc prendre plus de temps pour définir un plan d'intervention », notent les secours, toujours dans la crainte cependant de voir affluer les curieux sur le site. « On ne risque pas de nous la voler, sourit un militaire, mais on ne peut prendre aucun risque. »

Un périmètre de sécurité de 800 mètres a donc été établi autour de la bombe, et des patrouilles de gendarmerie veillent désormais à ce que personne n'accède aux lieux. Le jour J, plusieurs axes routiers et des entreprises situées dans le périmètre devraient être fermées, le temps que les démineurs neutralisent enfin l'engin.

Le Provençal

❍ **a.** La bombe pèse 1 000 livres et date de la Seconde Guerre mondiale.
❍ **b.** Elle a été découverte sur les berges de la Durance.
❍ **c.** Il va falloir établir un périmètre de sécurité d'au moins 900 mètres.
❍ **d.** Tous les gendarmes du département sont mobilisés.
❍ **e.** Le désamorçage sera manuel.
❍ **f.** Il faut l'accord des préfectures du Vaucluse et des Bouches-du-Rhône pour la phase de préparation de l'opération.

❽ Homicide suivi d'un incendie : vaste coup de filet du GIGN

Une centaine de gendarmes, dont des hommes du GIGN, ont effectué un vaste coup de filet, mardi dans trois départements, après l'homicide d'un septuagénaire dont la maison avait ensuite été incendiée, dans la Sarthe, a-t-on appris de source proche de l'enquête.

Une douzaine de personnes, « dont certaines étaient armées », ont été interpellées sans incident dans huit lieux de la Sarthe et de deux départements limitrophes, mardi matin, a-t-il été précisé.

Onze suspects ont été placés en garde à vue. Ces gardes à vue sont susceptibles de se prolonger jusqu'à jeudi matin.

Ces personnes sont soupçonnées d'avoir tué un homme de 71 ans, dont le corps avait été découvert dans la maison incendiée, dans la nuit du 21 au 22 janvier à Écommoy, près du Mans. La demeure, « un corps de ferme isolé », avait été entièrement détruite par les flammes.

Dans deux tweets sur son compte officiel, la Gendarmerie nationale a annoncé sans autre précision : « Les meurtriers présumés d'un retraité de 71 ans interpellés par le GIGN dans le cadre d'une enquête menée par la SR d'Angers » et « ils auraient tué leur victime à Écommoy lors d'un cambriolage avant d'incendier le domicile pour masquer les traces ».

Selon la source proche de l'enquête, « la complexité de la scène » de l'incendie avait conduit à des investigations poussées de l'Institut de recherche criminelle de la Gendarmerie nationale (IRCGN). Celui-ci a conclu à un homicide, suivi d'un incendie criminel.

Le parquet du Mans a indiqué mercredi qu'il ne souhaitait pas communiquer sur ce dossier avant que les suspects ne soient, le cas échéant, présentés au juge d'instruction.

L'Est républicain

- ❍ **a.** Les interpellations ont eu lieu dans le département de la Sarthe et dans trois autres départements limitrophes.
- ❍ **b.** Onze personnes sont suspectées du meurtre du septuagénaire.
- ❍ **c.** Sa maison a été incendiée et partiellement détruite par les flammes.
- ❍ **d.** Le GIGN est intervenu.
- ❍ **e.** On pense à un cambriolage qui aurait mal tourné.
- ❍ **f.** Les suspects n'ont pas encore été présentés au juge d'instruction.

9 Un enfant attaqué dans sa poussette par des rottweilers

Un petit garçon de 4 ans a été attaqué ce jeudi midi par deux rottweilers à Montfermeil (Seine-Saint-Denis). L'enfant se trouvait dans sa poussette, avec sa maman, dans un quartier pavillonnaire, quand ils ont croisé la route des deux chiens qui s'étaient échappés de leur enclos.

« Un chien a traîné l'enfant sur une vingtaine de mètres, tandis que sa mère essayait de l'arracher de la gueule du chien », explique une source proche de l'enquête.

C'est la propriétaire des chiens qui aurait permis d'éviter le pire en rappelant ses bêtes, qui ont obéi.

La petite victime a été transférée à l'hôpital parisien Robert-Debré. Ses jours ne seraient pas en danger. Les molosses pourraient être euthanasiés.

leparisien.fr

- ❍ **a.** La petite fille a été attaquée dans sa poussette.
- ❍ **b.** Les deux molosses s'étaient échappés de leur enclos depuis plusieurs heures.
- ❍ **c.** Les chiens avaient déjà tenté d'attaquer une personne.
- ❍ **d.** Les jours de l'enfant ne sont pas en danger.
- ❍ **e.** Les chiens ont obéi à leur propriétaire.
- ❍ **f.** On pourrait procéder à l'euthanasie des chiens très rapidement.

10 Violent choc sur la RN 19

Deux personnes ont été gravement blessées hier matin, dans un accident sur la RN 19 entre Vesoul et Port-sur-Saône. L'une des victimes a dû être héliportée.

Hier matin, sur la RN 19, la circulation a été régulée par les gendarmes pendant l'intervention des secours.

À voir l'état des carcasses, on pouvait croire que le pire s'était produit sur cette portion de la RN 19 entre Vesoul et Port-sur-Saône, théâtre d'un grave accident de la circulation, hier matin… Le choc, violent, a impliqué trois voitures et a fait deux blessés graves. Sur les trois véhicules, deux ont été réduits à l'état d'épaves.

Les faits se sont produits vers 8 h 15 lundi matin, à proximité du lieu-dit Ruz-de-Vellemoz.

Une Peugeot 405 circulait dans le sens Langres-Vesoul. À son bord : un homme de 33 ans, originaire de Champlitte. L'automobiliste arrivait au sommet de la côte sur cette portion de route à trois voies – juste avant le début de la deux fois deux voies –, lorsqu'il a perdu le contrôle dans le virage. Dans sa course, il a d'abord touché une première voiture qui arrivait dans l'autre sens, une Renault Clio, avant de percuter frontalement une Renault Mégane.

« Éjecté du véhicule »

Cette dernière collision, particulièrement violente, a projeté la Mégane et la Peugeot dans le petit fossé, le long de la route. La Peugeot a été complètement arrachée à l'avant et les morceaux restant du moteur et du volant ont été pliés vers le haut. Dans le choc, le conducteur a été projeté hors de sa voiture.

De nombreux automobilistes ont été témoins de l'accident et ont pu prévenir les secours immédiatement, si bien que rapidement d'importants moyens ont été déployés sur place.

Outre une vingtaine d'hommes et de femmes issus de Vesoul, Port-sur-Saône et Lure, les pompiers ont dépêché sur place une équipe médicale, trois ambulances, des moyens de désincarcération et le SMUR de Lure (celui de Vesoul étant sur un autre accident au même moment).

S'ils ont pu prendre en charge directement l'automobiliste de 33 ans, ils ont en revanche dû dépavillonner la Mégane avant d'accéder à l'autre victime : une dame âgée de 61 ans originaire de Port-sur-Saône. Cette dernière, souffrant notamment de multiples fractures et d'un traumatisme thoracique, a été héliportée par le Dragon 25 jusqu'à l'hôpital de Besançon. Le trentenaire a pour sa part été transporté au centre hospitalier de Vesoul par les pompiers. Lui aussi souffrait de plusieurs fractures.

« Circulation perturbée pendant plus de deux heures »

Gravement blessés, leurs vies ne semblaient pas pour autant en danger hier.

[...] Les gendarmes, nombreux eux aussi sur les lieux de l'accident, se sont notamment chargés de réguler la circulation, abondante sur cet axe national, en particulier à cette heure-là. Les militaires ont mis en place un alternat de la circulation sur une seule voie, sur environ 500 mètres. La brigade motorisée de Vesoul était présente pour assister la compagnie de Vesoul.

Une fois les victimes évacuées, la DIR-Est est intervenue pour nettoyer la chaussée et mettre de l'absorbant sur la route.

La circulation est revenue à la normale vers 10 h 30-10 h 45.

[...]

L'Est républicain

- ❍ **a.** L'accident s'est produit sur la RN 19 entre Vesoul et Pont-sur-Saône.
- ❍ **b.** Le conducteur de la Peugeot 405 roulait à vive allure.
- ❍ **c.** Les deux autres voitures percutées étaient de marque Renault.
- ❍ **d.** En raison de la violence du choc, il a été nécessaire de dépêcher sur place quatre ambulances.
- ❍ **e.** Un blessé a dû être héliporté jusqu'à l'hôpital de Vesoul.
- ❍ **f.** De gros embouteillages ont eu lieu toute la journée.

⓫ Équipés pour siphonner 1 600 litres

C'est lors d'une simple patrouille que les gendarmes de Tain-l'Hermitage sont tombés sur deux individus au comportement suspect. Vers 0 h 05, dans la nuit de mercredi à jeudi, deux hommes avaient stationné leur camion de 19 tonnes près d'un bus, sur le parking de l'école d'Érôme. En s'approchant, les gendarmes ont remarqué que les deux hommes étaient équipés de gants, de tuyaux et que la trappe d'essence du bus avait été fracturée. Ils ont également été alertés par un bruit de pompe dans le camion. « Nous sommes en train de réparer les phares de notre véhicule », auraient déclaré les deux individus de 55 et 21 ans, qui s'apprêtaient visiblement à siphonner le bus. Dans leur camion, les gendarmes ont retrouvé une cuve de 1 000 litres, trois bidons de 200 litres et une pompe électrique, reliée à deux tuyaux qui passaient par le plancher percé du véhicule. Les deux hommes, qui n'ont pas reconnu les faits, devraient être présentés en avril devant le tribunal de Valence pour vol avec circonstances aggravantes (en réunion et avec dégradation).

ledauphine.com

❍ **a.** Les faits ont eu lieu dans la nuit de mercredi à jeudi vers 23 heures.
❍ **b.** Les deux individus étaient en train de fracturer la trappe d'essence d'un bus.
❍ **c.** Ils étaient âgés de 55 ans et 21 ans.
❍ **d.** Ils étaient inconnus des services de police.
❍ **e.** Ils n'ont pas reconnu les faits.
❍ **f.** Ils seront présentés au tribunal de Valence.

⓬ Fougères. Une femme retranchée, le GIPN intervient

Une femme d'une quarantaine d'années menaçait de faire sauter l'immeuble, dans le centre de Fougères.

Dans le centre-ville de Fougères, une femme de 43 ans, aux prises avec des problèmes familiaux, menaçait de mettre fin à ses jours en faisant sauter son immeuble avec une bouteille de gaz. Il était 19 h 15. Policiers et pompiers ont évacué les bâtiments voisins et le gaz a été coupé par précaution.

« Problème de garde d'enfant ? »

Le groupement d'intervention de la Police nationale (GIPN) a négocié avec la quadragénaire, qui est sortie de son propre gré, vers 23 heures, après de longues discussions. Elle a été aussitôt hospitalisée. Un problème de garde d'enfant serait à l'origine de son geste désespéré.

ouest-france.fr

❍ **a.** Une femme de 43 ans menaçait de se suicider par le gaz.
❍ **b.** On a procédé à l'évacuation de tout le quartier.
❍ **c.** Le gaz a été coupé pendant toute la nuit.
❍ **d.** Le GIGN est intervenu.
❍ **e.** La femme a été placée en hôpital psychiatrique.
❍ **f.** Elle voudrait revoir son enfant.

⑬ Séisme Aveyron : la terre a tremblé dans la nuit, aucun blessé ni dégât

Un faible tremblement de terre a été ressenti dans la nuit de samedi à dimanche par des habitants de l'Aveyron, très surpris, mais il n'a fait aucun dégât ni blessé.

La secousse a été ressentie à Sébrazac, un village de 500 habitants situé à moins de trente kilomètres de Rodez, ainsi que dans les vallées du Lot et de la Truyère, dans le sud du Massif central, a indiqué la gendarmerie, qui évoque un événement « insolite ».

Ce « séisme de magnitude 3,9 » s'est produit très précisément à 27 kilomètres au nord de Rodez, samedi, à 22 h 16, précise le Bureau central sismologique français sur son site internet. La zone n'avait pas connu de séisme de magnitude 4 depuis quarante ans, selon l'historique de cet organisme officiel.

Les gendarmes ont reçu des appels d'habitants du village de Mur-de-Barrez (800 habitants) jusqu'à la commune d'Entraygues-sur-Truyère (1 100 habitants) au confluent du Lot et de la Truyère.

Ce type de séisme, dit « de perception humaine modérée », n'occasionne pas de destruction.

En 2011, le quotidien régional *La Dépêche du Midi* avait rappelé à ses lecteurs que 50 % des municipalités de l'Aveyron se situaient dans une zone présentant un « risque faible » de séisme. Le grand Rodez en fait partie, de même que la zone de Millau, où se trouve le viaduc.

AFP – *L'Est républicain*

- ❍ **a.** Une violente secousse a été ressentie dans la nuit de samedi à dimanche dans le département de l'Aveyron.
- ❍ **b.** C'est la première fois que cette zone est affectée.
- ❍ **c.** La gendarmerie a qualifié cet événement de « rarissime ».
- ❍ **d.** Il faudra prendre des mesures pour sécuriser le viaduc dans la zone de Millau.
- ❍ **e.** Les gendarmes ont été mobilisés toute la nuit.
- ❍ **f.** Le Bureau central sismologique français surveille particulièrement cette région.

⑭ Disparu dans la Marne, retrouvé sain et sauf dans la Meuse

Trois patrouilles de gendarmes de la communauté de brigades de Ligny-en-Barrois, renforcées par le PSIG de Commercy, ont été mobilisées dans la nuit de vendredi à samedi. Leur mission : retrouver un jeune homme âgé de 20 ans dont la famille avait signalé la disparition, en début de soirée, à la gendarmerie de Vitry-le-François, dans la Marne.

L'individu, souffrant d'un handicap mental, a été déposé à la gare de Vitry-le-François à 15 heures. Il a pris le train pour Bar-le-Duc, avant de rejoindre Ligny-en-Barrois par le bus, localité où il devait se rendre chez des proches. Sans nouvelles de leur fils dans la soirée, les parents ont aussitôt alerté les gendarmes marnais, qui ont procédé à une géolocalisation avec le téléphone portable de l'intéressé. Une démarche fructueuse qui a permis de le signaler à Ligny-en-Barrois.

En présence de la famille du disparu, les gendarmes locaux ont alors pris le relais de leurs collègues dès 21 h 40 en débutant leurs recherches dans les rues de la cité, dans les bars, les restaurants et auprès des riverains qui auraient pu croiser l'individu. En vain jusque tard dans la nuit. Avec une inquiétude grandissante sur son état de santé vu la température extérieure négative qui sévissait cette nuit-là.

Fort heureusement, les efforts des militaires ont été récompensés vers 1 h 35, heure à laquelle le jeune homme a été retrouvé, dehors, à proximité de l'église de Ligny-en-Barrois, avec sa valise. Sain et sauf, pour le plus grand bonheur de ses parents qui l'ont bien entendu pris en charge avec chaleur.

Selon les gendarmes, ce dernier a dû errer une bonne partie de la nuit dans la rue sans savoir où il se trouvait. Son téléphone portable et l'efficacité des forces de l'ordre ont permis d'aboutir à un dénouement heureux.

L'Est républicain

- ❍ **a.** Ce jeune homme de 20 ans, signalé disparu, souffrait d'un léger handicap mental.
- ❍ **b.** Sa disparition avait été signalée à la gendarmerie de Vitry-le-François.
- ❍ **c.** C'est le téléphone portable du jeune homme qui a permis de le localiser.
- ❍ **d.** Le jeune homme devait se rendre chez son oncle et sa tante.
- ❍ **e.** Ce soir-là, la température extérieure était négative.
- ❍ **f.** Le jeune homme a dû être placé sous surveillance médicale.

⓯ Un homme poignardé à mort dans un parc près de Rouen

C'est une passante qui a découvert le cadavre samedi soir. Un individu s'est rendu de lui-même à la gendarmerie.

Le corps d'un homme de 32 ans, tué de plusieurs coups de couteau, a été retrouvé samedi soir par une passante dans un parc municipal du Houlme (Seine-Maritime), près de Rouen.

La victime portait de nombreuses plaies profondes provoquées par un couteau au niveau de la gorge et du cou. Elle a également été très violemment frappée à la tête.

Un homme de 34 ans, couvert de sang et en possession d'un couteau, s'est livré de lui-même samedi soir à la brigade de gendarmerie de Pont-de-l'Arche. Il a été placé en garde à vue, a indiqué le parquet de Rouen, en précisant que des vérifications étaient toujours en cours dimanche.

- ❍ **a.** La victime est un homme tué de dix coups de couteau.
- ❍ **b.** Son corps a été retrouvé dans un parc municipal d'une commune de Seine-Maritime.
- ❍ **c.** C'est une passante qui l'a découvert.
- ❍ **d.** Il a été violemment frappé à la tête et on a diagnostiqué un traumatisme crânien.
- ❍ **e.** Un adolescent s'est livré à la police.
- ❍ **f.** L'enquête se poursuit.

Corrigé

❶ **a.** faux	**b.** faux	**c.** faux	**d.** faux	**e.** ID	**f.** faux
❷ **a.** faux	**b.** faux	**c.** vrai	**d.** ID	**e.** vrai	**f.** ID
❸ **a.** faux	**b.** ID	**c.** vrai	**d.** faux	**e.** ID	**f.** faux
❹ **a.** faux	**b.** ID	**c.** vrai	**d.** vrai	**e.** faux	**f.** vrai
❺ **a.** vrai	**b.** faux	**c.** ID	**d.** faux	**e.** ID	**f.** vrai
❻ **a.** faux	**b.** ID	**c.** vrai	**d.** faux	**e.** faux	**f.** vrai
❼ **a.** vrai	**b.** faux	**c.** faux	**d.** ID	**e.** vrai	**f.** vrai
❽ **a.** faux	**b.** vrai	**c.** faux	**d.** vrai	**e.** vrai	**f.** vrai
❾ **a.** faux	**b.** ID	**c.** ID	**d.** vrai	**e.** vrai	**f.** ID
❿ **a.** faux	**b.** ID	**c.** vrai	**d.** faux	**e.** faux	**f.** faux
⓫ **a.** faux	**b.** faux	**c.** vrai	**d.** ID	**e.** vrai	**f.** vrai
⓬ **a.** vrai	**b.** faux	**c.** ID	**d.** faux	**e.** ID	**f.** ID
⓭ **a.** faux	**b.** faux	**c.** faux	**d.** ID	**e.** ID	**f.** ID
⓮ **a.** ID	**b.** vrai	**c.** vrai	**d.** ID	**e.** vrai	**f.** faux
⓯ **a.** ID	**b.** vrai	**c.** vrai	**d.** ID	**e.** faux	**f.** vrai

PARTIE 6

Entretien avec le jury

1. Questions personnelles et professionnelles

COEFFICIENT
1

DURÉE
30
minutes

Méthodologie et conseils

1. Comment aborder l'épreuve ?

Contrairement à une idée reçue chez de nombreux candidats, l'épreuve d'entretien avec le jury doit faire l'objet d'une préparation rigoureuse. Il est essentiel d'en connaître le déroulement et les finalités, ainsi que de vous entraîner à répondre aux questions pouvant vous être posées. Même s'il vous faut rester sincère et naturel au cours de l'entretien, il est possible, en vous y préparant à l'avance, de mettre davantage de chances de votre côté.
Il s'agit pour vous de démontrer que le choix d'une carrière en gendarmerie est mûrement réfléchi et que vous en possédez les qualités requises.

Dans le cadre de la préparation à cette épreuve, vous pouvez commencer à réfléchir aux questions susceptibles de vous être posées. Celles-ci peuvent concerner :

- votre vie personnelle (enfance, études, travail éventuel, situation de famille...) ;
- vos passions et loisirs ;
- votre culture générale ;
- votre caractère et votre personnalité ;
- votre motivation pour entrer dans la gendarmerie ;
- votre connaissance de la gendarmerie ;
- vos expériences professionnelles (notamment pour les candidats du concours interne et du troisième concours) ;
- vos projets professionnels éventuels au sein de la gendarmerie.

Les questions seront donc variées. Votre personnalité et votre parcours personnel seront notamment analysés. Les différents domaines évalués lors de l'épreuve d'entretien avec le jury peuvent être résumés dans le tableau suivant :

Savoir-être	Savoir-faire
Présentation Expression orale Culture générale Motivation Cohérence	Vie collective Forme physique Sens du service public Expérience vécue

Il faut préciser ici que cet entretien sera cordial et détendu. En aucun cas on ne cherchera à vous piéger ou à vous déstabiliser. L'important est de bien vous connaître.

D'autre part, même s'il n'existe pas de grille fixée pour l'évaluation des candidats, il est possible de distinguer plusieurs critères objectifs d'évaluation :

- **la présentation du candidat** : un candidat se doit d'avoir une tenue vestimentaire correcte et une coiffure ordonnée ;
- **l'attitude générale** : la posture physique, le regard porté sur tous les membres du jury (et pas sur la table ou les pieds du candidat…), l'aisance du candidat, le sourire et la politesse seront évalués ;
- **la manière de présenter le sujet tiré au sort et de répondre aux questions** : il faut veiller à répondre par des phrases bien construites, à employer un vocabulaire riche et adapté. La capacité du candidat à argumenter sera également évaluée par le jury. De même, le candidat doit adopter une attitude coopérative avec le jury en répondant de manière ouverte et développée aux questions posées ;
- **la connaissance de la gendarmerie et la motivation** : ces deux points sont indissociables. Vous devez démontrer que vous n'êtes pas là par hasard et que vous vous êtes renseigné sur le métier auquel vous vous destinez. Servir en gendarmerie implique également un réel sens du service public ;
- **la culture générale et l'ouverture d'esprit** : la gendarmerie recherche des personnes ouvertes, curieuses et au profil diversifié. L'intérêt pour l'actualité est également apprécié ;
- **les qualités morales et le caractère** : il n'existe pas de profil type en la matière. Néanmoins, un candidat se doit d'avoir un sens naturel de l'honnêteté, un goût de l'effort, une aptitude au travail en équipe et à la prise d'initiatives. De même, le candidat doit rester maître de lui face à des questions ou des situations pouvant éventuellement le déstabiliser.

Après votre présentation et votre exposé, pendant une dizaine de minutes, le jury vous posera un certain nombre de questions. N'abordez pas cette partie de façon stressée : ce n'est pas un interrogatoire. Au contraire, voyez plutôt ces questions comme une façon d'entamer un dialogue avec le jury qui sera en face de vous.

À l'occasion de ces questions, le jury cherchera à mieux vous connaître, à cerner vos motivations, la cohérence de vos choix et votre aptitude à exercer le métier de gendarme.

Dans vos réponses :

– soyez, à nouveau, franc (inutile de dire que vous faites quatre heures de sport par jour si vous êtes un sportif du dimanche) et naturel (ne soyez ni trop sérieux, ni trop intimidé) ;

– ne vous laissez pas déstabiliser par des questions qui vous sembleraient trop abruptes : répondez de manière posée et nuancée ;

– montrez que vous connaissez bien le métier de gendarme et le cadre d'emploi (vie en caserne, discipline, hiérarchie, organisation, statut, contraintes, obligations professionnelles, missions...) ;

– ne répondez pas uniquement par « oui » ou par « non ». N'oubliez pas que chaque réponse doit être l'occasion de valoriser votre candidature ;

– prenez le temps de réfléchir à ce que vous allez dire, surtout lorsque l'on vous demande votre opinion personnelle.

2. Se préparer aux questions posées par le jury

Avant d'aborder la préparation des questions du jury, vous devez être bien conscient qu'il n'est pas là pour vous piéger. Ses questions ont pour seul but de mieux vous connaître, de comprendre la cohérence de votre démarche et de déterminer si vous présentez les qualités requises pour devenir gendarme. Pour autant, afin de déterminer la sincérité de votre démarche et de vos propos, il est possible que l'on vous pose la même question à dix minutes d'intervalle, mais formulée différemment. Si vous n'avez pas été franc et naturel, cela se détectera immédiatement et vous pénalisera lourdement.

En répondant aux questions posées par le jury, vous devrez vous attacher à valoriser votre candidature. Vous démontrerez vos qualités physiques, morales et intellectuelles, en rapport avec le métier de gendarme. Vous devrez également prouver que vous connaissez la gendarmerie : vous ne vous présentez pas à ce concours par hasard.

Dans ce manuel, vous trouverez une liste de questions susceptibles de vous être posées le jour du concours. Vous pouvez donc également vous entraîner à y répondre, tout en étant filmé par un proche.

Pour vous préparer aux questions pouvant être posées par le jury, il est également important de :
- vous tenir informé de l'actualité (prenez l'habitude de lire tous les jours le journal et également un hebdomadaire d'information) ;
- connaître les gendarmes et leur environnement professionnel (organisation, carrière, contraintes...) : cherchez à discuter avec des gendarmes, lisez attentivement les rappels sur la gendarmerie figurant ci-après, consultez les sites Internet http://www.lagendarmerierecrute.fr/ et http://www.gendarmerie.interieur.gouv.fr/.

Conseils concernant vos réponses aux questions du jury

- Ne parlez pas trop vite, gardez un débit de voix calme et pondéré.
- Faites attention à ne pas vous répéter.
- Ne coupez pas la parole au jury lorsqu'il s'exprime ou vous interroge (même si vous connaissez ou pressentez la réponse à donner, attendez que le jury ait effectivement posé la question).
- Répondez de manière ouverte et développée aux questions posées. Ne vous contentez pas de « oui » ou « non » : l'épreuve d'entretien doit permettre de nouer un véritable dialogue avec le jury.
- Si vous ne savez pas répondre à une question, n'hésitez pas à répondre « je ne sais pas ».
- Parlez suffisamment fort pour que l'on puisse bien vous entendre.
- Prenez le temps de réfléchir avant de répondre aux questions du jury.
- Dans votre propos, restez toujours positif et nuancé.
- Lors de votre présentation et dans vos réponses, essayez de valoriser votre candidature, tout en restant modeste.

Rappels sur la Gendarmerie nationale

1. Les missions dévolues à la gendarmerie

A. La police judiciaire

La police judiciaire consiste à rechercher les infractions à la loi pénale, à les constater, à en rassembler les preuves et en rechercher les auteurs. Elle est exercée sous le contrôle des magistrats, notamment le procureur de la République et le juge d'instruction en cas de commission rogatoire. Mobilisant 40 % de l'activité quotidienne de la Gendarmerie nationale, la police judiciaire implique aussi bien ses unités territoriales que ses services spécialisés (police technique et scientifique –IRCGN -, départements « cybercriminalité », Service Technique de Recherches Judiciaires et Documentation, Office Central de Lutte contre les Atteintes à l'Environnement et à la Santé Publique (OCLAESP), Office Central de Lutte contre le Travail Illégal (OCLTI), l'Office central de lutte contre la délinquance itinérante (OCLDI).

B. La police administrative

La police administrative vise à prévenir les troubles à l'ordre public. Elle présente donc un aspect essentiellement préventif. La police administrative recouvre un très large domaine : police rurale, police de la route, renseignement, police sanitaire des personnes et des animaux, police de l'environnement, police des étrangers, professions règlementées, législation sur les débits de boissons, sur les populations non sédentaires.

C. La sécurité routière

La Gendarmerie s'emploie à surveiller le réseau (plus de 800 000 kilomètres de voie), à prévenir et réprimer les comportements accidentogènes, ainsi qu'à porter assistance aux personnes en difficulté.

D. Le secours

Chaque année, les gendarmes effectuent de nombreuses missions de secours. Les milieux montagneux, souterrains, maritimes et fluviaux sont les domaines d'intervention dans lesquels la gendarmerie est spécialisée.

E. La lutte contre l'immigration irrégulière

À l'instar de la Police nationale, la Gendarmerie nationale est fortement impliquée dans la lutte contre l'immigration irrégulière, tant en métropole qu'en Outre-mer.

F. L'ordre public et la sécurité générale

Grâce à la gendarmerie mobile, la Gendarmerie nationale dispose d'une force de réserve générale à même d'agir sur tout le territoire national afin de renforcer l'action des services locaux chaque fois que cela s'avère nécessaire.

Ces missions de renfort peuvent être très diverses : protection d'édifices sensibles, sécurisation de rencontres sportives, escortes sensibles, maintien de l'ordre dans des quartiers sensibles, engagement lors d'opérations extérieures

G. Les missions de défense

Plusieurs unités de la gendarmerie sont investies de missions de défense (Sous-Groupement Opérationnel NRBC, son service de renseignement, Département cybercriminalité), qu'il s'agisse de lutter contre le terrorisme ou de protéger nos infrastructures militaires et de défense. La gendarmerie est notamment chargée de la prévôté, qui est la police militaire, et d'une partie de la justice militaire des soldats français sur les théâtres d'opérations extérieurs.

2. L'organisation de la Gendarmerie nationale

Sur le plan de la répartition des compétences, la Police nationale sera responsable de la sécurité publique pour les villes de plus de 10 000 habitants. Dans les campagnes et les zones périurbaines, ce sera la Gendarmerie nationale. Au total, la Gendarmerie nationale comprend environ 98 000 effectifs.

A. La gendarmerie départementale

La chaîne de commandement territorial de la gendarmerie s'articule en 13 régions de gendarmerie, qui correspondent au nouveau découpage de la France métropolitaine en 13 Régions administratives. Chaque commandant de région exerce son autorité sur l'ensemble des unités territoriales de sa région et est directement subordonné au directeur général de la Gendarmerie nationale.

Au niveau du département, l'échelon de commandement de la gendarmerie est le groupement. Chaque groupement est divisé en plusieurs compagnies. On trouve généralement une compagnie par arrondissement. Une compagnie est divisée en plusieurs brigades territoriales.

Présente dans les campagnes et les zones périurbaines, la gendarmerie départementale se compose principalement de brigades territoriales présentes dans les différents chefs-lieux de canton. Environ 60 000 gendarmes sont affectés dans la gendarmerie départementale. Il existe environ 3 600 brigades sur le tout le territoire national ; afin de mutualiser les moyens 1 000 communautés de brigades ont été créées, tandis que 700 sont restées autonomes.

Au contact de la population, ces brigades assurent la sécurité des habitants des différentes communes, la prise des plaintes, les principales enquêtes administratives et judiciaires, ainsi que des missions de sécurité routière.

En plus des brigades territoriales, la gendarmerie départementale comprend également certaines unités spécialisées :
- les **unités et sections de recherche**, qui assurent les enquêtes judiciaires sur toutes les affaires d'importance dont est saisie la gendarmerie ;
- les **pelotons de surveillance et d'intervention de la gendarmerie** (PSIG), qui sont regroupés au niveau des compagnies. La lutte contre la délinquance est leur principale mission ;
- les **brigades de répression de la délinquance juvénile** ;
- des **unités de police de la route** (brigades motorisées, pelotons autoroutiers et brigades rapides d'intervention), qui ont pour missions principales le respect du code de la route et la sécurité routière ;
- des **unités de secours en montagne** ;
- des **sections aériennes**, qui sont équipées d'hélicoptères.

B. La gendarmerie mobile

Comme leurs homologues des compagnies républicaines de sécurité (CRS), les gendarmes mobiles sont investis principalement de missions de maintien de l'ordre (appelées aussi « MO »). Environ 17 000 gendarmes sont regroupés au sein de la gendarmerie mobile. (108 escadrons, un groupement blindé et une cellule nationale NRBC).

C. Les services spécialisés de la Gendarmerie nationale

Plusieurs services de gendarmerie ont des attributions bien spécifiques. Parmi les principaux services, il faut citer :
- **la gendarmerie maritime** : missions de surveillance du littoral, sauvegarde, police maritime, police judiciaire, protection des équipements de la Marine nationale ;
- **la gendarmerie de l'air** : sûreté, sécurité et police à l'intérieur des bases de l'Armée de l'air et de leurs abords immédiats ;
- **la gendarmerie des transports aériens** : missions de police aérienne et de sécurité dans les aérodromes et installations aéronautiques civiles ;
- **la gendarmerie de l'armement** : missions de protection industrielle et sécurisation de la direction générale de l'Armement, notamment les armements nucléaires ;
- **la gendarmerie de la sécurité des armements nucléaires** : chargée du contrôle gouvernemental et de la sécurité des armes nucléaires ;

– **le Groupe d'intervention de la Gendarmerie nationale (GIGN)** : intervient dans la lutte antiterroristes, lors de prises d'otages, de protection rapprochée de personnalités et d'assistance au profit d'unités judiciaire de la gendarmerie ;
– **l'Institut de recherches criminelles de la Gendarmerie nationale** (IRCGN) : missions de police scientifique et d'identification criminelle ;
– **la Garde républicaine** : missions de sécurité et d'honneur pour les plus hautes autorités de l'État, tant dans les palais nationaux, comme l'Élysée ou Matignon, que lors de cérémonies.

3. Les personnels de la Gendarmerie nationale

A. Gendarmes adjoints et réservistes

Les gendarmes adjoints volontaires (GAV) sont actuellement un peu plus de 15 000 et constituent l'équivalent des emplois-jeunes civils. Ils signent un engagement initial de deux ans, puis un second de trois ans. Leur contrat est donc limité à cinq ans.

Les gendarmes adjoints volontaires assurent le soutien des gendarmes, auxquels ils sont subordonnés.

La Gendarmerie nationale, en fonction de ses besoins, peut faire également appel à des réservistes (au total 60 000 environ, issus des autres forces armées – réservistes, anciens militaires, réserve citoyenne). La vocation première de la réserve est le soutien aux forces territoriales de gendarmerie. Les réservistes peuvent assurer les mêmes missions que les gendarmes d'active.

B. Les gendarmes et les gradés de gendarmerie

Au nombre d'environ 77 000 (sur un total d'environ 106 000 personnels), le corps des sous-officiers de gendarmerie comporte plusieurs grades. Par ordre croissant, ces grades sont :
– gendarme sous-contrat ;
– gendarme ;
– maréchal des logis-chef, appelé « chef » ;
– adjudant ;
– adjudant-chef ;
– major.

C. Les officiers de gendarmerie

Les officiers de gendarmerie sont près de 7 000 (services opérationnels) et environ 4 600 (corps techniques et de soutien) et sont formés au sein de l'École des officiers de la Gendarmerie nationale (EOGN), située à Melun.

Les officiers de gendarmerie sont, par ordre croissant :
– **officier subalterne** : grades d'élève-officier, d'aspirant, de sous-lieutenant, de lieutenant et de capitaine : les premiers grades seront appelés « mon lieutenant » ;
– **officier supérieur** : grades de commandant (aussi appelé « chef d'escadrons »), de lieutenant-colonel et de colonel ;
– **officiers généraux** : grades de général de brigade, de division, de corps d'armée et d'armée.

Pour un homme, on dira « mon » suivi du grade. Pour une femme, puisque « mon » est le diminutif de « Monsieur », on dira simplement le grade.

4. La déontologie de la Gendarmerie nationale

Les obligations découlant du statut militaire des personnels de la Gendarmerie nationale subordonnent l'exercice des missions au strict respect de la Déclaration des droits de l'homme et du citoyen, de la Constitution, des conventions internationales et des lois de la République.

À ce titre, les gendarmes doivent respecter :
- la loyauté envers les institutions de la République ;
- l'intégrité (l'honnêteté) ;
- l'impartialité ;
- l'obligation d'intervenir pour porter aide et assistance même en dehors de leur temps de service ;
- l'obligation de réserve (un gendarme ne doit en aucun cas exprimer ses opinions politiques, philosophiques ou religieuses au cours de son service et, dans une certaine mesure, également en dehors du travail) ;
- le respect du secret professionnel ;
- l'interdiction du cumul d'activités (un gendarme ne peut exercer plusieurs emplois, sauf dans quelques exceptions très limitées) ;
- l'obéissance hiérarchique (ce principe est complété par une obligation de « désobéissance » lorsque l'ordre reçu par le gendarme est manifestement illégal et de nature à compromettre gravement un intérêt public).

En cas de non-respect de ces obligations, les gendarmes encourent :
- des sanctions disciplinaires ;
- des poursuites pénales en cas d'infraction avérée.

5. Le statut de gendarme

Un gendarme est un fonctionnaire appartenant à la fonction publique d'État, en catégorie B. Plus précisément, c'est un militaire, appartenant au corps des sous-officiers.

Depuis 2002, les forces de gendarmerie sont rattachées au ministère de l'Intérieur pour ce qui concerne l'accomplissement de leurs missions de sécurité intérieure et pour une meilleure coordination en matière de police judiciaire avec la Police nationale. En 2009, la Direction générale de la Gendarme nationale quitte le ministère de la Défense pour rejoindre celui de l'Intérieur. Le rapprochement avec la Police nationale est alors pleinement effectif, même si les gendarmes continuent de relever d'un statut militaire auquel ils sont fort attachés. L'intégration des services de police et de gendarmerie continue de se poursuivre, notamment en police judiciaire, en matière de coopération internationale et à travers la mutualisation de certains moyens opérationnels.

D'autre part, en raison de leur statut militaire, les gendarmes n'ont pas de droits syndicaux, ni de droit de grève. Toutefois, une loi du 18 août 2010 est venue tempérer quelque peu le principe d'interdiction des syndicats en instituant des instances de représentation et de participation au sein de la Gendarmerie nationale. Selon l'article 1 du décret d'application de cette loi, « les instances de représentation et de participation au sein de la Gendarmerie nationale contribuent à la communication et au dialogue interne. Elles permettent à chaque militaire de participer à la prise des décisions relatives à la vie courante de son unité. »

Par ailleurs, les gendarmes sont également soumis à un strict devoir de réserve quant à leurs opinions et croyances personnelles.

Enfin, pour nécessité de service, les gendarmes bénéficient d'un logement de fonction. Contrairement à une idée reçue, il ne s'agit pas véritablement d'un casernement, même si ce terme est parfois employé et si vous pouvez être amené à vivre à proximité immédiate de vos collègues et de leurs familles.

6. Présentation de la formation de gendarme

D'une manière générale, les candidats au concours de gendarme sont informés de leurs résultats par courrier et dans un délai de deux mois après le passage des épreuves de sélection. Votre candidature peut être :

- agréée : vous avez réussi les épreuves. Vous serez prochainement invité à rejoindre une école de gendarmerie, sous réserve qu'aucun renseignement défavorable vous concernant ne soit recueilli dans l'intervalle et que vous soyez déclaré apte au cours d'une visite médicale passée auprès d'un médecin servant dans la gendarmerie ;
- ajournée. Vous serez ajourné pour une durée de quatre mois en cas d'échec aux épreuves d'aptitude générale ou à l'épreuve physique. Vous serez ajourné pour une durée de douze mois en cas d'échec au cours des tests écrits de personnalité et d'adaptabilité ou des tests psychotechniques. Après l'écoulement de ces délais, vous pourrez de nouveau déposer un dossier de candidature. Enfin, il faut noter que le bénéfice de la réussite à l'épreuve d'aptitude générale (composition) est octroyé pour une durée de deux ans ;
- rejetée : en cas de renseignements défavorables sur la moralité ou d'inaptitude médicale définitive.

Il est important de préciser ici qu'après votre réussite au concours vous pouvez attendre un certain moment avant d'être intégré en école. Ce temps d'attente varie de quelques mois à un peu plus d'une année.

A. La visite médicale

Si vous êtes reçu au concours, vous serez convoqué à une visite **médicale de sélection**.

Au préalable, vous devrez vous munir de tous les documents médicaux en votre possession (carnet de vaccination, examens radiologiques, carnet de santé.).

Vous serez examiné par un médecin servant dans la gendarmerie afin d'établir votre aptitude physique. Cette aptitude physique sera notamment déterminée par votre vue.

Le certificat médical établi alors sera le seul à faire foi en ce qui concerne votre aptitude physique. Le médecin peut alors vous déclarer apte ou inapte temporairement, voire définitivement (votre départ en école ne sera prononcé qu'à l'occasion d'une nouvelle visite médicale).

B. La formation en école

Votre formation en école sera rémunérée (autour de 1 350 euros nets mensuels pour un élève-gendarme célibataire).

Sa durée sera de douze mois sous le régime de l'internat. Au cours de cette période, vous ferez un stage d'un mois en brigade.

À ce jour, il existe 4 écoles de gendarmerie : Châteaulin (Finistère, école mixte), Châtellerault (Vienne, école de garçons), Chaumont (Haute-Marne, école mixte) et Montluçon (Allier, école mixte). Cependant, une ou plusieurs de ces écoles peuvent être amenées à fermer en raison des projets de restructuration touchant la Gendarmerie nationale.

Le mode d'hébergement est le régime d'internat en caserne. Les frais de nourriture sont supportés par les élèves-gendarmes.

Le contenu de la formation touche principalement les domaines suivants :

- la formation professionnelle (police judiciaire, administrative, de la circulation routière) ;
- la formation militaire (tir et armement, tactique, topographie et télécommunications) ;
- la formation générale (déontologie, management, accueil du public et bureautique) ;
- la formation physique (sport, techniques professionnelles d'intervention).

Il faut préciser que l'obtention du permis de conduire civil de catégorie « B » ou militaire « véhicules légers » est indispensable pour pouvoir être nommé gendarme.

Préalablement à l'affectation en unité, chaque gendarme se voit attribuer le **certificat d'aptitude à la gendarmerie[1] (CAG)**, homologué au niveau IV de l'enseignement technologique (équivalence du baccalauréat).

1. Pour plus d'informations, vous pouvez vous reporter au livre : *Concours Sous-officier de gendarmerie*, Tout-en-un, 6e édition, mars 2016, ISBN : 978-2-311-20315-8.

ENTRETIEN AVEC LE JURY

Il a également la qualité d'agent de police judiciaire.

La première affectation en unité est choisie par les élèves-gendarmes en fin de scolarité et en fonction de leur classement de sortie d'école parmi les places offertes au choix en gendarmerie départementale, gendarmerie mobile ou garde républicaine.

7. Le déroulement de carrière d'un gendarme[1]

Pendant deux ans, vous serez gendarme sous contrat. Vous devrez préparer le Certificat d'aptitude technique (CAT). L'obtention du CAT vous permettra de devenir sous-officier de gendarmerie de carrière et de poursuivre votre parcours professionnel en gendarmerie.

En cas d'échec au CAT – ce qui est très rare en pratique –, vous devrez quitter la Gendarmerie nationale.

Devenu gendarme de carrière, vous pourrez passer un diplôme au choix :

- officier de police judiciaire (gendarmerie départementale) ;
- diplôme d'arme (gendarmerie mobile et garde républicaine) ;
- diplôme de spécialité (technicien en investigation criminelle, motocycliste, pilote de véhicule rapide d'intervention, spécialiste montagne, pilote d'hélicoptère, plongeur, maître-chien, cavalier, informaticien...).

1. Pour plus d'informations, vous pouvez vous reporter au livre : *Concours Sous-officier de gendarmerie*, Tout-en-un, 6e édition, mars 2016, ISBN : 978-2-311-20315-8.

Sujets inédits

1. Exemples de questions personnelles

Quelle est votre situation familiale ?

Aucune difficulté particulière pour cette question. Prenez toutefois en considération l'impact du choix de la carrière de gendarme sur les éventuels conjoint et enfants, notamment quant à la fréquence des mutations et à la disponibilité exigée. De manière générale, le jury ne portera aucun jugement sur vos choix personnels ou familiaux.

Quel bilan tirez-vous de vos études ?

Quel que soit le bilan que vous en faites et quel que soit votre parcours, efforcez-vous de rester toujours positif dans votre présentation. En effet, il est essentiel de ne pas apparaître comme quelqu'un de négatif ou de pessimiste. Le jury recherche un candidat optimiste et plein d'allant. De même, dans le mesure du possible, faites des liens entre vos études et la profession de gendarme (exemple : connaissances juridiques, langues étrangères, informatique, savoir-faire utilisable en gendarmerie...).

Quel est le dernière livre que vous ayez lu ?

Évitez de dire que vous ne lisez jamais, même si c'est le cas. Choisissez un livre ou deux et préparez-vous à en parler (sachez dire quelques mots sur l'auteur et sur le contenu du livre). D'une manière générale, lorsque vous évoquez d'initiative un sujet devant le jury (livre, fait, référence historique, ...), sachez en parler et pouvoir répondre à des questions car les membres du jury seront enclins à vous interroger sur ce sujet. En fait, il s'agit de vous montrer malin : amenez la conversation sur des domaines ou des sujets que vous connaissez et pour lesquels vous pouvez valoriser votre candidature.

Que pensez-vous de tel ou tel fait d'actualité ?

Soyez prêt à défendre une opinion personnelle, de manière à la fois nuancée et argumentée. Être ouvert ne signifie pas forcément de renoncer à des convictions personnelles. A nouveau, nous vous rappelons que vous devez vous intéresser à l'actualité, aussi bien nationale qu'internationale. Variez les sources d'information : presse, Internet, radio, télévision... Sachez également écouter les voix discordantes du discours dominant et s'écartant de la « pensée unique ».

D'autre part, soyez bien conscient des enjeux de l'actualité. Depuis les attentats de 2015 (*Charlie Hebdo* et le 13 novembre), la France est confrontée à une importante menace terroriste. Comme les autres pays européens, la France doit faire face à des actions terroristes de masse qui sont largement imprévisibles et devant lesquelles il est difficile d'intervenir (exemple des kamikazes avec des ceintures d'explosifs). Cette situation implique un engagement sans faille des forces de sécurité, quels que puissent être les risques encourus.

Qui est le maire de votre commune ?

Vous pouvez être amené à être interrogé sur les institutions, notamment celles proches de vous (noms de votre maire, de votre député...). Le jury apprécie que les candidats soit des citoyens connaissant un minimum les institutions (rôle du député, principe de séparation des pouvoirs, fonctionnement d'une démocratie comme la France...)

Pratiquez-vous un sport d'équipe ?

Un candidat sportif sera toujours avantagé par rapport à un candidat n'ayant aucune activité physique. En gendarmerie, en raison des valeurs morales et de l'engagement qu'ils représentent, les sports de combat ou d'équipe sont très appréciés. Pour autant, ne mentez pas au jury si vous ne faites jamais de sport.

Quel est le dernier film que vous ayez vu au cinéma ?

Si vous n'allez jamais au cinéma, choisissez un film vu à la télévision ou en DVD. Sachez en parler (contexte du film, contenu du film, genre, réalisateur, acteurs principaux...). Globalement, la culture générale, la curiosité personnelle ou l'éclectisme des goûts permettent de se démarquer de nombreux candidats.

Admirez-vous un personnage historique ?

Évitez les personnages polémiques ou trop méconnus. Soyez capable de mettre en perspective votre personnage (époque, courant de pensée, contexte historique, adversaires ou partisans connus, faits d'armes, découvertes...). N'oubliez pas que la connaissance de l'histoire est indispensable à la compréhension du présent. Plus généralement, portez une attention à l'histoire de France ne se limitant pas à la période contemporaine (la France ne date pas de 1789...).

Vous habitez rue Jean-Moulin. Pouvez-vous nous dire qui était Jean Moulin ?

Cette question est classique. Vous devez connaître un minimum l'histoire et les caractéristiques principales de votre région (hauts lieux touristiques, spécialités culinaires, vins de la région, monuments marquants, personnages historiques...).

Quelles sont les dernières élections pour lesquelles vous avez voté ?

Notez bien que l'on vous demande uniquement pour quelles élections vous avez voté, et non pour quel candidat... Au-delà, soyez prêt à dire quelques mots du rôle du député, du maire...

Citez-nous vos qualités.

Parlez franchement, sans être trop modeste ou trop excessif. Pour vous aider à distinguer vos qualités, demandez l'avis objectif de vos proches. Vous pouvez même, au préalable, établir une liste de vos qualités et défauts, puis retenez-en trois ou quatre que vous souhaiteriez évoquer le jour de l'oral.

De quelle région êtes-vous originaire ?

Cette question peut implicitement sous-entendre que vous devez être prêt à déménager plusieurs fois au cours de votre carrière de gendarme et à vivre un certain temps éloigné de votre région d'origine. Si vous n'êtes pas prêt à quitter votre région d'origine pour servir en gendarmerie, cela doit vous amener à réfléchir sérieusement à votre vocation.

Avez-vous voyagé à l'étranger ?

Cette question permet de valoriser les candidats qui ont voyagé à l'étranger, pour peu qu'ils puissent dire quelques mots des pays dans lesquels ils ont séjourné. Ne vous contentez pas de l'approche « touristique de base », mais soyez prêts à présenter brièvement tel ou tel pays (États voisins, histoire, traits marquants, religions, sites majeurs, aspects culinaires, faits d'actualité en rapport avec ce pays...). Si vous n'avez pas voyagé à l'étranger, cela n'a pas d'importance particulière.

Êtes-vous ambitieux ?

Répondez franchement à la question posée. Il n'est pas honteux d'avoir de l'ambition, si l'on s'en donne les moyens. Au-delà de cette simple question, le jury pourra voir demander quels souhaits vous pourriez avoir dans le cadre d'une carrière en gendarmerie (mobilité géographique, services spécialisés, franchissement de grades...).

Quel est le défaut qui vous énerve le plus chez les autres ?

Vous devez être capable de composer avec les autres et de travailler en équipe. Cependant, il est normal que tel ou tel défaut puisse vous irriter. Choisissez, tout de même, un défaut important et sérieux, sous peine de passer pour un candidat inapte au travail en équipe.

Quels enseignements tirez-vous de vos expériences professionnelles ?

Quelque soit le bilan que vous en faites et quel que soit votre parcours, efforcez-vous de rester toujours positif dans votre présentation. Dans le mesure du possible, faites des liens entre votre parcours professionnel et la profession de gendarme (exemple : secourisme, responsabilités exercées, connaissances techniques ou informatiques...). Si vous n'avez pas eu au préalable d'expérience professionnelle véritable, cela n'a pas d'importance particulière.

Avez-vous un but dans la vie ?

Soyez franc. Entrer dans la gendarmerie n'est pas forcément en soi un but dans la vie. En toute hypothèse, il convient d'avoir d'autres horizons dans son existence. De même, un gendarme épanoui l'est également en raison d'un bon équilibre entre sa vie privée et sa vie professionnelle.

Possédez-vous un grand sens de l'adaptation ?

Soyez franc : si vous n'êtes pas vraiment capable d'adaptation le jury le remarquera certainement. Le cas échéant, si vous en avez, soyez prêt à donner quelques exemples concrets dans lesquels vous avez fait preuve de sens de l'adaptation. Pour cela, puisez dans vos expériences personnelles : expériences professionnelles ou scolaires, activités sportives ou associatives, ...

Quel fait récent d'actualité a retenu votre attention ?

La connaissance de l'actualité est importante pour un gendarme. Tenez-vous informé notamment de l'évolution de la délinquance et des changements législatifs et institutionnels (réforme de la procédure pénale, rapprochement police-gendarmerie...). Dans le choix d'un fait d'actualité, sentez-vous libre, mais sachez en parler et soyez prêt à défendre une opinion personnelle. Essayez, dans la mesure du possible, de vous démarquer des autres candidats : ne soyez pas fantaisiste mais sachez replacer un événement dans un contexte plus général, faire un rappel historique, démontrer une connaissance fine d'un dossier, proposition d'une vision non-conformiste des choses...

Comment vous êtes-vous préparé au concours ?

Décrivez en quelques mots votre préparation. Cette question doit permettre la mise en valeur de votre motivation au travers du sérieux de votre préparation. Dans la présentation de votre préparation, n'oubliez pas d'évoquer les démarches effectuées pour vous renseigner sur la gendarmerie. Un bon candidat (c'est-à-dire un candidat qui réussit) s'est préparé de manière suivie et régulière : un concours est toujours une course de fond.

Quels sont les sites Internet que vous consultez régulièrement ?

Répondez franchement à cette question, qui peut s'accompagner d'une autre question sur le téléchargement illégal (y répondre également avec franchise). Cette question peut également vous permettre d'évoquer devant le jury vos passions et centres d'intérêt.

Comment vous imaginez-vous dans dix ans ?

Envisagez une réponse sur les plans professionnel et extra-professionnel. Pour répondre à cette question, il est inutile d'avoir des vues très arrêtées : le jury aura conscience que cette question est délicate pour tout le monde.

Pourquoi peut-on avoir en confiance en vous ?

Répondre à cette question peut être délicat. Soyez prêt à citer des exemples où vous vous êtes montré digne de confiance (expériences professionnelles, vécu personnel, engagement associatif, scoutisme, responsabilités familiales, ...). Le jury souhaite réellement connaître la volonté de prendre des responsabilités, le sens moral et le caractère des candidats.

Êtes-vous économe ou dépensier ?

Répondez franchement à cette question, sans perdre de vue que l'argent doit être un moyen et pas une fin. Pour autant, tout est une question d'équilibre : il ne faut pas être grevé de dettes (surtout s'agissant de crédits à la consommation) et vivre au-dessus de ses moyens.

Quelle personnalité admirez-vous ?

Évitez les personnages trop polémiques ou méconnus, ou bien ceux que tout le monde cite (Zidane, l'abbé Pierre, ...). Bien entendu, il vous faudra expliquer et pouvoir défendre les raisons de votre admiration.

Vous arrive-t-il de prendre des risques ?

Répondez franchement à cette question. N'oubliez que l'engagement d'un gendarme implique souvent la prise de risques. Ceci dit, la prise de risques doit être mesurée et proportionnée avec l'objectif à atteindre (une mission réussie est une mission pour laquelle tous les effectifs reviennent à la base ...).

Aimez-vous la vitesse ?

Ne mentez pas, surtout si vous êtes motard. N'oubliez pas cependant que la sécurité routière est une mission essentielle de la gendarmerie nationale (elle est chargée de la sécurité routière sur de nombreuses routes et autoroutes).

Fumez-vous ?

Répondez franchement. L'usage du cannabis (ou de toute autre drogue) entraîne l'exclusion de la gendarmerie. D'autre part, la consommation de boissons alcoolisées doit être mesurée.

Lisez-vous régulièrement un journal ou un magazine ?

Il est important de vous monter curieux et d'être informé de l'actualité. Prenez donc l'habitude de lire un quotidien et un magazine d'actualité, tout en essayant de varier les titres choisis. Sachez, le cas échéant, situer la ligne éditoriale du journal ou du magazine.

Que regardez-vous à la télévision ?

Cette question n'appelle pas de remarque particulière. On peut également vous interroger sur vos émissions préférées. Préférerez, bien entendu, les émissions avec une réelle plus-value intellectuelle ou culturelle.

Selon vos proches, quels sont vos défauts ?

Interrogez au préalable vos proches et réfléchissez à la compatibilité de ces défauts avec un engagement en gendarmerie.

Vous arrive -t-il de boire de l'alcool ?

Répondez franchement. Le tout est de rester dans des limites raisonnables et de respecter la loi (« Boire ou conduire, il faut choisir »).

Avez-vous un ordinateur personnel ?

Si ce n'est pas le cas, cela n'a pas d'importance. Cette question peut vous permettre de valoriser des compétences particulières en informatique. L'ordinateur est un outil de travail essentiel du gendarme.

Avez-vous déjà vécu en collectivité ?

Les candidats ayant vécu en collectivité peuvent faire valoir cette expérience auprès du jury. N'oubliez pas que les gendarmes vivent en famille, proches les unes des autres. De même, le travail de gendarme est fondamentalement un travail d'équipe.

Avez-vous des activités associatives ?

Le sens du service est l'un des engagements forts de la gendarmerie nationale. Si vos activités associatives sont tournées vers l'aide à autrui, faites-le savoir et sachez les valoriser auprès du jury pour faire la différence avec les autres candidats. De même, les activités associatives éventuelles peuvent faire valoir votre sens des responsabilités.

Quelle question aimeriez-vous que je vous pose ?

Cette question est importante car elle doit vous permettre de faire valoir un aspect particulier de votre personnalité ou de votre parcours. N'oubliez pas que l'entretien avec le jury permet de se différencier d'autres candidats. Vous devez donc préparer cette question avec une attention toute particulière et, dans l'idéal, préparez même deux questions sur lesquelles il peut être intéressant pour vous que le jury vous interroge.

2. Exemples de questions avec une optique professionnelle

Comment définissez-vous le renseignement ?

Il est possible de définir le renseignement comme l'ensemble des constatations et des informations de toute nature, intelligemment recherchées et ingénieusement exploitées. Une fois vérifiées, ces informations doivent permettre d'informer en temps utile les autorités civiles et militaires sur l'état des menaces qui pèsent sur notre pays ou sur ses intérêts.

Comment un gendarme peut-il contribuer à la mission de renseignement ?

L'acquisition du renseignement implique une attention permanente. De fait, il s'inscrit dans l'activité quotidienne des gendarmes, qu'il s'agisse de renseignements d'initiative ou commandés, ponctuels ou durables. Les missions de police judiciaire, de police de la route ou de simple contact avec le public sont autant de moyens de disposer de renseignements. Ceux-ci peuvent être obtenus de deux manières : directe (constatation des faits) ou bien indirecte (ils sont portés à la connaissance des gendarmes). Bien entendu, la seconde manière d'obtenir du renseignement impliquera davantage d'esprit critique pour le gendarme. Enfin, soyez conscient de l'importance du renseignement dans la lutte contre le terrorisme, notamment de sa difficulté à être recueilli dans les milieux islamistes.

Comment la gendarmerie peut agir face au développement actuel de la consommation des stupéfiants ?

La gendarmerie devra s'adapter à ce terrain délicat et jouer sur plusieurs leviers d'action. Par exemple, la prévention (information sur les dangers de la drogue dans les lycées et collègues, contrôles routiers pour dépister l'usage de produits stupéfiants au volant…) est l'un de ces moyens. La sécurisation des lieux de trafic est également un moyen privilégié de lutte. De même, la répression a un rôle essentiel : un simple consommateur interpellé et auditionné pourra permettre de démanteler une filière complexe. La perspicacité, la ténacité, le professionnalisme et la qualité du réseau de renseignement seront ici les atouts privilégiés pour lutter efficacement contre ce fléau.

Quel est le rôle de la gendarmerie dans le domaine de la lutte contre l'immigration irrégulière ?

La gendarmerie nationale entend lutter contre l'immigration irrégulière, sous toutes ses formes, et contre l'emploi des clandestins sur l'ensemble du territoire. Le démantèlement de filières d'acheminement et de maintien de clandestins implique des enquêtes judiciaires de la part des services de la gendarmerie.

De même, la gendarmerie nationale concourt à l'éloignement des étrangers faisant l'objet d'une décision de reconduite à la frontière, d'interdiction du territoire, d'expulsion, de réadmission ou de non-admission. Souvent connexe à l'immigration irrégulière, la lutte contre la fraude documentaire est l'un des axes de travail de la gendarmerie nationale dans ce domaine.

Quel est le domaine de compétence du GIGN ?

Le Groupe d'intervention de la gendarmerie nationale (GIGN) est compétent en ce qui concerne les opérations déclenchées à l'occasion d'événements d'une particulière gravité (actes de terrorisme ou de banditisme, prises d'otages simples ou de masse, émeutes en milieu pénitentiaire, etc.). Ces événements nécessitent notamment, pour aboutir à la neutralisation d'individus armés et retranchés, l'utilisation de techniques et moyens particuliers. Le GIGN a une expertise reconnue en matière de prises d'otages dans des avions et des bateaux de grande taille (pétroliers, navires de croisière...).

Que représente pour vous l'uniforme de gendarme ?

C'est à chacun de répondre à cette question. Réfléchissez à l'avance à cette question, mais ne préparez pas une réponse toute prête que vous réciterez le jour de l'entretien. N'oubliez pas que l'uniforme représente l'autorité de l'Etat et doit être porté avec respect.

Pourquoi avoir choisi la gendarmerie ?

Toutes les motivations peuvent être légitimes. Elles dépendent des personnalités et des parcours. Pour autant, cette question doit être préparée : réfléchissez bien à vos motivations pour servir en gendarmerie. De même, vous pouvez également évoquer vos démarches de renseignement sur la gendarmerie afin de démontrer la solidité de votre motivation.

Quelle carrière envisagez-vous au sein de la gendarmerie ?

Il n'est pas besoin de prévoir un plan de carrière tout tracé pour répondre à cette question. Restez simple et modeste, sans oublier que l'accès aux services spécialisés (GIGN...) est particulièrement exigeant.

Que pensez-vous du port de l'arme ?

Réfléchissez à ce que peut impliquer le port de l'arme. Apprenez les conditions légales et réglementaires de la légitime défense. De même, ayez quelques connaissances de base (réglementation, types d'armes...). Pensez également au fait que la menace terroriste a impliqué un renforcement de l'armement et des protections balistiques des gendarmes (développement de la dotation des pistolets mitrailleurs, de l'équipement tactique, des casques et boucliers).

Aimez-vous commander ?

La réponse dépendra de la personnalité de chacun. Néanmoins, être gendarme implique un réel sens de l'autorité et des responsabilités. N'oubliez pas non plus que pour commander, il convient également de savoir obéir.

Si vous échouez au concours de gendarme, qu'allez-vous faire ?

Répondez avec franchise, mais gardez à l'esprit que vous devez rester motivé. En principe, un candidat motivé doit retenter le concours. Ce dernier est exigeant, ce qui peut impliquer plusieurs candidatures au concours.

Quel sens donnez-vous à l'expression « servir en gendarmerie » ?

Sachez donner votre propre définition à cette expression. Le sens du service public, le dévouement aux autres, les valeurs militaires, le respect du drapeau sont des éléments pouvant vous permettre de fournir une réponse construite.

Pourquoi avoir choisi la gendarmerie plutôt que la police nationale ?

Il n'est pas du tout exclu de pouvoir légitimement candidater aux deux, mais il faut pouvoir défendre un choix et connaître les principales différences.

La hiérarchie est-elle toujours nécessaire ?

C'est à chacun d'avoir son point de vue sur la question et de pouvoir le défendre, tout en sachant que la gendarmerie reste une institution fortement hiérarchisée. Il vous faut savoir recevoir des ordres et accepter l'autorité. Le principe d'autorité est indispensable au bon fonctionnement d'une institution comme la gendarmerie.

Selon vous, comment peut-on gérer un conflit de personnes au sein d'une petite unité ?

Donnez une réponse en fonction de votre tempérament et de votre expérience personnelle. En toute hypothèse, la bonne volonté des uns et des autres, le dialogue, l'écoute et le sens de la hiérarchie doivent être mis en avant.

Quels sont les avantages et les inconvénients du métier de gendarme ?

Réfléchissez à cette question, qui est souvent posée. Le métier de gendarme comporte nécessairement des inconvénients (risques personnels, poids de la hiérarchie, exigence de disponibilité, mobilité géographique...).

Quelle est la solde d'un gendarme ?

La réponse à cette question se trouve dans les rappels sur la gendarmerie que vous trouverez ci-dessus.

Pensez-vous avoir les qualités requises pour être gendarme ?

Restez franc, simple et concret dans votre réponse.

Êtes-vous prêt à vivre en caserne ?

Si les gendarmes ne vivent pas à proprement parler en caserne, ils demeurent néanmoins à proximité de leurs collègues et de leurs familles. Cela rend parfois délicat le maintien de l'intimité de la vie privée et ne doit pas être un obstacle insurmontable pour vous.

Cela vous gêne t'il de déménager plusieurs fois au cours de votre carrière ?

Vous devez être prêt à quitter votre région d'origine et à connaître plusieurs mutations au cours de votre carrière. De même, les gendarmes mobiles sont souvent amenés à connaître des déplacements fréquents, notamment des séjours outre-mer.

Quel sens donnez-vous au service public ?

Restez simple et concret dans votre réponse.

Quels sont les principaux services de la gendarmerie nationale ?

La réponse à cette question se trouve ci-dessus dans les rappels sur la gendarmerie nationale. Sachez les présenter (missions et organisations) et décrire votre éventuel souhait d'affectation.

Que pouvez-vous apporter à la gendarmerie ?

Répondre à cette question peut être délicat. Interrogez au préalable vos proches et réfléchissez à la compatibilité de vos qualités avec un engagement en gendarmerie.

Préférerez-vous servir dans la gendarmerie départementale ou dans la gendarmerie mobile ?

Répondez en fonction de vos goûts. Les rappels sur la gendarmerie figurant dans ce manuel vous donneront quelques informations sur ces deux structures, que vous devez connaître.

Comment est née votre envie de devenir gendarme ?

Répondez franchement, que votre envie soit récente ou ancienne. Faites en sorte qu'elle apparaisse comme résolue et déterminée. De même, il s'agira d'appuyer cette volonté sur des démarches de renseignement à propos de la gendarmerie.

2. Culture générale

COEFFICIENT
2

DURÉE
3
heures

Méthodologie et conseils

1. Se préparer à la question d'actualité

Assimiler des connaissances de culture générale est évidemment nécessaire mais l'étendue peut vite paraître immense alors que votre temps de préparation est limité. Voici quelques conseils pour utiliser au mieux les quelques mois de préparation :

– **réviser des connaissances de base**, qui vous permettront de mettre en perspective la question d'actualité. À titre indicatif, il paraît nécessaire de réviser l'essentiel des domaines suivant : histoire et institutions de la Ve République, institutions de l'Union européenne et collectivités territoriales, l'organisation de la justice, les éléments essentiels de la géographie française ;

– **suivre l'actualité principale** : les quotidiens, ou leur version récapitulative comme, par exemple, *Le Monde mensuel*, qui reprend sous forme condensée l'actualité du mois ;

– **suivre ses goûts** pour pouvoir argumenter sur des sujets qui vous tiennent à cœur et compléter par quelques sujets que vous n'aimez pas du tout, pour pouvoir aussi fournir un raisonnement ;

– **constituer de courtes fiches** sur des sujets d'actualité composées à partir de la presse : les réaliser est une manière d'assimiler les données et produit une synthèse qui pourra être relue. Pour ces sujets, il faut rechercher les bases historiques du sujet. Quelques éléments sur la création de l'euro et sur les critères de Maastricht éclaireront la crise actuelle des pays de la zone euro. De même l'enjeu politique de l'élection de François Hollande peut-il être analysé en rappelant les grandes évolutions qu'a connues le mandat présidentiel depuis 1958.

Veiller, dans ces fiches ou indépendamment, à **préparer des exemples** servant à argumenter : c'est là une clé pour une démonstration qui dépasse des arguments généraux et souvent creux. Le mieux est bien sûr de choisir des exemples pouvant servir à plusieurs sujets. Ce peut être une personne, une loi, une intervention, un événement, une caractéristique, un livre ou un film.

Exemple :

L'Alpine, un exemple polyvalent

Le **2 novembre 2012**, Carlos Ghosn et Arnaud Montebourg annoncent que l'anglais Caterham reprend 50 % d'Alpine-Renault pour concevoir et fabriquer à nouveau des Alpine d'ici à 2016 à Dieppe, site historique de cette voiture. L'objectif est une fabrication de 5 000 à 10 000 unités par an, faisant vivre 300 personnes. Dans un contexte de **tension sur l'emploi industriel**, cette décision se veut un soutien à l'excellence de l'industrie automobile française par un **modèle mythique, que la gendarmerie connaît bien** pour en avoir longtemps doté ses brigades d'intervention sur autoroute.

2. Réagir à un sujet d'actualité tiré au sort

Après avoir tiré le sujet, vous bénéficiez d'une **préparation de 10 minutes**, que suit un **oral de 20 minutes**.

- Dégager rapidement les quelques questions essentielles du sujet.
- **Repérer les thèmes de révision** que vous pourrez mobiliser pour donner de la profondeur à votre réponse, en dépassant le cadre immédiat de la question. Les marquer en abrégé sur votre brouillon.
- Mentionner quelques exemples que vous avez préparés ou des faits précis que vous pourrez citer pour illustrer et enrichir votre réponse.

Pour traiter de l'actualité, il vous faut posséder un certain nombre de connaissances, le présent et le futur reposant sur le passé. Ainsi, la Ve République, qui nous régit encore actuellement, pourrait être résumée en trois périodes, celle de la fondation, qui va de 1958 à 1969, une période dramatique où la volonté de restaurer l'État et l'influence, ainsi que la personnalité de De Gaulle ont été prépondérantes. Les années 1969 à 2002 ont été celles de l'enracinement avec l'après-De Gaulle, l'alternance politique et les différentes cohabitations. Enfin, la dernière décennie (2002-2012) a vu la crise de ce régime avec notamment le second tour de la présidentielle du 21 avril 2002, puis le renouveau de l'intérêt porté à la politique par les Français (scrutin de 2007) et la réforme de 2008.

3. Pour approfondir

- La **presse écrite ou les sites internet des quotidiens et des hebdomadaires** permettent de suivre l'actualité : une lecture d'une demi-heure à une heure tous les jours ou tous les deux jours vous donnera un survol, que vous pourrez approfondir selon vos goûts et vos lacunes. L'idéal est de parcourir *Le Figaro*, *Le Monde* et un hebdomadaire. Si vous manquez de temps, ***Le Monde mensuel*** vous offre sous forme condensée l'actualité du mois.
- Certains ouvrages analysent l'actualité de l'année passée. Au niveau international, on peut citer le **volume *Ramsès* de l'IFRI**, qui paraît en septembre. **Vuibert édite un volume** *Actualité 2012, Concours et examens 2013*, destiné notamment aux concours de la fonction publique de catégorie B.
- Un futur gendarme peut trouver intérêt aux **publications du groupe Areion**, très illustrées de cartes et de photographies. Il regroupe **plusieurs revues**, en général six numéros par an, comme *Diplomatie*, *Carto*, *Moyen-Orient*, *DSI* (*Défense et sécurité internationale*), *Histoire et Stratégie*.
- Des émissions à suivre, comme « Le Dessous des cartes » d'Arte, « Capital » sur M6, « C dans l'air » sur France 5, « Mots croisés », « Complément d'enquête », « Envoyé spécial » sur France 2.

Planning de révision

Ce planning est une proposition pour réviser les éléments principaux du cadre politique français. Il faut lui ajouter le travail de connaissance et de réflexion sur l'actualité.

PÉRIODE 1	Les grands repères de l'histoire de France La Ve République
PÉRIODE 2	Le président de la République Le Premier ministre et le gouvernement
PÉRIODE 3	Le Parlement Les collectivités territoriales
PÉRIODE 4	Les institutions européennes
PÉRIODE 5	L'organisation judiciaire et les juridictions administratives
PÉRIODE 6	Rappels de géographie française

Une période comprend une ou deux semaines environ.

Sujets inédits corrigés

Sujet n° 1

Difficulté ✗✗✗	Durée 2 heures

« La sécurité intérieure après les attentats de 2015 »

Questions possibles

1. Quelles sont les caractéristiques du djihadisme qui a frappé en 2015 ?
2. Pourquoi la guerre en Syrie et en Irak attire-t-elle les djihadistes européens ?
3. Quels sont les moyens juridiques pour lutter contre le terrorisme djihadiste ?
4. Quels problèmes posent l'état d'urgence et sa prolongation ?
5. Comment la gendarmerie est-elle associée à la lutte antiterroriste ?

Connaissances à mobiliser

- L'« **islam** » désigne la civilisation de l'« islam », nom de la religion.
- L'**islamisme** est un terme occidental pour désigner un « réveil de l'islam » face à la modernité occidentale et constitue l'une des grandes idéologies du XIXe siècle, à côté du socialisme, du marxisme ou du libéralisme. Il prend plusieurs formes : islamisme missionnaire, islamisme politique et djihadisme. Toutes souhaitent mettre en place un État islamique appuyé sur la charia, code moral.
- Le **djihadisme** est une idéologie qui fait du djihad un moyen et un but, ce qui le distingue du djihad de l'islam. Il s'appuie sur deux idéologues principaux : Sayyid Qutb (1906-1966), des Frères musulmans égyptiens, et Maulana Maududi (1903-1979), un Pakistanais. Le djihad connaît plusieurs vagues : en Afghanistan contre l'URSS dans les années 1970-1980 ; contre les régimes militaires en Algérie et en Égypte, ainsi que dans le cadre de la guerre de Bosnie dans la décennie 1990 ; puis le djihad contre l'Occident, prôné notamment par Al-Qaida ; enfin, un djihad plus territorialisé avec Boko Haram au Nigeria, EEIL en Syrie et en Irak, et les shebabs en Somalie.

- Le djihad est un mot qui signifie d'abord « effort », effort sur ses passions pour le « djihad majeur », en vue d'une action ponctuelle, éventuellement militaire, impliquant la communauté pour le « djihad mineur ». Il ne prend le sens de « combat pour Dieu » qu'au IXe siècle et s'inscrit avant tout dans un contexte tribal. L'expansion de l'islam à partir du VIIe siècle se fait sur le mode des razzias, puis comme guerre d'expansion classique. Sa dimension religieuse est le fait de combattants irréguliers et marginaux, et a un rôle plus mobilisateur que pratique : le **djihad relève de la fiction littéraire plus que de l'histoire**, ce qu'oublient les djihadistes contemporains.

Comment aborder le sujet ?

❶ Après avoir été à l'abri du terrorisme de 1996 à 2012, la France fait face à plusieurs attaques depuis celle de Mohammed Merah. Il convient d'analyser celles de 2015 par rapport à cette dernière et d'évoquer les diagnostics différents qui ont été faits.

❷ La guerre syrienne et la proclamation du califat, à cheval sur la Syrie et l'Irak, ont entraîné le départ de plusieurs milliers d'Européens : il faut analyser d'une part les **particularités de la région**, d'autre part les **évolutions en Europe**, qui expliquent cette nouvelle ampleur.

❸ Après avoir rappelé les grands textes successifs de lutte contre le terrorisme, il faut évoquer la **récente loi adoptée par le Parlement**, ainsi que les problèmes qu'elle pose, tant du point de vue de l'efficacité que de celui du respect des principes démocratiques.

❹ Après avoir rappelé le contexte de la **création de l'état d'urgence en 1955** et de son utilisation en 2015, il est possible de présenter un **premier bilan** de son efficacité après quelques mois d'entrée en vigueur, et il faut souligner les **problèmes que pose sa prolongation**.

❺ Le double assaut donné par les forces de l'ordre aux terroristes le **9 janvier 2015** et celui de Saint-Denis le 18 novembre suivant ont vu **collaborer plusieurs services** spécialisés dans la lutte contre les terroristes : il s'agit de rappeler la part prise par les moyens de la gendarmerie et d'évoquer les mesures prises depuis pour augmenter les moyens.

Méthode

❶ Khaled Kelkal en 1995 et le « gang de Roubaix » en 1996 étaient des djihadistes formés en Algérie ou en Bosnie-Herzégovine : la surveillance des filières liées à ces terrains a évité que le territoire ne soit frappé par d'autres attentats djihadistes de 1996 à 2012. En revanche, selon Gilles Kepel, auteur de nombreux ouvrages sur le djihadisme[1], la **radicalisation qui s'est développée dans les prisons** a été sous-estimée, malgré des études menées par des chercheurs, tel Farhad Khosrokhavar[2], ou par des parlementaires, tel le député Guillaume Larrivé, auteur d'un rapport sur le sujet en octobre 2014. Ce processus a été insuffisamment rapproché du nouveau modèle de djihad proposé par **Abou Moussab al-Souri** dans son ***Appel à la résistance islamique mondiale***, diffusé sur Internet depuis fin 2004. Gilles Kepel explique que plusieurs responsables de la justice et des services de police ont fait erreur en évoquant des « loups solitaires » : l'affai-

1. Voir le dernier paru *Terreur dans l'Hexagone. Genèse du djihad français*, Paris, Gallimard 2016, 330 p.

2. Voir Farhad Khosrokhavar, James A. Beckford, Danièle Joly, *Les Musulmans en prison, en Grande-Bretagne et en France*, Louvain, Presses universitaires de Louvain, 2013, 372 p.

blissement d'Al-Qaida, qui échoue à renouveler d'importants attentats en Occident et dont le chef Ben Laden est tué en 2011, leur laisse à penser que le djihad ne peut plus qu'être le fait d'individus isolés, qui se seraient « **autoradicalisés** ». L'expression de « loups solitaires » est à nouveau utilisée pour les **frères Tsarnaev**, auteurs du double attentat de **Boston**, **le 15 avril 2013**, pour **Mehdi Nemmouche**, qui tue quatre personnes devant le Musée juif de Bruxelles, le **24 mai 2014**, puis pour les frères Kouachi et Amedy Coulibaly en **janvier 2015**.

Pour Kepel, cette expression ne rend pas compte de la **mutation du djihad** en une nouvelle forme, théorisée par al-Souri. **Rejetant le djihad « pyramidal et centralisé » d'Al-Qaida et le djihad « à front ouvert »**, qui ont échoué en Afghanistan et en Irak, il **prône « un djihad individuel avec de petites cellules terroristes »** pour terroriser l'ennemi en frappant des « cibles molles » tels des casernes, des institutions juives ou des rassemblements sportifs.

❷ Selon les chiffres officiels de janvier 2015, les **Français et résidents impliqués** dans le djihad en Syrie ou en Irak seraient **906** (dont 491 en Syrie, et un tiers seraient des femmes). Parmi eux, 126 sont morts, soit 1 sur 7 : 3 en 2012, 15 en 2013, 49 en 2014 et 59 en 2015. **L'attraction exercée par le djihad syrien** est beaucoup plus forte que les précédents pour plusieurs raisons :

- lutter contre Bachar al-Assad paraît d'autant plus juste que **François Hollande avait appelé à le renverser** avant de se rallier à l'inaction quand Obama renonce à frapper Damas malgré l'usage massif d'armes chimiques le 21 août 2013 ;

- la **Syrie est relativement facile d'accès** : il suffit d'un billet d'avion pour la Turquie, puis de se rendre à la frontière et de passer dans le pays voisin. Les Français n'ont pas besoin de visa pour cet itinéraire. De plus, l'installation en famille est abordable, d'autant que le djihad est conçu comme long ;

- **idéologiquement, le « Cham »**, ancien nom de la Syrie utilisé dans le Coran, offre un attrait supplémentaire. Au nord d'Alep, la ville de Dabiq a été le lieu d'une bataille importante entre les Ottomans et les Mamelouks en 1516, mais surtout un hadith du Prophète annonce que s'y déroulera l'affrontement ultime contre les infidèles, rassemblés en 80 nations. C'est pour cela qu'EI y a planté son drapeau en août 2014 et se réjouit de la formation d'une coalition contre lui, espérant la réalisation de la prophétie. De même a-t-il baptisé sa nouvelle revue sur Internet *Dabiq*. Le « ***Bilad el-Cham*** » ou « Grande Syrie » présente ainsi une **forte charge eschatologique**.

En Europe, les **réseaux sociaux d'Internet** tels Facebook ou Twitter jouent un grand rôle dans la séduction des combattants, alors qu'Al-Qaida le faisait soit par la chaîne de télévision Al-Jazeera, soit par des sites propres : c'est une forme de « **cyber-djihad** ». Les photographies de combattants morts en « martyrs » ou d'ennemis massacrés, éventuellement décapités, exercent une fascination morbide, tandis qu'au contraire d'autres photographies de djihadistes se baignant en font une sorte **d'aventure de boy-scouts**. Pour un jeune désœuvré, le « djihad au Cham » peut prendre **l'allure d'un voyage touristique**, avec des photographies de lever de soleil ou de copieux desserts orientaux postés sur Twitter par les djihadistes [1]. De leur côté, les jeunes filles peuvent partir pour **épouser des combattants** et montrer ensuite les images de mariages conformes à la charia. D'autres rêvent d'épouser un futur martyr et d'accéder ensuite au statut prestigieux de veuve, ou sont poussées par un idéal humanitaire à la vue des images d'enfants syriens gazés par Damas. Cette **« normalisation » du djihad par l'image** peut contribuer à décider des adolescents à franchir le pas. Il faut ajouter aussi le nouveau sens pris par la ***hijra*** : désignant d'abord la retraite de Mahomet et de ses compagnons de La Mecque à Médine, connue comme « l'Hégire », le mot signifie aujourd'hui « quitter le territoire pour aller vivre vraiment sa foi dans un pays islamique », souvent compris alors comme un pays d'islam rigoriste.

---

1. Analyse dans l'entretien du 1er octobre 2014 sur www.francetvinfo.fr d'Abdelasiem El Difraoui, auteur de l'ouvrage *Al-Qaida par l'image* (Paris, PUF, 2013).

L'importance de la Syrie dans le recrutement a motivé la décision annoncée par François Hollande le 7 septembre 2015 de bombarder EI en Syrie, car c'est là qu'agissent les recruteurs. Le plus renommé était **Omar Diaby, dit « Omar Omsen »** (pour « Omar » et « Sénégal »), venu de Nice, qui a réalisé des films de propagande comme ***19HH*** et est parvenu à attirer une centaine de jeunes de sa ville, avec lesquels il a constitué une brigade de combat. Début août 2015, des sources ont annoncé sa mort.

❸ Le cadre juridique de la lutte contre le djihadisme comprend plusieurs textes adoptés au fur et à mesure de l'évolution de la menace terroriste en France :

- le **9 septembre 1986**, une législation complète **définit juridiquement le terrorisme** et prévoit des peines, d'une part pour des actes de droit commun commis dans ce cadre, d'autre part pour des actes spécifiques : selon le ministre de l'Intérieur Charles Pasqua, il s'agissait de « terroriser les terroristes » ;

- les attentats de la station RER Saint-Michel de **1995** conduisent à **élargir la notion** de terrorisme et à **autoriser les perquisitions possibles à toute heure** ;

- à la suite des attentats du 11 septembre **2001**, la loi Jospin « sur la sécurité intérieure » crée notamment l'obligation pour les **fournisseurs d'accès à Internet** de conserver un an les données de connexion des utilisateurs ;

- au lendemain des attentats de Madrid et de Londres, la loi du **26 janvier 2006** présentée par le ministre de l'Intérieur Nicolas Sarkozy **supprime l'autorisation judiciaire nécessaire** pour que la police accède à ces données. Cette loi oblige les **compagnies aériennes à transmettre les informations** sur leurs passagers et, avec autorisation du juge des libertés, allonge à six jours la garde à vue en cas de risque d'action terroriste ;

- au lendemain des assassinats perpétrés par Mohammed Merah, la **loi « de sécurité et de lutte contre le terrorisme » du 21 décembre 2012**, déposée par Manuel Valls, permet de **poursuivre tout Français qui visite des camps d'entraînement au terrorisme à l'étranger**, même s'il n'a rien commis de répréhensible sur le territoire, pour association de malfaiteurs en relation avec une entreprise terroriste, punie de dix ans de prison et de 225 000 euros d'amende. La loi permet aussi de placer en détention provisoire pour « apologie des actes de terrorisme » : le 17 septembre 2014, c'est ce qui arrive au **traducteur en français d'*Inspire***, la revue d'Al-Qaida diffusée sur Internet.

- la loi **du 13 novembre 2014**, déposée par le ministre de l'Intérieur Bernard Cazeneuve, comprend plusieurs dispositions :

• elle instaure une interdiction de sortie du territoire pour les individus suspectés de vouloir rejoindre les zones de terrorisme. Elle peut être contestée par un référé liberté devant le juge administratif et par un recours pour excès de pouvoir. Début 2015, 300 personnes souhaiteraient partir pour le djihad. Les en empêcher pose le problème d'actes terroristes qu'ils pourraient commettre en vengeance, comme en témoigne le cas du Canadien Michael Zehaf-Bibeau : le 22 octobre, il tire sur le Parlement d'Ottawa. Il s'était vu confisquer son passeport alors qu'il voulait se rendre en Libye ;

• par prudence, la loi **renforce le pouvoir d'investigation**, non des services de renseignement, mais du juge et de la police ;

• elle **crée un délit d'entreprise terroriste individuelle** pour répondre à l'évolution de la menace : celle-ci consiste moins en groupes structurés qu'en des terroristes isolés, renvoyés en France après formation pour y passer à l'acte à la moindre opportunité. Avant, il fallait être au moins deux pour être poursuivi pour terrorisme ;

• **le délit d'apologie d'actes de terrorisme est déplacé dans le Code pénal**, alors qu'il relevait de la loi sur la presse de 1881. Cela permet de lui appliquer des délais de prescription allongés et des règles de procédure plus souples, relevant du régime dérogatoire en matière de terrorisme ;

- la loi du **24 juillet 2015** définit un cadre légal aux activités des services de renseignement qui existaient dans un cadre mal défini. Elle les limite à des finalités limitativement précisées et les place sous différents contrôles ;

- le **3 mars 2016** a commencé l'examen par le Parlement du **projet de loi anti-terroriste Urvoas**, présenté par le nouveau garde des Sceaux. Plusieurs dispositions sont prévues :

• une personne rentrant de Syrie ou d'autres théâtres d'opérations terroristes peut être assignée à résidence pendant un mois et devoir signaler ses déplacements et communiquer ses identifiants de boîte mails ou de réseaux sociaux ;

• une personne peut être retenue quatre heures à la suite d'un contrôle d'identité en cas de doute sur un lien avec le terrorisme, le temps de consulter les fichiers de police ;

• des dispositions de l'état d'urgence sont pérennisées dans le cadre de l'anti-terrorisme, telles les perquisitions de nuit ;

• un amendement des députés permet à une cour d'assises de prononcer une perpétuité « incompressible » aux auteurs de crimes terroristes, avec une période de sûreté de trente ans, contre vingt-deux ans actuellement. Une période de sûreté obligatoire sera applicable pour tous les délits et crimes terroristes punis d'au moins dix ans de prison ;

• le dispositif juridique est, enfin, complété par la **mise en œuvre du PNR** (*Passenger Name Record*), fichier européen comprenant 19 données sur les passagers aériens et mis en commun par les pays de l'UE. Son adoption par le Parlement européen est effective depuis le 14 avril 2016. En janvier 2016, **Europol**, qui coordonne les polices de 28 pays à La Haye, a mis en place un **nouveau centre de contre-terrorisme** pour amplifier le partage d'informations entre pays membres ;

- l'état d'urgence devrait être prolongé de deux mois à compter du 26 mai pour couvrir l'Euro de football, (10 juin au 10 juillet), et le Tour de France, (2 au 24 juillet).

❹ L'état d'urgence est défini par la **loi du 3 avril 1955**, votée dans le contexte de la guerre d'Algérie. Il a été décrété pour les douze jours prévus par le texte à partir du 14 novembre à zéro heure. Le 19 novembre, l'Assemblée nationale vote sa prolongation de trois mois, suivie le lendemain par le Sénat. L'état d'urgence est ainsi prolongé jusqu'au 26 février 2016, puis jusqu'au 26 mai suivant par une nouvelle loi.

La loi promulguée le 21 novembre 2015 **modifie le régime d'état d'urgence** sur plusieurs points :

• l'assignation à résidence est élargie à toute personne à l'égard de laquelle existent des raisons sérieuses de penser que son comportement constitue une menace pour la sécurité et l'ordre public ;

• les perquisitions administratives sont possibles sans autorisation judiciaire, sauf dans les locaux liés à un mandat parlementaire ou à l'activité professionnelle des avocats, magistrats ou journalistes ;

• le contrôle de la presse et de la radio, prévu par la loi de 1955, est supprimé, mais le gouvernement est autorisé à bloquer des sites Internet ou des réseaux sociaux faisant l'apologie du terrorisme ou incitant à des actes terroristes ;

• des associations qui agiraient ainsi pourront être dissoutes ;

• l'état d'urgence est étendu à l'outre-mer.

La prolongation de l'état d'urgence pose plusieurs questions. La première concerne le **bilan** des moyens d'exception mis en œuvre. Le 9 février 2016, le ministre de l'Intérieur, Bernard Cazeneuve, faisait un bilan d'étape devant le Sénat : 3 300 perquisitions administratives menées en trois mois ont permis la saisie d'armes, 344 gardes à vue et 65 condamnations, mais peu en lien avec le terrorisme : **seulement 28 des 563 procédures judiciaires** déclenchées concernent le terrorisme. Sur ces 28, **23 cas d'apologie du terrorisme et 5 cas réels de projet ou de menaces d'attentats ou d'attaques.**

Dans son avis du 2 février 2016, le Conseil d'État a souligné le problème de prolonger indéfiniment une législation prévue pour « un état de crise », par nature temporaire. Il confirme que la **proportionnalité des moyens à leur finalité** est préservée, et que de nombreuses mesures encadrent cette législation d'exception, tel le **référé liberté**, qui permet, dans de très brefs délais, un débat oral contradictoire devant le juge, qui dispose de larges pouvoirs de suspension et d'injonction vis-à-vis de l'administration, ce qui a conduit à modifier ou annuler un nombre significatif de mesures prises dans le cadre de l'état d'urgence. Le Conseil d'État souligne toutefois la **nécessité de garantir la sécurité avec les moyens juridiques ordinaires**, dès lors que la menace perd de son caractère imminent, et donc d'**organiser la fin de l'état d'urgence**. Sinon, la notion d'état d'urgence risque de perdre de son efficacité. De ce point de vue, il y a le précédent du plan Vigipirate, activé en permanence depuis 1995, mais celui-ci s'appuie sur des outils juridiques « ordinaires » de la lutte contre le terrorisme et non sur des mesures d'exception. Le 20 février 2014, il a été modifié avec deux niveaux de vigilance, un niveau « permanent » et le niveau « alerte attentat » lorsque la menace se précise.

5 Les images du double assaut donné par les forces de l'ordre aux terroristes le **9 janvier 2015** contre les frères Kouachi à Dammartin-en-Goële et contre Amedy Coulibaly à Vincennes ont montré la part prise par les moyens de la gendarmerie aux côtés de ceux de la police et de la police judiciaire. À Dammartin, c'est le **GIGN** (Groupement d'intervention de la Gendarmerie nationale) qui mène l'assaut, tandis qu'à Vincennes ce sont le RAID (Recherche, assistance, intervention, dissuasion), qui dépend de la police, et la BRI (Brigade de recherche et d'intervention).

La lutte en amont a connu plusieurs réorganisations, notamment suite aux critiques émises lors de l'affaire Mohammed Merah et à la nécessité de renforcer le renseignement de proximité :

- six ans après sa création à partir des Renseignements généraux (RG) et de la DST, le 12 mai 2014, la Direction centrale du renseignement intérieur (DCRI) devient la **Direction générale de la sécurité intérieure** (DGSI), **rattachée directement au ministre de l'Intérieur**, et non plus au sein de la police, pour permettre une prise directe du politique. Elle reste un service de police et de police judiciaire, tout en étant un service de renseignement et de sécurité. Elle ne recrute pas de gendarmes, mais coopère avec la gendarmerie, notamment la SDAO ;
- créée le 1er janvier 2014, la **Sous-Direction de l'anticipation opérationnelle** (SDAO) de la Gendarmerie nationale a hérité d'une base de données de plus de 150 000 fiches et a été dotée de 500 analystes ;

Après que François Hollande a renoncé à la suppression de 7 500 postes de défense, puis Manuel Valls avait annoncé la **création de 2 680 nouveaux emplois** pour la lutte antiterroriste dans les trois années à venir. Le 16 novembre, devant le Congrès, François Hollande a annoncé le **recrutement en deux ans de 8 500 fonctionnaires de sécurité**, soit 5 000 emplois de policiers et de gendarmes, et 2 500 postes supplémentaires pour l'administration pénitentiaire et pour les services judiciaires, l'administration des douanes devant être renforcée de 1 000 postes. Dans le contexte de l'état d'urgence, les policiers, gendarmes et douaniers volontaires pourront porter leur arme en dehors du temps de service.

À noter aussi qu'à deux reprises, le 16 novembre et lors des vœux aux armées le 14 janvier 2016, **François Hollande a évoqué l'idée de créer une garde nationale**, sans préciser davantage ce projet qui viserait à répondre au manque d'effectifs d'une armée réduite depuis la fin du service militaire en 1996, alors qu'elle est chargée de surveiller le territoire depuis les attaques de janvier 2015. Deux grandes possibilités semblent exister : soit le modèle américain, qui consiste en une véritable armée bis, peu vraisemblable pour la France, soit le développement de la « **réserve opérationnelle** », qui se partage entre armées et gendarmerie. L'objectif a été fixé que soient disponibles 1 000 réservistes opérationnels par jour en 2019. Si elle ne dépend plus du ministère de la Défense, la gendarmerie se distingue par son maillage territorial, alors que l'armée n'est plus présente dans de nombreux départements, nouvel obstacle à la mise en place d'une telle garde nationale.

Éléments de réponse

Depuis l'affaire Mohammed Merah en 2012, **l'expression de « loups solitaires »** est régulièrement utilisée pour désigner les djihadistes, en opposition avec l'époque d'Al-Qaida, quand ils agissaient au sein d'une structure qui les formait et les dirigeait. Désormais, ils semblent « s'autoradicaliser » par Internet ou en prison, très peu dans les mosquées. Pour Gilles **Kepel, cette expression méconnaît la mutation du djihad**, théorisé par **Abou Moussab al-Souri**, dont les principes sont exposés librement sur Internet depuis la fin de 2004. Les différentes attaques perpétrées en Occident et, notamment en France le 7 janvier et le 13 novembre 2015, correspondent au « djihad individuel avec de petites cellules terroristes » frappant des « cibles molles » de l'Occident.

Les développements de la guerre en Syrie et en Irak apportent un autre changement avec le nombre inconnu jusque-là de djihadistes venus de 90 pays, autour de 19 000 à 20 000 personnes, dont 3 400 à 5 000 Européens. Les **Français et résidents impliqués** sont les plus nombreux, **906 mi-2015, dont un tiers de femmes**. Parmi eux, un sur sept serait mort. Ce nombre élevé s'explique par l'**attrait du djihad en Syrie** : la cause semble juste puisque François Hollande avait appelé à renverser Bachar al-Assad, et le « Levant » ou « pays du Cham » est un nom riche de sens dans l'histoire de l'islam. La Syrie est relativement facile d'accès par la Turquie et s'y rendre en famille pour un djihad long y est beaucoup plus simple que dans les conflits précédents. Les réseaux sociaux sur Internet rendent l'expérience attrayante : le « cyber-djihad » y prend des allures d'aventure de boy-scouts, de camp humanitaire, voire de voyage touristique. Certains y voient une nouvelle forme de *hijra*, « départ pour vivre vraiment sa foi en terre d'islam ».

Les différentes vagues d'attentats ont conduit la France à se doter d'un arsenal juridique contre le terrorisme. En **1986**, la législation **définit le terrorisme** et prévoit des peines, d'une part pour des actes de droit commun commis dans ce cadre, d'autre part pour des actes spéci- fiques. Les attentats de **1995** conduisent à **élargir la notion** de terrorisme et à **autoriser les perquisitions possibles à toute heure**. En **2001**, la loi Jospin crée l'obligation pour les **fournisseurs d'accès à Internet** de conserver un an les données de connexion des utilisateurs. En 2006, **l'autorisation judiciaire nécessaire** pour que la police accède à ces données est supprimée ; les **compagnies aériennes ont obligation de transmettre les informations** sur leurs passagers ; et la garde à vue en cas de risque d'action terroriste est allongée à six jours, avec autorisation du juge des libertés. La **loi « de sécurité et de lutte contre le terrorisme » de 2012** permet de **poursuivre tout Français qui visite des camps d'entraînement au terrorisme à l'étranger**, même s'il n'a rien commis de répréhensible sur le territoire, et permet aussi de placer en détention provisoire pour « apologie des actes de terrorisme », ce qui arrive au **traducteur en français d'*Inspire***, la revue d'Al-Qaida diffusée sur Internet, le 17 septembre 2014. Enfin la loi du **13 novembre 2014 instaure une interdiction de sortie du territoire** pour les individus suspectés de vouloir rejoindre les zones de terrorisme : ils seraient 300 au début de 2015. La loi **renforce le pouvoir**

d'investigation, non des services de renseignement, mais **du juge et de la police**. En réponse à la notion de « loup solitaire », elle **crée le délit d'entreprise terroriste individuelle**, alors qu'auparavant il fallait être au moins deux pour être poursuivi pour terrorisme. Les événements de 2015 ont, à leur tour, entraîné de nouveaux textes. À côté de la loi du 24 juillet, qui donne un cadre légal à certaines pratiques des services de renseignement, le **projet de loi anti-terroriste**, présenté par le nouveau garde des Sceaux, Jean-Jacques Urvoas, à l'Assemblée le 3 mars 2016, apporte plusieurs réponses : une personne rentrant d'un théâtre d'opérations terroristes telle la Syrie pourra être assignée à résidence pendant un mois, tandis qu'un contrôle d'identité peut se prolonger de quatre heures de retenue en cas de doute sur un lien avec le terrorisme. Plusieurs dispositions de l'état d'urgence sont pérennisées en les intégrant dans le cadre de la législation anti-terroriste, telles les perquisitions de nuit.

C'est dans le cadre de la guerre d'Algérie qu'a été défini l'état d'urgence, par la **loi du 3 avril 1955**. Il est décrété par l'exécutif pour douze jours, puis peut être prolongé pour trois mois par l'Assemblée nationale. Cette législation d'exception avait été mobilisée en 2005 lors des émeutes urbaines. Elle l'est le 14 novembre, à partir de zéro heure, puis reconduite jusqu'au 26 février 2016, puis 26 mai. Elle a été modifiée par la loi promulguée le 21 novembre 2015, à propos de l'assignation à résidence, des perquisitions administratives, du blocage de sites Internet ou de réseaux sociaux faisant l'apologie du terrorisme ou de la dissolution d'association agissant ainsi. La prolongation de l'état d'urgence pose toutefois plusieurs problèmes : dans quelle mesure est-ce efficace (5 des 563 procédures judiciaires liées à 3 300 perquisitions administratives en trois mois concernent des projets ou des menaces d'attentats ou d'attaques) ? Le Conseil d'État a ainsi estimé que, plutôt que de prolonger une législation d'exception, il serait préférable de faire évoluer l'arsenal juridique normal, notamment celui de la lutte anti-terroriste.

Face à ces développements, la gendarmerie est naturellement intensivement sollicitée. C'est le **GIGN** qui a donné l'assaut contre les frères Kouachi à Dammartin-en-Goële le 9 janvier 2015. La lutte en amont a connu plusieurs réorganisations et a vu naître le 1er janvier 2014 la **Sous-Direction de l'anticipation opérationnelle** (SDAO) de la Gendarmerie nationale. Celle-ci est associée à la nouvelle **Direction générale de la sécurité intérieure** (DGSI), **rattachée directement au ministre de l'Intérieur**. Le 16 novembre 2015, François Hollande a annoncé le recrutement en deux ans de 8 500 fonctionnaires de sécurité, dont 5 000 emplois de policiers et de gendarmes. Il a également évoqué la création d'une garde nationale, sans donner plus de détail. Celle-ci pourrait s'appuyer sur la « **réserve opérationnelle** » de **58 000 militaires** environ, à laquelle participe la **gendarmerie pour moitié**.

Sujet n° 2

Difficulté ✗✗✗	Durée 2 heures

« Le défi européen des réfugiés »

Questions possibles

1. Pourquoi l'UE fait-elle face à de tels flux migratoires aujourd'hui ?
2. Pourquoi dit-on que cette crise souligne l'échec de Schengen ?
3. Pourquoi l'UE est-elle tant divisée sur le sujet ?
4. Comment évaluer l'accueil des réfugiés en France ?
5. De quelles manières les gendarmes sont-ils mobilisés sur ce dossier ?

Connaissances à mobiliser

- Un **demandeur d'asile** est une personne qui **cherche à obtenir le statut de réfugié** auprès d'un pays. Si cette requête est refusée, il doit quitter le pays : dans la pratique, un grand nombre de demandeurs d'asile restent et deviennent des immigrés clandestins ou « sans-papiers ».
- Un **réfugié a obtenu le droit d'asile**, statut officiel qui l'autorise à rester en France, avec son conjoint et ses enfants mineurs, durant dix ans.
- L'**asile** est décidé en référence à deux textes :

– **l'asile conventionnel**, régi par la **convention de Genève du 28 juillet 1951**, protège « toute personne craignant avec raison d'être persécutée du fait de sa race, de sa religion, de sa nationalité, de son appartenance à un certain groupe social ou de ses opinions politiques » ;

– **l'asile constitutionnel**, en référence au Préambule de la Constitution de 1946, intégré au bloc de constitutionnalité, protège « toute personne persécutée en raison de son action en faveur de la liberté ». Le candidat doit démontrer qu'il est l'objet d'une telle persécution, et non seulement qu'il craint celle-ci.

- La « **protection subsidiaire** » accorde un titre de séjour d'un an renouvelable à ceux qui ne correspondent pas au statut de réfugiés mais qui fuient la peine de mort, la torture ou un pays en guerre.
- La « **protection immédiate et temporaire** » de un à trois ans peut être accordée par le Conseil de l'UE en cas de conflit armé.
- L'**Ofpra** (Office français de protection des réfugiés et des apatrides) a été créé en 1952 pour appliquer la convention de Genève de 1951. Sous tutelle financière et administrative du ministère de l'Intérieur depuis 2010, c'est un établissement public administratif indépendant dans son fonctionnement, comptant plus de 500 agents. Il instruit les demandes d'asile, assure protection juridique et administrative aux personnes bénéficiant des divers statuts de réfugiés et conseille le ministère de l'Intérieur sur les demandes faites à la frontière d'entrer sur le territoire au titre de l'asile.

Comment aborder le sujet ?

❶ Si les flux migratoires frappent par leur caractère massif, il faut rappeler que cela fait quinze ans que l'Europe est confronté à ce phénomène en pleine croissance : 2014 constituait déjà un record, battu par 2015. C'est dans ce contexte qu'est créée l'agence européenne Frontex.

❷ La crise actuelle montre l'échec partiel de l'harmonisation des législations sur l'asile prévue par Schengen et du rôle de filtre attribué aux États périphériques. Or la construction de l'espace de libre circulation des personnes par les accords de Schengen est un élément essentiel de la construction européenne.

❸ L'UE est apparue très divisée devant l'afflux de réfugiés, révélant les intérêts divergents de ses membres et rappelant aussi la diversité des situations géographique et historique des pays membres, qu'il faut présenter pour expliquer ces difficultés.

❹ Alors que certains responsables politiques agitent le spectre d'une invasion, il faut d'abord évoquer les chiffres de la présence ancienne des réfugiés en France et rappeler que l'accueil actuel reste numériquement très limité par rapport à l'afflux. De plus, il est à signaler que les réfugiés semblent préférer d'autres terres d'accueil, notamment les pays scandinaves, le Royaume-Uni ou l'Allemagne, en raison soit du plus grand dynamisme économique de ces pays, soit de la présence de communautés des pays d'origine qui facilitent l'arrivée.

❺ Le futur gendarme doit connaître les diverses manières dont la gendarmerie participe à la gestion des flux de réfugiés et les situations difficiles auxquelles il sera confronté.

Méthode

❶ La crise migratoire à laquelle est confrontée l'Europe a **commencé au début des années 2000** avec des causes multiples. Les régimes autoritaires et la misère en Afrique, les printemps arabes et les guerres en Syrie et en Irak en sont les causes profondes et conduisent un nombre croissant de migrants à vouloir entrer en Europe. **L'année 2014 a déjà été un record** avec 280 000 entrées comptées par **Frontex**, l'Agence européenne pour la gestion de la coopération opérationnelle aux frontières extérieures des États membres de l'UE, deux fois plus qu'en 2011, année marquée par le printemps arabe. Le chiffre est doublé en 2015 avec plus de 500 000 arrivées. On peut se demander toutefois si la crise vient vraiment du nombre (soit moins de 0,1 % seulement de la population de l'UE28, 510 millions d'habitants environ) ou de l'absence de vision et de position commune sur le sujet.

En **2004 est créée Frontex** pour coordonner les contrôles et aider les États qui forment la frontière extérieure de l'UE, à l'époque notamment l'Espagne, avec le détroit de Gibraltar. L'année suivante, les enclaves de Ceuta et Melilla sont prises d'assaut par des migrants, tandis qu'en 2006 ceux-ci partent en « pirogues » du Sénégal ou de Mauritanie vers les Canaries, avant que la Grèce devienne la principale porte d'entrée de l'UE en 2008. La traversée de la Méditerranée provoque à **plusieurs reprises des naufrages**, qui réveillent les opinions publiques avant de céder la place à d'autres sujets d'actualités. Des mesures sont prises, alternant accueil et fermeté, avec le même effet à chaque fois, à savoir de déplacer les routes migratoires. Pour les plus récents, en octobre 2013 périssent 366 migrants au large de l'île italienne de Lampedusa, conduisant l'UE à lancer **l'opération « *Mare nostrum* »**, ce qui n'empêche pas la noyade d'environ 3 500 personnes en 2014. En novembre de cette année lui succède **l'opération « Triton »**, limitée aux eaux territoriales européennes et non plus jusqu'aux côtes libyennes. Le 2 septembre 2015, la **photographie d'Aylan**, enfant kurde syrien de trois ans retrouvé mort noyé sur une plage turque, bouleverse l'Europe. Encore le 22 janvier 2016, trois naufrages successifs font plus de 45 morts, dont 20 enfants en mer Égée...

❷ Les accords de Schengen ont été un **élément de la relance de la construction européenne** au milieu des années 1980, dans un contexte dominé par l'euroscepticisme, notamment sous l'action du Royaume-Uni, gouverné par Margaret Thatcher. Ils ont été **signés le 14 juin 1985** par la France, l'Allemagne, la Belgique, le Luxembourg et les Pays-Bas, et devaient **concrétiser le principe de libre circulation des personnes**, l'une des quatre libertés de circulation qui sont la base du marché commun, puis du marché unique européen. La convention d'application n'entre toutefois **en vigueur qu'en 1995** : elle inclut notamment la suppression des contrôles intérieur à l'espace ainsi créé et l'harmonisation des règles de franchissement des frontières externes, ainsi que celles de contrôle et de traitement des demandeurs d'asile, ce dernier point étant précisé par une convention puis un règlement de Dublin, en 1990 et 2003.

Pourtant, **l'harmonisation prévue par Schengen est loin d'être achevée** et l'octroi du statut de réfugié varie considérablement d'un pays à l'autre : moins de 20 % des demandes sont satisfaites en France, contre 96 % en Italie ! En **juin 2012, les ministres de l'Intérieur européens ont précisé les possibilités du rétablissement ponctuel du contrôle aux frontières** en cas d'immigration incontrôlable. En 2015, **l'UE montre son incapacité à gérer l'afflux massif de population** suivant les règles de Schengen : enregistrement dans l'État périphérique, puis répartition entre les membres. Pour certains hommes politiques, la crise marquerait la fin de l'espace Schengen et rendrait nécessaire sa réforme. **Certains États périphériques sont dépassés et ne peuvent jouer le rôle prévu de « filtre »**, allant parfois jusqu'à fermer leurs frontières, entraînant le déplacement des flux. Des États ont refusé aussi la répartition des migrants : Angela Merkel a clairement menacé de remettre en cause Schengen. En France, Marine Le Pen prône même la sortie de l'espace communautaire, ce qui aurait un coût élevé pour les Français, tandis que Nicolas Sarkozy appelle au rétablissement des contrôles pour les étrangers à l'UE. Pourtant, selon l'eurobaromètre, la liberté de circulation des personnes est **régulièrement considérée par les Français comme l'acquis le plus important** de la construction européenne.

❸ Face à l'afflux de migrants, l'UE offre d'abord un **spectacle d'impuissance et de désunion** : les États, dont la France, refusent le principe de répartition contraignante proposée par la Commission. Les États périphériques sont vite débordés par l'afflux et ne peuvent jouer le rôle de filtre prévu par l'espace de Schengen : le 20 août 2015, la **Macédoine** ne parvient plus à maîtriser sa frontière et déclare l'état d'urgence à sa frontière avec la Grèce.

Tandis que l'Allemagne se déclare prête à accueillir massivement les réfugiés en août, **les anciens pays de l'Est se déclarent hostiles à cette arrivée**. Ils restent marqués par l'époque communiste où l'immigration était infime et mal perçue, le regroupement familial interdit et les femmes enceintes expulsées. Cette vision autarcique se retrouve en République tchèque, Slovaquie et Hongrie, tandis que l'opposition à la position d'Angela Merkel se manifeste principalement dans l'ancienne RDA, où la part d'immigrés est beaucoup plus faible que dans l'ancienne partie occidentale. Traversée par la principale route de transit, **la Hongrie** se retrouve en première ligne dans les Balkans : alors qu'en 1989 elle avait été le pays qui a ouvert le rideau de fer, elle **annonce, le 17 juin 2015, la fermeture de sa frontière avec la Serbie** et la construction d'un mur de barbelés de 175 kilomètres pour rendre hermétique cette frontière au 15 septembre. Le **franchissement illégal de la frontière est requalifié en crime passible** de trois ans de prison, en violation avec la convention de Genève de 1951, et des journalistes dénoncent les **mauvais traitements** réservés aux réfugiés dans des camps tel celui de Röszke. Ses voisins, la Croatie et la Slovénie, ferment aussi leur frontière.

Les tensions sur le sujet sont vives entre l'Allemagne et les PECO (Pays d'Europe centre-orientale) : Berlin évoque la suspension des fonds structurels à leur encontre, s'étonnant que des pays tant aidés depuis 1989 refusent d'accueillir aujourd'hui des réfugiés, et évoque une « honte de l'Europe ». Le **22 septembre** est trouvé un accord pour **répartir 120 000 migrants** et créer des « centres de tri » ou « hot spots » dans les pays périphériques. Il est toutefois aussitôt contesté, par exemple par la Slovaquie, qui refuse d'accueillir son lot de migrants. Le **7 mars 2016**, l'UE envisage un **accord avec la Turquie** pour soulager la Grèce, submergée par les migrants irréguliers : ceux-ci seraient renvoyés en Turquie en échange de réfugiés dont le statut aurait été vérifié, l'objectif est de briser la filière économique des passeurs et de débouter les migrants économiques. Ce projet d'accord est l'occasion pour **Chypre** de prendre en otage le texte en menaçant de le rejeter si la Turquie ne modifie pas sa position à propos de la partition politique de l'île.

❹ Selon le ministère de l'Intérieur, il y a **environ 175 000 réfugiés en France** (en 2014), principalement d'origine asiatique (souvent d'anciens « boat people »). Dans l'accueil des migrants, la France apparaît très en retrait : en 2012, elle n'est que 12e en Europe pour le rapport entre le nombre de demandeurs d'asile et le nombre d'habitants, la Suède en accueillant cinq fois plus. D'après Eurostat, la France a accueilli 75 750 demandeurs d'asile de 2008 à 2015, soit à la 6e place, loin derrière l'Allemagne (476 000). Contrairement à ce que craignent certains hommes politiques, la générosité du système social français ne semble pas attirer : les réfugiés en attente à Munich à l'été 2015 ne se pressent pas pour venir en France et préfèrent l'Allemagne, dont l'économie est plus dynamique et qui abrite déjà des communautés des mêmes pays, relais pour une intégration future. Celle-ci reçoit des flux migratoires très irréguliers. En France, au contraire, il y a un **flux constant**, lié au respect des conventions internationales sur les droits de l'homme (droit à épouser un citoyen français, regroupement familial, droit d'asile et droit, dans les faits, à étudier à l'étranger). De ce fait, **un quart de la population française est immigrée ou enfant d'immigrés**. Ces flux sont impossibles à réduire, à moins de remettre en cause toutes ces conventions, avec un risque élevé de représailles de la part de pays partenaires comme les États-Unis.

En septembre 2015, François Hollande a annoncé **l'accueil de 24 000 réfugiés supplémentaires en deux ans**, en plus des 6 750 demandés par la Commission européenne dans le cadre du plan de répartition des 120 000 réfugiés. La préparation de leur accueil a fortement mobilisé les maires volontaires, l'État promettant de financer 6 000 euros par migrant à installer, tandis qu'est nommé un « coordinateur national », Kléber Arhoul, chargé d'aider les collectivités locales. L'Éducation nationale, de son côté, devrait avoir à scolariser un tiers de ces arrivées, soit 4 000 à 5 000 élèves supplémentaires par an sur deux ans. Toutefois, en mars 2016, le ministre des Affaires étrangères, Jean-Marc Ayrault, a reconnu qu'à cette date à peine 1 000 migrants ont été accueillis...

❺ La gendarmerie intervient de plusieurs manières dans la gestion de la crise des migrants[1]. Il y a d'abord les **interventions autour de Calais**, qui résume une partie des difficultés de l'Europe face au problème migratoire. Le Royaume-Uni apparaît à beaucoup de migrants comme un eldorado, tout en étant en-dehors de l'espace Schengen. **De 1999 à 2002, le camp d'accueil de Sangatte**, commune voisine, a vu passer environ 68 000 migrants, qui y ont trouvé un abri provisoire. Le camp a été critiqué par les Britanniques, qui y ont vu une incitation au passage en force, et pour des conditions d'hygiène déplorables. Sa fermeture définitive, le 16 décembre 2002, a laissé place à la « **jungle de Calais** ». Celle-ci a vu le nombre des migrants s'accroître fortement en 2014 : ils étaient 200 à 500 au début de 2014, 2 500 à la fin de l'année. En 2015, les tentatives de passage par le tunnel sous la Manche perturbent le trafic à plusieurs reprises, conduisant à la signature d'une **convention franco-britannique le 21 août 2015**. Un centre de

1. Pour donner de la profondeur historique à sa réflexion, le candidat curieux pourra consulter Nicole Dyonet, Vincent Milliot, Marie-Claude Blanc-Chaléard et Caroline Douki, *Police et Migrants, France 1667-1939*, Rennes, Presses universitaires de Rennes, 2001, 380 p., épuisé mais disponible en format numérique. Il pourra lire particulièrement le chapitre « Le migrant du gendarme. Le quotidien de la surveillance dans le département du Nord pendant la première moitié du XIXe siècle », d'Arnaud-Dominique Houte, disponible en *open edition* sur http://books.openedition.org/pur/21058?lang=fr.

commandement commun est créé, la lutte contre les réseaux de passeurs, intensifiée, et Londres s'engage à verser 10 millions d'euros en deux ans pour améliorer l'accueil en France. En novembre 2015, le nombre de migrants atteint 6 000.

Depuis octobre 2015, il y a 1 900 membres de forces de l'ordre (contre 1 300 auparavant), soit environ **520 gendarmes (dont 450 gendarmes mobiles)** aux côtés de 960 policiers (dont 735 CRS) et 442 fonctionnaires de la police de l'air et des frontières (PAF), ainsi que 6 cavaliers de la garde républicaine. Ces effectifs sont chargés de sécuriser les accès au tunnel sous la Manche, le port de Calais et le « camp de Lande » (la jungle). La confrontation avec les migrants est une guerre d'usure : les migrants harcèlent les forces de l'ordre et cherchent à déjouer leur surveillance pour s'introduire dans les remorques de camion « TIR » du trafic international, parfois ralentissent le trafic routier pour en profiter sur la rocade portuaire calaisienne ou sur l'autoroute A16. Des débordements ont conduit la gendarmerie à prépositionner dans les environs trois de ses véhicules blindés à roues de la gendarmerie (VBRG), qui n'ont encore jamais été utilisés en métropole et dont l'emploi est soumis à l'autorisation directe du Premier ministre.

Le problème des migrants se pose aussi **aux frontières de l'UE**, où **l'agence Frontex** doit apporter son aide aux pays concernés. Des gendarmes peuvent participer à ces missions : par exemple, en janvier 2016, des gendarmes français sont présents dans ce cadre **sur les îles grecques de Lesbos et de Chios**.

Éléments de réponse

Avec **plus de 500 000 arrivées en 2015**, l'afflux des réfugiés a frappé les Européens par son caractère massif : pour autant, ce n'est que le paroxysme d'un phénomène présent depuis quinze ans, lié à la misère, aux régimes autoritaires et à la répression de mouvements issus du printemps arabe. C'est dans ce contexte que l'UE s'est dotée de **l'agence Frontex** en 2004 pour aider les pays périphériques de l'Union à gérer les flux. Elle a aussi organisé des campagnes de surveillance maritime, dont la dernière, **l'opération « Triton »**, est en place depuis le 1er novembre 2014. Pour autant, ces campagnes n'empêchent pas les naufrages, comme encore le 22 janvier 2016, quelques mois après la noyade du petit Aylan, enfant kurde syrien dont la photographie a ému l'Europe.

La construction européenne a mis en place un espace de circulation des personnes, dit « **espace Schengen** », qui en est l'un des acquis majeurs. La crise des migrants a mis en lumière le caractère inachevé de cette construction car le traitement de l'afflux des migrants est loin d'être réellement harmonisé : si l'Italie accepte 96 % des demandes d'asile, la France se limite à 20 %.

L'année 2015 a été celle de la **cacophonie dans l'UE**, les divergences entre États conduisant au rétablissement ponctuel de contrôle aux frontières intérieures, et même de barrières étanches aux frontières avec les pays tiers. Le cas de la Hongrie est symbolique puisque c'est ce pays qui avait démantelé le rideau de fer en 1989 et qui, le premier, ferme sa frontière avec la Serbie. De plus, les tensions sont vives entre membres de l'UE sur la répartition contraignante des réfugiés. Aussitôt conclu le 22 septembre 2015, l'accord pour **répartir 120 000 migrants** et créer des « centres de tri » ou « hot spots » dans les pays périphériques a été critiqué par la Slovaquie, qui ne veut pas accueillir les réfugiés musulmans. L'accord avec la Turquie, en mars 2016, est instrumentalisé par Chypre pour obtenir des avancées sur le statut de l'île, divisée avec la République turque de Chypre du Nord, soutenue par Ankara.

Ces afflux inquiètent en France : on peut remarquer que ce pays n'est pourtant pas le plus recherché par les migrants. Depuis 2008, la France n'est qu'à la 6e place européenne pour le nombre de demandeurs d'asile, 12e pour le rapport entre ceux-ci et le nombre d'habitants. Recevant des flux plus réguliers que l'Allemagne, elle accueille peu les migrants venus du Moyen-Orient : en septembre 2015, François Hollande a annoncé l'accueil de 24 000 réfugiés **supplémentaires en deux ans**, en plus des 6 750 demandés par la Commission européenne dans le cadre du plan de répartition des 120 000 réfugiés, mais seuls 1 000 sont réellement installés en mars 2016.

Le futur gendarme peut être confronté au problème : il peut ainsi **participer aux opérations de Frontex**, en appui des forces de l'ordre des pays européens périphériques, comme en Grèce, mais c'est surtout sur le territoire national qu'il peut être mobilisé. Ainsi, à Calais, les tentatives de passage vers le Royaume-Uni nécessitent la **présence de 1 900 membres des forces de l'ordre, dont 520 gendarmes**, principalement des gendarmes mobiles. De nombreux témoignages soulignent que ces **missions sont très éprouvantes physiquement et nerveusement**, risquant de conduire ces hommes à des dérapages, verbaux ou physiques, qui ont été dénoncés par des associations.

Sujet n° 3

Difficulté ✗✗✗	Durée 2 heures

« Les enjeux de la réforme territoriale »

Questions possibles

❶ **Rappelez les grandes étapes de la décentralisation.**

❷ **Pourquoi dit-on que la réforme territoriale doit corriger le « millefeuille territorial » ?**

❸ **En quoi consiste la métropolisation ?**

❹ **Quelle est la nouvelle répartition des compétences ?**

❺ **En quoi la réforme touche-t-elle la gendarmerie ?**

Connaissances à mobiliser

- **Décentralisation** : transfert de compétences de l'État vers les collectivités territoriales.
- **Déconcentration** : transfert de compétences de l'État central vers les niveaux locaux de l'État.
- **Secrétaire général pour les affaires régionales** (SGAR) : sous-préfet qui coordonne en région l'action de l'État et des collectivités.
- Valable en France, comme à l'échelon européen, le **principe de subsidiarité** veut qu'un sujet ne soit traité par un échelon supérieur que s'il ne peut pas l'être plus efficacement par l'échelon immédiatement inférieur.

Comment aborder le sujet ?

❶ Pour comprendre l'enjeu de la réforme territoriale, il faut rappeler les grands traits de la décentralisation ayant conduit aux collectivités territoriales actuelles.

❷ L'évocation faite de la décentralisation conduit à constater la multiplication des niveaux de collectivités territoriales et le chevauchement de compétences, couramment qualifiée de « millefeuille territorial ». Pour y remédier, une réforme territoriale avait été lancée par Nicolas Sarkozy en 2010, annulée, puis reprise d'une autre manière par son successeur en 2014. Elle s'accompagne d'une refonte de la carte des Régions.

❸ Définie par plusieurs lois, la métropolisation apparaît comme le complément de la réforme territoriale proprement dite car elle contribue à un nouveau découpage territorial et à une nouvelle répartition des compétences. Il faut mentionner aussi les tensions politiques liées à l'enjeu du contrôle de ces nouvelles collectivités.

❹ La loi NOTRe et les lois concernant les métropoles ont dessiné une nouvelle répartition des compétences, même si le résultat final est beaucoup moins ambitieux que prévu. Les départements, qui devaient beaucoup y perdre, ont su conserver des compétences.

❺ La suppression de 9 Régions métropolitaines entraîne **l'adaptation du découpage régional des zones de défense et de sécurité, et des zones de gendarmerie**. Cette adaptation reste purement administrative et n'aura des conséquences sur les personnels que progressivement, d'ici à la fin de 2018.

Méthode

❶ La décentralisation s'est faite en deux grands ensembles législatifs habituellement qualifiés « d'acte I » et « d'acte II » de la décentralisation. Dans la **période 1982-1986**, organisé par le ministre Gaston Defferre, « **l'acte I** » a fait des départements et des Régions de véritables collectivités, avec des assemblées élues (progressivement pour les Régions) et un exécutif élu par cette assemblée : le président du Conseil général remplace ainsi le préfet à la tête de l'assemblée départementale. La tutelle administrative a priori est remplacée par le contrôle juridictionnel a posteriori, tandis que des chambres régionales des comptes sont créées pour assister le préfet dans le contrôle budgétaire des collectivités. La création des Régions **répond aussi aux besoins de la politique européenne** : la répartition de la politique de cohésion se fait au niveau régional et nécessite l'existence de ce niveau de collectivité. Cette première étape a été complétée par plusieurs textes sur l'intercommunalité, avec la **création des établissements publics de coopération intercommunale** (EPCI), communautés de communes, communautés d'agglomération et communautés urbaines en 1999.

Les **années 2002-2004** ont été celles de « **l'acte II** ». L'article 1 de la Constitution dit désormais de la République que « son organisation est décentralisée », et les collectivités sont dites « territoriales ». Le **principe de subsidiarité** est introduit, le pouvoir réglementaire des collectivités, reconnu, ainsi que leur droit à l'expérimentation et leur autonomie financière. En 2004, des compétences et des personnels sont transférés.

❷ L'acte II avait été présenté comme un moyen d'améliorer la dépense et l'action publiques : les élus locaux sont au plus près des besoins du pays et du contrôle de l'électeur. Une dizaine d'années après, plusieurs facteurs nuancent fortement le bilan. La clause générale de compétence des collectivités conduit à **l'intervention de plusieurs niveaux sur différentes politiques, diluant la dépense et les responsabilités, et conduisant à des doublons. Les transferts n'ont pas empêché l'augmentation du nombre de fonctionnaires** : de 2000 à 2013, les effectifs de l'État diminuent légèrement de 2,57 à 2,33 millions, tandis que la fonction publique territoriale croît fortement de 1,33 à 1,88 million de fonctionnaires (+ 41 %). C'est particulièrement le cas du « bloc communal » (communes et intercommunalité). Dans son rapport du 14 octobre 2014, la Cour des comptes a relevé notamment que la croissance de **l'intercommunalité a été loin de produire des économies d'échelle**. Ces empilements et ces redondances sont qualifiés de « millefeuille territorial ». En 2010, Nicolas Sarkozy lance une réforme territoriale pour le simplifier. Elle doit encourager les regroupements de collectivités, démocratiser l'intercommunalité, fusionner conseillers régionaux et conseillers généraux en conseillers territoriaux, et supprime la clause générale de compétence. La mise en œuvre de la réforme est annulée par François Hollande en 2012, puis relancée sous une autre forme au lendemain de la déroute électorale des municipales (23 et 30 mars 2014). Alors que celle de 2010 stoppait le processus de décentralisation, **celle de 2014 est présentée comme un « acte III de la décentralisation »**. Elle s'inscrit aussi dans le « **choc de simplification** » avancé comme un moyen de libérer la croissance économique et de réaliser 10 milliards d'euros d'économie sur cinq ans, selon les prévisions. Pourtant, une partie des objectifs ambitieux semblent abandonnés ou vidés de leur contenu, telle la suppression des départements. Cette réforme a voulu simplifier aussi la carte des Régions par la suppression de 9 d'entre elles.

3 Depuis les années 1960, la notion géographique de métropole est invoquée pour aménager le territoire en évitant le simple binôme Paris/Province. La **loi du 16 décembre 2010 a créé le statut de métropole comme EPCI**, regroupant plusieurs communes « d'un seul tenant et sans enclaves », autour d'un « projet d'aménagement et de développement économique, écologique, éducatif, culturel et social de leur territoire ». Par décret du 17 octobre 2011 est ainsi créée la métropole Nice-Côte-d'Azur. La **loi du 27 janvier 2014**, « Modernisation de l'action publique territoriale et affirmation des métropoles », ou loi « **Maptam** », complète ce statut qu'adoptent neuf métropoles (Bordeaux, Grenoble, Lille, Nantes, Nice, Rennes, Rouen, Strasbourg et Toulouse), regroupant chacune plus de 400 000 habitants dans une aire urbaine de plus de 650 000 habitants. Brest et Montpellier pourraient connaître la même transformation. Ces métropoles exercent de plein droit certaines compétences municipales et peuvent en recevoir par délégation de l'État et par convention de la Région et du département. Les métropoles comprennent un conseil de métropole, qui élit son président, une conférence métropolitaine réunissant les maires concernés et un conseil de développement formé de représentants des milieux économiques, sociaux, culturels, éducatifs, scientifiques et associatifs. Strasbourg reçoit la dénomination « d'eurométropole » et Lille de « métropole européenne ».

Par ailleurs, la loi Maptam **crée la métropole du Grand Paris et celle d'Aix-Marseille**. Le Grand Paris s'impose le 1er janvier 2016 à la place des EPCI existantes, regroupant les communes de Paris, des Hauts-de-Seine, de Seine-Saint-Denis et du Val-de-Marne, et éventuellement des communes de départements voisins si elles formaient un EPCI avec une commune concernée par la loi Maptam. Selon la nouvelle présidente de l'Île-de-France, Valérie Pécresse, cette nouvelle entité risque de rester une coquille vide, entre le poids de la Ville de Paris et celui de la Région. Elle crée enfin la « métropole de Lyon », avec les compétences de l'ancienne communauté urbaine de Lyon et du département du Rhône sur l'aire urbaine. Malgré le nom de « métropole », il ne s'agit pas d'un EPCI mais d'une collectivité à statut particulier.

4 Le 7 août 2015 est promulguée la loi portant nouvelle organisation territoriale de la République, dite **loi « NOTRe »**, plus d'un an après la présentation du projet de loi en Conseil des ministres (examen le 18 juin 2014). Par rapport aux premières annonces, de nombreuses modifications ont été abandonnées ou sont applicables avec un long délai.

La loi **supprime la clause générale de compétence** pour les départements et les Régions : c'était là une source d'empilement et de dispositifs redondants. Elle confie de nouvelles compétences aux Régions pour le développement économique avec la responsabilité de la politique de soutien aux petites et moyennes entreprises, et aux entreprises de taille intermédiaire, et de présenter un schéma régional de développement économique, d'innovation et d'internationalisation (SRDEII) pour cinq ans. Elle lui donne aussi la charge de rédiger un schéma d'aménagement durable du territoire (SRADDT). Le transfert des collèges, prévu initialement, a été abandonné, tout comme celui de la voirie départementale. En revanche, les services de transports routiers et les transports scolaires sont versés aux Régions, qui peuvent toutefois les déléguer aux départements. Devant initialement disparaître, les départements sont maintenus, notamment avec les compétences dans le domaine de la solidarité.

Le **deuxième niveau renforcé est celui de l'intercommunalité**, dont les établissements devront atteindre 15 000 habitants dans le cadre d'un bassin de vie, avec plusieurs dérogations possibles (le seuil actuel est de 5 000 habitants, le seuil prévu initialement était de 20 000 habitants. Le transfert obligatoire des compétences communales en matière d'eau et d'assainissement est reporté à 2020.

❺ Dans le cadre de la réforme territoriale et de la loi NOTRe, entrée en vigueur au 1er janvier 2016, **9 Régions administratives métropolitaines sont supprimées, donc 9 régions de gendarmerie**. La Direction générale de la Gendarmerie nationale (DGGN) a décidé que cette évolution **ne toucherait que progressivement les personnels**, le cadre de gestion des sous-officiers étant maintenu, sans mobilité des personnels ni modification des emprises immobilières. Les officiers qui étaient à la tête des 9 régions supprimées deviennent commandants de région adjoint à leur région de rattachement, conservant le commandement de fonction administrative, la responsabilité d'unité opérationnelle sur le plan budgétaire pour leur ancienne région et les pouvoirs du ministre de l'Intérieur en matière de gestion des ressources humaines. En revanche, le gouvernement a demandé à la DGGN d'adapter le format final de l'organisation régionale de la gendarmerie d'ici à fin 2018. Cette traduction de la réforme pour la gendarmerie est précisée par le décret n° 2015-1625 du 10 décembre 2015.

Éléments de réponse

❶ Les collectivités territoriales sont le fruit de la décentralisation, réalisée en **deux grandes étapes**, « l'acte I » de **1982 à 1986**, complété par des lois sur l'intercommunalité telle celle de 1999, puis « l'acte II » en **2002-2004**. La première étape a posé les bases de l'organisation actuelle des collectivités territoriales, dotées d'un exécutif élu par une assemblée elle-même élue, disposant de l'autonomie contrôlée a posteriori par l'État. La deuxième étape a amplifié les transferts vers les collectivités territoriales et consacré celles-ci en précisant dans la Constitution, à propos de la République, que « son organisation est décentralisée ».

❷ La décentralisation a été présentée comme l'une des manières de « changer la vie » lors de « l'acte I », sous François Mitterrand, puis comme une manière d'améliorer la dépense et l'action publiques en rapprochant la décision du citoyen. Aujourd'hui, plusieurs éléments conduisent à nuancer le bilan. Le **nombre de niveaux de collectivités et l'intervention de plusieurs d'entre eux** sur les mêmes actions conduisent à des redondances et à diluer dépenses et responsabilités : cette situation a été qualifiée de « **millefeuille territorial** ». Selon la Cour des comptes, le **développement de l'intercommunalité** n'a pas produit les économies d'échelle espérées. Alors que l'État réduit ses effectifs, la fonction publique territoriale a vu les siens augmenter de 41 % depuis 2000. Une première réforme territoriale est lancée en 2010 par Nicolas Sarkozy, arrêtée en 2012, puis reprise en 2014 avec modifications par François Hollande. Cet **« acte III » se veut un moyen de réaliser le « choc de simplification »** qui libérerait de la croissance économique. Ayant renoncé à supprimer les départements, comme d'abord envisagé, la réforme renforce l'intercommunalité avec les métropoles et simplifie la carte des Régions en en supprimant 9 en métropole, tout en redistribuant certaines compétences.

❸ Notion de géographie de l'aménagement du territoire des années 1960, la **métropole devient un nouveau type d'EPCI** par la **loi du 16 décembre 2010**, qui regroupe plusieurs communes « d'un seul tenant et sans enclaves », autour d'un « projet d'aménagement et de développement économique, écologique, éducatif, culturel et social de leur territoire ». Le statut est complété par la **loi du 27 janvier 2014** « Modernisation de l'action publique territoriale et affirmation des métropoles », ou loi « **Maptam** ». Neuf métropoles (Bordeaux, Grenoble, Lille, Nantes, Nice, Rennes, Rouen, Strasbourg et Toulouse), regroupant chacune plus de 400 000 habitants dans une aire urbaine de plus de 650 000 habitants, sont ainsi créées, auxquelles s'ajoutent la métropole Nice-Côte-d'Azur dès 2011, la **métropole du Grand Paris et celle d'Aix-Marseille**. Ces métropoles exercent de plein droit certaines compétences municipales et peuvent en recevoir par délégation de l'État et par convention de la Région et du département.

4 Plusieurs aspects du « millefeuille territorial » sont modifiés par la loi portant nouvelle organisation territoriale de la République, dite loi « **NOTRe** », promulguée le 7 août 2015. La **Région s'en trouve consolidée**, non seulement par l'augmentation de la taille par la fusion de plusieurs Régions de métropole, mais par le renforcement de son rôle pour le développement économique. Elle reçoit les services de transports routiers et les transports scolaires, qui peuvent toutefois être délégués aux départements qui les géraient. Plus que ces transferts, qui restent limités finalement par rapport au projet initial, c'est la **suppression de la clause générale de compétence pour les départements et les Régions**, prévue dès 2010, qui pourrait limiter les redondances entre collectivités.

5 Si la nouvelle carte des Régions a des conséquences pour la gendarmerie, celles-ci restent limitées à un découpage administratif. Les adaptations pour les personnels devront être mises en œuvre d'ici à fin 2018.

Sujet n° 4

Difficulté ✗✗✗	Durée 2 heures

« Le centenaire de la Première Guerre mondiale »

Questions possibles

❶ **Pouvez-vous rappeler brièvement le contexte de l'attentat de Sarajevo ?**

❷ **Quelles sont les causes principales du conflit ?**

❸ **Comment expliquer la place de Verdun dans la mémoire du conflit ?**

❹ **Pourquoi la France a-t-elle gagné ?**

❺ **Que savez-vous du rôle de la gendarmerie durant le conflit ?**

Comment aborder le sujet ?

❶ Après en avoir précisé la **date (28 juin 1914)**, il faut expliquer l'enjeu de l'attentat de Sarajevo sans déborder sur la question suivante. Rappelez la situation de la Bosnie-Herzégovine à cette date et l'importance de **l'archiduc François-Ferdinand**, victime de deux attentats consécutifs à Sarajevo.

Connaissances à mobiliser

Sarajevo est la capitale de la Bosnie-Herzégovine, province de l'Empire ottoman, occupée par l'Autriche-Hongrie en 1878 et annexée en 1908. Elle est peuplée de Croates, de Serbes et de Slaves islamisés, qualifiés plus tard de « Bosniaques ». Apparue au XIXe siècle, la jeune Serbie en revendique une partie et se heurte à l'expansionnisme autrichien dans les Balkans. L'organisation nationaliste « La Main noire » est à l'origine de l'attentat. Sarajevo est devenu le symbole de l'Europe qui entre en guerre, ce qui explique l'inquiétude des Européens lors du siège de Sarajevo (1992-1996) dans le cadre de la guerre de Bosnie.

❷ Il faut d'abord rappeler que l'analyse des causes de la Première Guerre mondiale est l'objet d'une **bibliographie immense**, dont les évolutions reflètent celles de l'histoire en général, et qu'elle a été longtemps associée à celle de la responsabilité dans le déclenchement du conflit. Il est impossible de tout énumérer : il faut pouvoir **tracer quelques grands axes**.

❸ Après avoir constaté que de très nombreuses communes ont baptisé une rue, une avenue ou une place, du nom de cette bataille, puis avoir situé dans l'histoire du conflit la bataille, il s'agit d'évoquer **l'épreuve matérielle**, le fait que **deux tiers des unités** de l'armée de terre y ont participé par le biais de la rotation des troupes, et que la conception de la victoire (tenir et non conquérir) correspond bien à la vision de ce conflit qu'en ont les Français. Évoquez en quelques mots le tourisme de mémoire présent dès la fin du conflit et jusqu'à aujourd'hui.

4 Les caractéristiques de la « guerre totale » donnent l'avantage à celui qui parvient à mobiliser jusqu'au bout sa population, son industrie et à s'approvisionner à l'extérieur : avec sa richesse nationale, avec les Alliés anglo-saxons et l'Empire colonial, la France l'emporte, tandis que l'Allemagne est affamée et que son industrie ne tient plus le rythme de production qui aurait été nécessaire.

5 L'histoire du conflit laisse habituellement peu de place au rôle de la gendarmerie : ancien officier de la gendarmerie et conservateur des Monuments historiques, Louis-Napoléon Panel lui a consacré une thèse d'où **un livre récent** est tiré, intitulé *La Grande Guerre des gendarmes - « Forcer, au besoin, leur obéissance ? »*, éditions Nouveau Monde, 2013. Quelques mots à ce sujet permettront de montrer que le candidat s'intéresse non seulement à ce conflit essentiel mais aussi à sa future arme.

Connaissances à mobiliser

L'histoire de la gendarmerie dans la guerre ne se limite pas à cette arme en particulier : elle apporte un complément au **débat entre historiens** sur ce qui a permis aux « poilus » de tenir quatre ans dans de telles conditions de combat. Deux camps s'affrontent. Pour « **l'école du consentement** », dominante, les populations ont été préparées au sacrifice par le nationalisme enseigné à l'école et par l'idée d'un conflit de civilisation, défense des valeurs universalistes pour les uns, de la *Kultur* allemande pour les autres. Pour « **l'école de la contrainte** », les troupes ont tenu sous la pression de la propagande, de la censure et de la répression. La gendarmerie a pu contribuer à ce dernier point.

Méthode

1 L'assassinat de l'archiduc François-Ferdinand, héritier de l'Empire austro-hongrois, à Sarajevo, le 28 juin 1914, revêt plusieurs significations.

- L'archiduc effectue une visite d'inspection en Bosnie-Herzégovine, et notamment dans sa capitale, Sarajevo, manière **d'affirmer la présence austro-hongroise** dans une province annexée en 1908 et occupée depuis 1878.

- Le nationalisme serbe conteste à Vienne ce territoire et l'organisation La Main noire multiplie les attentats : celui du 28 juin, fatal à François-Ferdinand, est le second de la journée. Il est le résultat de **l'antagonisme austro-serbe** dans la région des Balkans.

- Slave et orthodoxe, la **Serbie est soutenue par la Russie**, tandis que l'Allemagne donne l'impression à Vienne de lui donner un « chèque en blanc » et de la pousser à la guerre : l'Autriche publie un ultimatum inacceptable et déclare la guerre à Belgrade le 28 juillet, entraînant la mobilisation de la Russie.

- Alors que plusieurs crises balkaniques avaient eu lieu mais étaient restées limitées, celle-ci entraîne toute l'Europe dans la guerre par le **jeu des alliances** : l'Allemagne, l'Autriche-Hongrie et l'Italie forment la Triple Alliance ou « Triplice » ; la France, le Royaume-Uni et la Russie, la Triple Entente. Hormis l'Italie, ces pays entrent en guerre dans les premiers jours d'août.

❷ L'analyse des causes de la Première Guerre mondiale est **une question immense** : la réponse varie en fonction des angles de recherche de l'histoire à tel moment. D'une manière générale, elle oscille entre causes immédiates et causes profondes.

- Les causes immédiates renvoient à la **responsabilité de l'Allemagne et de l'Autriche-Hongrie**, accusées d'avoir poussé à la guerre pour en finir avec la Serbie et d'avoir violé la neutralité belge.

- La prise en compte de causes plus lointaines a conduit à voir dans le conflit la **poursuite des politiques extérieures impérialistes** française, britannique, austro-hongroise dans les Balkans et de l'Allemagne de Guillaume II. C'est une lecture dans la tradition de Clausewitz, pour qui la guerre est la continuation de la politique par d'autres moyens.

- On a pu mettre en évidence la « **mécanique infernale » des relations internationales** avec la multiplication **d'accords secrets**, les imbrications de la « **poudrière balkanique** », la **course aux armements,** notamment pour la marine, entre le Royaume-Uni et l'Allemagne.

- Pour certains, la guerre lancée par l'Allemagne est le résultat de **tensions** politiques dans une société impériale, ou de tensions dans le monde capitaliste, ou encore de l'évolution culturelle divergente entre les pays.

- La guerre serait aussi le **fruit d'un « mythe de la guerre »**, développé depuis le début du XIXe siècle et amplifierait une « **brutalisation » des sociétés européennes** analysée par George Mosse.

Connaissances à mobiliser

La guerre de 1914-1918 se divise en **trois grandes phases** :

- la **guerre de mouvement,** d'août à décembre 1914, marquée par la bataille de **la Marne** ;
- la **guerre de position** ou « **guerre des tranchées** », du début 1915 à la fin de 1917, avec **Verdun** en 1916 et le **Chemin des Dames** en 1917 ;
- la reprise de la **guerre de mouvement,** au début de 1918 jusqu'à l'armistice, pour le front occidental, le 11 novembre 1918.

❸ Verdun est restée comme la bataille emblématique de la Première Guerre mondiale, ce dont témoignent le grand nombre de rues, avenues ou places qui lui sont consacrées. Pour l'historien Antoine Prost, « **la guerre de 1914, c'est Verdun** ». Pourquoi une telle aura ?[1]

- Verdun incarne la **ténacité face à l'envahisseur allemand** : de février à décembre 1916, les Français tiennent près de **300 jours** sous un déluge de feu.

- Les Français s'y sentent dans leur droit, étant attaqués. La proximité géographique de Valmy inscrit la bataille dans les grands moments **d'unité nationale face au péril**.

- La rotation des unités sur ce front au bout de dix à quinze jours conduit 2, 5 millions de soldats, soit **deux tiers des fantassins français, à combattre à Verdun**, qui est une expérience commune. Les Allemands, au contraire, laissaient leurs unités jusqu'à épuisement. C'est pour cela que le soldat inconnu enterré sous l'Arc de Triomphe de Paris a été choisi à Verdun.

- La route, actuelle RD 1916, qui a permis à une noria de véhicules d'approvisionner le front et aux troupes de relève d'arriver, a été le cordon essentiel pour « tenir ». Elle a été surnommée la « **Voie sacrée** » à la suite de Maurice Barrès, en référence à la « Voie sacrée » romaine du triomphe.

1. Le candidat pourra consulter le site dédié au centenaire de 2016, http://verdun2016.centenaire.org/.

- Le **sacrifice humain** est massif avec 169 000 morts et disparus français, pour 143 000 du côté allemand. Cela dit, le bilan quotidien y est moins lourd qu'à la bataille de la Somme ou au Chemin des Dames.

- La mémoire de Verdun est célébrée très tôt, avec la construction de l'ossuaire de Douaumont par souscription nationale. C'est aussi un **lieu de réconciliation franco-allemande**, instrumentalisée en 1936 par les nazis pour prouver leur pacifisme, « authentique », mais, l'on retiendra surtout le 22 septembre 1984, la poignée de main de François Mitterrand et de Helmut Kohl.

Philippe Pétain est l'organisateur de la victoire à Verdun : son prestige le sert en juin 1940 et rassure alors beaucoup de Français.

4 La Première Guerre mondiale est une « **guerre d'usure** » : il s'agit donc de « **tenir** », selon le mot d'ordre de l'époque, plus longtemps que les autres. Plusieurs aspects sont à souligner à ce sujet.

- À la Chambre des députés, **Georges Clemenceau** déclare ainsi, le 8 mars 1918, qu'il fait la guerre « **jusqu'au dernier quart d'heure** », tandis que certains pays, telle la Roumanie, commencent à baisser les armes.

- S'il est surnommé le « père de la victoire », c'est par le talent qu'il a démontré à **organiser l'appareil productif** pour approvisionner le front et à **mobiliser les esprits** jusqu'au bout. Au contraire, l'Allemagne finit la guerre dans la désorganisation sous la mauvaise gestion du haut-commandement, qui impose sa loi aux civils.

- La **France peut s'appuyer sur ses ressources**, sur son Empire colonial et sur ses alliés anglo-saxons ; l'Allemagne souffre du blocus maritime anglais et la pénurie est générale : les régions céréalières russes occupées ne suffisent pas à compenser les difficultés.

- En 1914, le plan Schlieffen allemand prévoyait de gagner vite : l'enlisement du conflit, longtemps sur deux fronts, a épuisé l'Allemagne.

Connaissances à mobiliser

Le 11 novembre 2014, François Hollande inaugure « **l'Anneau de la mémoire** », mémorial en forme d'ellipse de 328 mètres de circonférence, en béton utilisé pour les centrales nucléaires. Il est posé sur les hauteurs stratégiques de Notre-Dame-de-Lorette, lieu où sont tombés des centaines de milliers de soldats de 1914 à 1918. Le chantier a ainsi encore révélé le corps de sept Français et d'un Allemand cette année ! À l'intérieur de l'Anneau sont inscrits **les noms de 579 606 combattants tombés** dans les environs. La forme elliptique évoque l'unité et veut associer l'intimité et le caractère officiel du mémorial. Il innove en ne mentionnant aucune nationalité et en ayant été financé par des collectivités locales de plusieurs pays. Avec les troupes coloniales, une **trentaine de pays** sont représentés : le premier de la liste est le Népalais A Tet, le dernier l'Allemand Rudolf Zywitz. Le monument célèbre la paix retrouvée, alors que le sanctuaire voisin de 1920 aligne à perte de vue les croix blanches françaises, telles une armée prête à repartir défendre le pays.

5 Cette question ne se limite pas à un détail « folklorique » ou « corporatiste » sur une arme peu citée par les historiens de la Première Guerre mondiale. Il est pertinent de justifier :

- d'une part, cette faible présence : plus chargée du maintien de l'ordre intérieur que du combat contre l'ennemi extérieur ; la gendarmerie a donc un rôle nécessairement moins visible a priori dans le cadre de l'histoire sur la Première Guerre mondiale ;

- d'autre part, elle **s'inscrit dans la mobilisation générale** d'un conflit qui est une « guerre totale », mobilisant l'ensemble du pays, y compris l'arrière, élément vital pour approvisionner le front dans un conflit d'usure.

Cet intérêt intervient **au sein du débat entre « école du consentement » et « école de la contrainte »** pour expliquer que les soldats aient tenu quatre années dans un tel conflit. Le livre récent de Louis-Napoléon Panel, intitulé *La Grande Guerre des gendarmes - « Forcer, au besoin, leur obéissance ? »*, présente ainsi ce rôle pour garantir la mobilisation de tous et aussi la difficulté nouvelle rencontrée face aux poilus en permission, qui méprisent ces soldats de l'arrière, qui ne connaissent pas l'horreur des tranchées.

On pourra ajouter quelques éléments généraux plus précis sur la place de la gendarmerie dans la Grande Guerre.

- Au front et dans l'arrière immédiat, la gendarmerie assure une fonction de police militaire sous l'appellation de « **gendarmerie prévôtale** » jusque dans les tranchées et, dans ce contexte, 700 gendarmes sont morts en fonction (cette fonction existe toujours, rénovée en 2012, active dans les opérations extérieures). Elle est complétée par le renseignement, par la mise en place de barrage pour éviter des replis de panique et elle supervise les déplacements et transports entre le front et l'arrière.

- La bataille de Verdun marque un tournant dans cette **mission de circulation** avec l'adjonction systématique d'unités de ligne en renfort de la gendarmerie et sous ses ordres pour garantir la bonne circulation, notamment sur la Voie sacrée. C'est une **tâche éprouvante** par le **manque de considération** face aux unités à contrôler, et le gendarme qui contrôle la route est comparé à un « épouvantail » au bord du chemin. Le dicton « le front commence au dernier gendarme » en est un autre écho. Selon une légende très répandue dans la troupe, certains gendarmes auraient été pendus à l'étal d'un boucher par des poilus agacés par le contrôle...

Éléments de réponse

L'événement déclencheur de la Première Guerre mondiale est l'assassinat de l'archiduc François-Ferdinand, héritier de l'Empire austro-hongrois, à Sarajevo, le 28 juin 1914. Commis par un nationaliste d'origine serbe, cet acte traduit la rivalité austro-serbe dans les Balkans. À cause de l'appui allemand à Vienne et russe à Belgrade, cet acte enclenche la mécanique des alliances européennes (Triple Alliance d'un côté, Triple Entente de l'autre) et précipite l'essentiel de l'Europe dans la guerre début août.

Les causes de la Première Guerre mondiale sont un vaste sujet abondamment traité. À première vue, l'Allemagne et l'Autriche-Hongrie ont poussé à la guerre pour en finir avec la Serbie. Plus généralement, la guerre est apparue, d'une manière classique, comme la suite logique de politiques extérieures impérialistes de la plupart des grands pays européens d'alors, tandis que les caractéristiques des relations internationales ont joué le rôle de « mécanique infernale ». Des causes plus profondes ont été identifiées également, soit sur le plan social et politique, soit sur le plan culturel.

Le conflit comprend trois phases principales, surtout sur le front occidental : après quelques mois de guerre de mouvement, la guerre de position ou « guerre de tranchées » domine de 1915 au début de 1918, avant la reprise de la guerre de mouvement. De février à décembre 1916, la bataille de Verdun tient une place particulière. Face à l'avancée allemande, il s'agit de « tenir » : Verdun est un moment d'unité nationale face au péril. Plus de deux tiers des fantassins français y ont combattu, durant près de 300 jours, sous un déluge de feu qui anéantit 169 000 soldats.

L'organisateur de la victoire, Philippe Pétain, en tire un prestige immense, qui ressurgit lors de la débâcle de 1940. Bataille la plus commémorée au lendemain du conflit, elle a été le lieu de gestes de réconciliation, comme la poignée de main de François Mitterrand et de Helmut Kohl en 1984.

Comme à Verdun, la guerre a été une « guerre d'usure », nécessitant une mobilisation générale de la population et de l'économie : on parle de « guerre totale », alors que l'Allemagne comptait sur une victoire rapide. Sur la durée, la victoire de la France repose sur ses ressources, de la métropole, mais aussi de son Empire colonial, sans compter l'appui anglo-américain. C'est cela qui a permis la mobilisation jusqu'au bout et la victoire.

Dans ce conflit, le rôle de la gendarmerie est peu étudié par les ouvrages mais n'est pas négligeable. Dans le contexte de mobilisation totale et sur la longue durée, elle a joué un rôle d'encadrement, éventuellement coercitif, participant à la « contrainte » exercée par les autorités pour forcer les poilus à « tenir ». À côté de la gendarmerie prévôtale, qui remplit un rôle de police militaire, elle a eu la mission ingrate d'assurer la circulation entre le front et l'arrière, tâche mal considérée mais vitale dans une guerre d'usure.

Sujet n° 5

Difficulté ✗✗✗	Durée 2 heures

« Les enjeux de l'emploi massif actuel des drones »

Questions possibles

1 Qu'est-ce qu'un « drone » ?

2 La présidence Obama a vu monter en puissance leur emploi dans la lutte contre Al-Qaida : que savez-vous à ce sujet ?

3 Quels avantages et quels problèmes à l'emploi des drones ?

4 En décembre 2013, l'entreprise de commerce électronique Amazon annonce sa volonté d'utiliser à terme les drones pour livrer les colis jusqu'à 2,3 kg : qu'en pensez-vous ?

5 La gendarmerie française est-elle concernée par le débat ? Utilise-t-elle des drones ?

Comment aborder le sujet ?

1 Après avoir donné une définition et expliqué le nom de ces engins, il faut rappeler les principaux usages et les types de drones.

2 S'il a reçu le prix Nobel de la paix en 2009, Barack Obama est aussi le président qui utilise abondamment les drones, en particulier dans la lutte contre Al-Qaida : il serait appréciable de pouvoir donner des ordres de grandeur et de préciser les zones d'utilisation, certaines étant très connues.

3 L'emploi de plus en plus massif des drones militaires pose la question classique des avantages et des inconvénients, à énumérer en les groupant par catégorie.

4 Répondre à la question passe d'abord par un rappel de la multiplicité des usages civils des drones, qui ne se limitent pas aux assassinats ciblés médiatisés. C'est dans ce cadre que l'on peut évoquer cette proposition qui appelle plusieurs nuances mais qui a ouvert une course à sa réalisation entre plusieurs entreprises.

5 La gendarmerie est concernée par l'usage des drones, même si celui-ci reste limité et encore expérimental pour des missions peu originales. On peut distinguer :
- des missions de surveillance pour sécuriser des événements particuliers ;
- des missions liées à des missions plus banales, avec un emploi encore expérimental.
Avec la police, elle doit aussi faire face au problème du survol de sites sensibles par des drones et aux moyens à mettre en œuvre pour les intercepter éventuellement.

Méthode

❶ Tirant son nom d'un mot anglais signifiant « faux bourdon », le drone ou UAV (*Unmanned Aerial Vehicle*) est un engin volant radiocommandé destiné à la surveillance, au renseignement, au combat ou au transport. Contrairement au missile, le drone est réutilisable après sa mission. **Parmi les drones militaires**, on distingue trois catégories, selon leur temps de vol et leurs capacités :
- **les drones tactiques**, pour un vol de 90 minutes, comme le *Watchkeeper* européen ;
- **les drones stratégiques ou MALE** (moyenne altitude longue endurance), volant de dix à trente heures, de 5 000 à 15 000 mètres d'altitude. Les plus célèbres sont les américains ***Predator***, équipés de deux missiles *Hellfire* avec un rayon d'action de 800 km, et ***Reaper***, avec 16 missiles *Hellfire* et un rayon d'action de 3 200 km. La France utilise le *Harfang*, de conception israélienne, et vient d'acquérir 2 *Reaper* ;
- **les HALE** (haute altitude longue endurance), dont le principal est l'américain *Global Hawk*, avec une capacité de vol intercontinentale.

❷ L'usage des drones est devenu si massif sous **Obama** que sa présidence a été surnommée la « ***Lethal Presidency*** ». Ce constat semble trancher avec l'image de l'homme du prix Nobel de la paix de 2009. On peut préciser les caractéristiques de cet emploi :
- les **trois zones principales** d'emploi correspondent aux lieux d'activité des branches d'Al-Qaida, le Pakistan (notamment la zone tribale du Waziristan), le Yémen et la Somalie ;
- selon les estimations, les attaques par drone auraient fait **de 2 500 à plus de 3 500 morts**, le Pakistan concentrant environ 90 % des attaques.

La politique d'Obama n'est donc pas moins interventionniste que celle de G.W. Bush mais l'action des drones est préférée à l'envoi de troupes nombreuses comme en Afghanistan en 2001 et en Irak en 2003. Toutefois, les **drones ne peuvent pas tout** : la capture et la mort de Ben Laden, le 2 mai 2011, a nécessité l'envoi de forces spéciales en plein Pakistan et n'a pu être faite par drone.

Connaissances à mobiliser

- 31 janvier 2015, au Yémen, un **drone américain tue Hareth al-Nadhari, chef religieux d'Al-Qaïda en péninsule Arabique**, dont le chef Nasser al-Waychi a revendiqué les attentats de Paris du 7 janvier précédent.
- 4 février 2016, un drone américain tue Jalal Belaïdi au Yémen, alias Abou Hamza Al-Zinjibari, présenté comme un **responsable important d'Al-Qaida dans la péninsule Arabique** (AQPA).

❸ L'usage militaire des drones présente **de nombreux avantages** :
- la **formation d'un pilote de drone** est bien moins coûteuse que celle d'un pilote d'avion ;
- une heure de vol ne représente que **10 % à 20 % du coût de celle d'un avion classique** ;
- l'engin peut rester en vol plus longtemps et exercer une **surveillance discrète et régulière** ;
- une frappe par drone est très difficile à éviter, à moins de le détecter à temps et d'être équipé en défense anti-aérienne.

Comme toute arme, les drones ont aussi des faiblesses. Ils constituent des **cibles vulnérables** à cause du temps nécessaire à la transmission de données, d'une vitesse et d'une maniabilité limitées et de défenses faibles. En 2002 a été enregistrée la **première confrontation entre un drone et un avion**, plus exactement entre un *Predator* et un *Mig 25* irakien, le drone ayant finalement été abattu. De même, une capture de plusieurs appareils par l'Iran est survenue suite à des problèmes de transmission entre le drone et la base de commandement, voire grâce au brouillage de ces liaisons, selon les forces iraniennes.

Leur emploi pose aussi plusieurs problèmes :
- la **distance entre l'attaquant et la cible** interdit à celle-ci toute réplique et donne une image de lâcheté de l'assaillant. En plus du problème moral relatif (la distance existe déjà dans le cas d'un missile par exemple), il peut être contreproductif en termes d'effet psychologique : le recrutement islamiste ne cesse pas au Pakistan en partie en s'appuyant sur le rejet de ces attaques par drones ;
- le pilote de drone semble déconnecté du champ de bataille et son tir est actionné par une manette comparable à celle des jeux vidéo : les drones peuvent contribuer à **faire de la guerre un jeu vidéo**, avec des interrogations sur la responsabilité de l'assaillant ;
- les drones sont utilisés sans respect pour la souveraineté de l'État ciblé, et les États utilisateurs semblent s'arroger un permis de tuer sans limite ;
- la **prolifération des drones militaires** est à souligner : le Hezbollah a été doté de drones iraniens.

Un plus de culture générale

Sorti en 2005, le film *Syriana* de Stephen Gaghan est la référence, pour **la réflexion cinématographique, de l'usage massif des drones** au Moyen-Orient par les États-Unis. Le projet de redessiner la carte politique dans la région, ce que désigne le titre du film, est servi, à la fin de celui-ci, par l'usage d'un *Predator* par la CIA, pour **éliminer l'un des prétendants au trône de l'émirat pétrolier imaginaire.** Les images de l'attaque à distance, filmées par les caméras du drone et visionnées sur les écrans de contrôle à des milliers de kilomètres, donnent **l'impression que les États-Unis tiennent les fils de la politique** du Moyen-Orient, en l'occurrence avec le chaos comme unique résultat, et que la **CIA « joue » avec la vie d'autrui** comme dans un jeu vidéo. Ce thème est aussi abordé par le film *Good Kill* d'Andrew Niccol, sorti en avril 2015 en France. Les éliminations par drones y sont accusées de susciter de nouveaux terroristes, et leur décision semble reposer sur des critères de plus en plus larges.

❹ En décembre 2013, **Amazon** déclare préparer d'ici à quatre ou cinq ans des livraisons par drone jusqu'à 2,3 kg, soit 88 % des commandes. Cette annonce peut s'analyser en deux temps.
- Elle rappelle que les **usages civils sont très nombreux** et un drone n'est pas fait que pour assassiner les djihadistes. La plupart sont une variante de la mission de surveillance de zones dans de nombreux contextes.
- Les **livraisons par drone ont déjà été testées** : en 2011, l'armée américaine a utilisé un hélicoptère télécommandé *K-Max* pour transporter du fret en Afghanistan sans risque pour le pilote. L'entreprise Matternet, basée dans la Silicon Valley, transporte des **médicaments** en Afrique avec de petits drones, mais l'activité reste expérimentale. Au Royaume-Uni, un **avion d'affaires sans pilote** a été testé sur 800 kilomètres, commandé depuis le sol, avec le soutien de l'État, qui y voit un domaine d'avenir.

L'annonce d'Amazon a suscité des réactions sceptiques : d'un point de vue technique, le projet d'Amazon suppose un **drone de 8 kg**, contre un maximum de 4 kg selon l'actuelle législation française, tandis que la législation américaine interdit pour l'instant les drones commerciaux, sauf en Alaska, mais a annoncé une prochaine autorisation pour des charges inférieures à 3 kg. De plus, la rapidité, le coût et la dépendance par rapport à la météo font du drone un outil **moins intéressant aujourd'hui qu'un scooter** pour livrer un colis. Des progrès ont certainement lieu, mais, en l'état, le drone ne paraît pas adapté. Cela dit, cette proposition a lancé une véritable course entre entreprises, qui explorent ce mode de livraison (DHL, UPS ou la Poste avec sa filiale Geopost), voire des collectivités locales, telle Bordeaux métropole, qui annonce, en mars 2016, le test de la livraison de médicaments par drone. En novembre 2015, Amazon présente un prototype pour son futur service *Amazon Prime Air*, qui devrait livrer 30 minutes après la commande des colis jusqu'à 2,26 kg, soit 86 % des ventes de l'entreprise. Plusieurs analyses soulignent les **nombreux obstacles sur la route de la livraison par drone**, tels que l'autonomie limitée des engins, la sélection de l'aire d'atterrissage, la détection d'éventuels obstacles, la rentabilité économique en tenant compte du pilote et par rapport à la distribution actuelle qui mutualise les moyens de transport.

Focus : Le problème de la réglementation des drones civils s'accroît rapidement : les incidents avec un drone se multiplient, telle la collision évitée de justesse avec un Airbus d'Air France à l'aéroport Roissy-Charles-de-Gaulle le 19 février 2016. L'usage incontrôlé de ces engins fait peser le risque d'un accident aux conséquences mortelles pour les personnes sur qui tomberait un drone de plusieurs tonnes. La Direction générale de l'aviation civile (DGAC) est la première au monde à avoir établi un cadre règlementaire pour l'usage des drones civils en 2012. L'Agence fédérale de l'aviation américaine (FAA) a délivré des autorisations sous conditions à Amazon, le 19 mars 2015, et prévoit de voir voler 7 500 drones civils dans les cinq ans à venir.

5 La **gendarmerie est concernée** par l'usage des drones, même si celui-ci reste limité et encore expérimental pour des missions banales. En 2015, elle a ainsi lancé un appel d'offres pour une vingtaine d'engins. On peut distinguer :

- des **missions de surveillance** pour sécuriser des événements particuliers, comme les réunions du G8, le 60e anniversaire du débarquement en Normandie ou la visite du pape à Lourdes. À noter que la surveillance du sommet de l'Otan à Strasbourg en 2009 s'est accompagnée du crash de l'un des appareils, posant de nouveau la question du danger de ces derniers ;

- un emploi encore expérimental pour des missions plus régulières comme pour les enquêtes criminelles : le petit VAIC ou « vecteur aérien d'investigation criminelle » de 2,5 kg est utilisé par exemple pour localiser une fosse, avec éventuellement un cadavre ou des prélèvements aidant à localiser un corps. La surveillance régulière d'un quartier difficile ou de trafiquants est testée également et envisagée par exemple dans le nord de Marseille.

Le 2 octobre 2015, le Comité interministériel de sécurité routière annonce une réflexion sur l'utilisation de drones pour verbaliser les délits routiers, suite à une première expérimentation dans l'Oise. Il s'agirait des excès de vitesse, mais aussi, par exemple, du franchissement de lignes continues.

Par ailleurs, l'année 2014 et le début de 2015 montrent le nouveau défi pour la police et la gendarmerie des survols interdits par les drones. Après une vingtaine de tels survols au-dessus de centrales nucléaires françaises, le mois de février 2015 a vu plusieurs survols nocturnes de la capitale par ces engins, y compris de sites sensibles comme l'Élysée ou l'ambassade américaine.

Éléments de réponse

Le drone tire son nom d'un mot anglais signifiant « **faux bourdon** ». Il s'agit d'un **engin volant radiocommandé** destiné à la surveillance, au renseignement, au combat ou au transport. Il se distingue du missile par son réemploi possible. L'usage militaire est le plus connu : il concerne des **drones tactiques**, volant 90 minutes, les **drones stratégiques,** tenant de dix à trente heures, et les **drones à capacité de vol intercontinentale** ou HALE comme le *Global Hawk* américain.

Les **États-Unis** sont le plus grand utilisateur de drones et la présidence d'Obama, derrière l'image de multilatéralisme, est aussi celle de la montée en puissance de l'utilisation de ces appareils, au point d'attirer le qualificatif de « ***Lethal Presidency*** ». Washington les utilise **contre Al-Qaida**, au Pakistan mais aussi au Yémen et en Somalie, faisant entre 2 500 et 3 500 victimes. L'usage militaire des drones est avantageux par le coût réduit du vol et de la formation du pilote, tandis que l'engin se prête bien à la surveillance avec une durée de vol élevée et une grande discrétion. En revanche, c'est une cible vulnérable. Leur emploi pose plusieurs problèmes moraux, juridiques et pratiques : responsabilité du pilote, rapprochement dangereux de la **guerre des jeux vidéo**. Le recours croissant aux drones pose aussi la question de leur prolifération.

Les usages civils sont aussi importants, notamment des **missions de surveillance ou d'exploration** : c'est dans ce contexte qu'Amazon a annoncé se préparer à des livraisons par drones d'ici à quatre ou cinq ans. Si cette livraison a déjà été testée à travers le monde, elle reste très marginale, posant des problèmes de technique, de coût et de législation. Parmi les usages civils, il faut noter que la **gendarmerie est également concernée**. Elle recourt à cet outil pour la surveillance d'événements importants à sécuriser mais aussi, de manière expérimentale, pour l'investigation dans les enquêtes sur des affaires criminelles.

Achevé d'imprimer en mai 2016
sur les presses de la SEPEC (France)
Numéro d'impression : 09463160509
Numéro d'éditeur : 2016_0316 - Dépôt légal : juin 2016

IMPRIM'VERT®

PEFC™ 10-31-1470 / Certifié PEFC / Ce produit est issu de forêts gérées durablement et de sources contrôlées. / pefc-france.org